建设工程合同的原理与实务

——以关系契约理论为视角

杨晓蓉 著

人民法院出版社

图书在版编目（CIP）数据

建设工程合同的原理与实务：以关系契约理论为视角/杨晓蓉著. —北京：人民法院出版社，2018.8

ISBN 978 – 7 – 5109 – 2198 – 8

Ⅰ.①建… Ⅱ.①杨… Ⅲ.①建筑工程 – 经济合同 – 合同法 – 研究 – 中国 Ⅳ.①D923.64

中国版本图书馆 CIP 数据核字（2018）第 144659 号

建设工程合同的原理与实务：以关系契约理论为视角

杨晓蓉 著

策化编辑	韦钦平	**责任编辑**	李安尼	**执行编辑**	赵芳慧

出版发行　人民法院出版社
地　　址　北京市东城区东交民巷27号（100745）
电　　话　（010）67550579（责任编辑）　67550558（发行部查询）
　　　　　　　　　　65223677（读者服务部）
客服QQ　　2092078039
网　　址　http://www.courtbook.com.cn
E – mail　courtpress@sohu.com
印　　刷　保定彩虹印刷有限公司
经　　销　新华书店

开　　本　787×1092 毫米　1/16
字　　数　300 千字
印　　张　18.75
版　　次　2018 年 8 月第 1 版　2018 年 8 月第 1 次印刷
书　　号　ISBN 978 – 7 – 5109 – 2198 – 8
定　　价　60.00 元

版权所有　侵权必究

摘　要

当代合同法面临的主要困境，是以意思自治与形式主义为核心特征的传统合同法体系，已经无法适应现代社会经济结构与交易形式的巨大调整，以至于1974年美国学者格兰特·吉尔莫发出合同已经"死亡"的论断。此后，在合同法领域不断涌现新的合同理论，试图使合同法重新焕发生机，其中，由麦克尼尔提出的关系合同理论以其深刻的洞察力和宏大的理论建构力被认为是最有发展前途的合同法理论之一。该理论的核心是认为应当区分传统的个别性合同与现代的关系性合同，超出承诺与合意的范畴，从合同背后的社会关系以及共同体规范中寻找现代关系性合同的拘束力来源和规范原理。本文的主要内容即以关系合同理论作为基本的分析框架和理论工具，研究建设工程合同的本质特征与内在规律，提出调整建设工程合同的关系性规范原理与具体规则。

本文除导论和结语外，共分为六章。导论部分首先提出本文的问题意识，简要阐明了本文的核心观点，并着重论述了笔者选择关系合同理论作为研究建设工程合同基本分析框架的主要理由和目的。笔者认为，当前中国合同法同时面临"法典化"与"解法典化"的发展趋势，要求兼顾合同法的共通原理和特殊类型合同规范的结合应用。运用关系合同理论对建设工程合同进行研究，既有利于合同法一般理论的发展，也有利于对建设工程合同进行具体的类型化研究。

第一章从合同法理论的历史流变及进化路径出发，在梳理了古典合同理论形成和发展演变的过程之后，重点研究了关系合同理论的新视角和新发现，分析了关系合同范式转换的核心理念和主要内容，从而为运用关系合同理论分析建设工程合同确立了基本的理论框架。笔者认为，关系合同理论确立的不同于古典合同理论的几个基本规范原理是：建立在共同体价值基础上的合作原理、维持长期合同关系的继续性原理和保证合同履行灵活性的弹性原理。在纠纷解决方式上，关系性合同规范并不依赖于第三方（法院）的强制执行力，而是致力于搭建一个治理框架，为当事人提供合作的协商治理机制。

第二章重点探讨建设工程合同的关系合同属性。本章概括了建设工程合同的范围与基本类型，整理出建设工程合同的关系性特征，包括：合同内容的不确定性、合意形成的动态性、合同主体间的依赖性、合同关系的交织性，以及公私法的高度融合性。并在分析上述特征的基础上，对建设工程合同实务中面临的主要问题进行了梳理，指出运用关系合同理论解决这些争议问题的意义。

第三章至第六章主要运用关系合同规范的基本原理，对建设工程合同的一些具体问题展开讨论，包括建设工程合同的合作义务、再交涉义务、情事变更原则的适用，以及建设工程合同效力问题的研究等。笔者侧重于将社会学视角的关系合同理论与法学视角的法解释论相结合，寻找隐身于建设工程合同实践中的内在规范，并通过诚信原则等一般条款将其提升为外在的实定法规范，从而对建构建设工程合同的关系性规范原理和规则体系展开解释论上的研究，以期使合同法规范更好地回应建设工程合同实践需求，并从立法论角度对如何完善建设工程合同规范提出意见和建议。

目 录

导论 ·· （1）
    一、问题的提出 ·· （1）
    二、分析框架：关系合同理论 ·· （4）
    三、研究方法和基本结构 ·· （9）

第一章 范式转换视阈下的合同理论 ··································· （12）
    引言：问题的提出 ·· （12）
    第一节 古典合同理论的范式内涵 ··································· （15）
        一、核心范畴：合意 ·· （15）
        二、主体假设：抽象平等的经济人 ······························ （16）
        三、核心理念：合同自由与相对性原则 ························ （18）
        四、规范方法：形式主义 ·· （19）
    第二节 古典合同范式的危机及新古典合同理论的应对 ········· （21）
        一、信赖利益原理的引入 ·· （21）
        二、合同附随义务的扩张 ·· （23）
        三、对格式条款的司法控制 ······································· （24）
        四、情事变更制度的发展 ·· （24）
    第三节 关系合同理论的范式塑造 ··································· （26）
        一、合同的本质 ·· （26）
        二、合同理论的范式转换 ·· （34）
        三、关系合同理论的困境和提升路径 ··························· （41）

第二章　关系合同视角下的建设工程合同 …………………………（ 47 ）
引言：问题的提出 ……………………………………………（ 47 ）
第一节　建设工程合同的类型化界定 ……………………………（ 47 ）
一、建设工程合同的概念界定 ………………………………（ 47 ）
二、建设工程合同的范围演变 ………………………………（ 48 ）
三、建设工程合同的基本类型 ………………………………（ 50 ）
第二节　建设工程合同的关系性特征及面临的问题 ……………（ 54 ）
一、建设工程合同的关系性特征 ……………………………（ 54 ）
二、建设工程合同实务问题的关系性解读 …………………（ 61 ）
典型案例 ………………………………………………………（ 64 ）

第三章　建设工程合同中合作义务的构建 …………………………（ 71 ）
引言：问题的提出 ……………………………………………（ 71 ）
第一节　建设工程合同中合作义务的理论背景及演进趋势 ……（ 73 ）
一、萌芽：古典合同法时期的定作人协力义务 ……………（ 73 ）
二、发韧：新古典合同法时期协力义务的扩张 ……………（ 75 ）
三、超越：关系合同范式下的合作义务 ……………………（ 81 ）
第二节　合作义务的比较法考察 …………………………………（ 85 ）
一、PICC 中的合作义务 ……………………………………（ 86 ）
二、PECL 中的合作义务 ……………………………………（ 86 ）
三、DCFR 中的合作义务 ……………………………………（ 87 ）
四、我国《合同法》上的合作义务 …………………………（ 89 ）
五、对合作义务比较法考察的综合评价 ……………………（ 91 ）
第三节　建设工程合同中合作义务的内容及法律效果 …………（ 92 ）
一、发包人的指示义务 ………………………………………（ 92 ）
二、发包人的狭义协力义务 …………………………………（ 96 ）
三、承包人的警示义务 ………………………………………（ 98 ）
四、检查、监督及验收义务 …………………………………（100）
本章小结 ………………………………………………………（103）
典型案例 ………………………………………………………（105）

第四章　建设工程合同当事人的再交涉义务 （123）

引言：问题的提出 （123）

第一节　建设工程合同再交涉义务的正当化基础 （125）
一、再交涉义务正当化的经济学视角：不完全合同 （125）
二、再交涉义务正当化的法社会学视角：关系合同规范 （129）
三、再交涉义务正当化的程序论视角：交涉促进规范 （131）
四、再交涉义务正当化的法解释学视角：
　　关系合同内在规范的提升 （133）

第二节　再交涉义务的比较法考察 （136）
一、外国法中的再交涉义务 （136）
二、国际示范合同法中的再交涉义务 （138）
三、FIDIC工程合同中的再交涉义务 （140）
四、我国合同法中的再交涉义务 （142）

第三节　建设工程合同中再交涉义务的法律构成 （146）
一、再交涉义务的性质 （147）
二、再交涉义务的适用范围与发生要件 （150）
三、建设工程合同中再交涉义务的主体 （152）
四、再交涉义务的内容 （155）
五、违反建设工程合同再交涉义务的法律后果 （156）

本章小结 （160）

典型案例 （160）

第五章　建设工程合同中情事变更原则的适用 （171）

引言：问题的提出 （171）

第一节　古典合同范式下的情事变更原则 （173）
一、情事变更原则的历史考察 （173）
二、情事变更原则的构成要件 （175）
三、情事变更与不可抗力 （179）

第二节　情事变更原则在建设工程合同实务中的适用困境 （180）
一、理论学说 （180）

二、我国大陆实务观点 …………………………………………（182）
三、我国台湾地区实务观点 ……………………………………（185）
四、对争议观点的评述 …………………………………………（188）
第三节 建设工程合同中情事变更原则适用的理论反思与重构 …（189）
一、关系合同理论对情事变更原则的挑战 ……………………（189）
二、建设工程合同中情事变更原则的要素重构 ………………（198）
三、情事变更原则的弹性治理机制 ……………………………（204）
本章小结 ……………………………………………………………（208）
典型案例 ……………………………………………………………（208）

第六章 建设工程合同效力的理论反思与实务重构 ………………（219）
引言：问题的提出 …………………………………………………（219）
第一节 建设工程合同效力实务问题的整理 ……………………（220）
一、建设工程合同效力的实证分析 ……………………………（220）
二、建设工程合同无效后果的实证分析 ………………………（222）
三、对实务观点的评述 …………………………………………（225）
第二节 关系合同视角下关于合同效力问题的理论反思 ………（227）
一、管制与自治关系的历史比较考察 …………………………（227）
二、关系合同理论视角下管制与自治的冲突原因与解决对策 …（231）
三、概括条款适用中的理论问题 ………………………………（235）
第三节 建设工程合同效力规则之重构 …………………………（241）
一、违反资质性规定的施工合同效力及法律后果 ……………（241）
二、合同转包或违法分包的施工合同效力及法律后果 ………（245）
三、违反招投标规范的施工合同效力及法律后果 ……………（250）
四、未取得国有土地使用权证、建设用地规划许可证、建设工程
规划许可证的建设工程合同效力认定问题 ………………（258）
本章小结 ……………………………………………………………（259）
典型案例 ……………………………………………………………（261）

结论与问题展望 ……………………………………………（275）
    一、本文的结论与主要创新点 ……………………………（275）
    二、进一步研究工作 ………………………………………（277）
参考文献 ……………………………………………………（278）
后　记 ………………………………………………………（287）

导 论

一、问题的提出

从社会学视角来看，法律是社会的法律并随着社会而变化。自20世纪后半期以来，随着经济社会和科技发展，市场交易和合同关系越来越复杂，个别交易盛行的时代已经过去，取而代之的是当事人关系更加紧密、合作形态更加多元的长期性交易。随着交易形式的变迁，传统的合同法规制方式也面临挑战。

以建设工程合同关系为例，现代建设工程合同是由近代合同法中的承揽合同发展变迁而来。所谓近代合同法，是指在17~18世纪形成并在19世纪成熟并定型化的合同法，是资本主义自由竞争时期的合同法，其典型代表为法国民法典中的合同法制度、英国普通法上的合同法制度、德国民法典中的合同法制度等，有人称之为理念型的合同法，在欧美的合同法学中又称为"古典的合同法"。[①] 近代合同法的理想是，通过制定明确的规则，当发生纠纷时当事人能预测裁判的结论，无论谁为法官都会得出相同的结论。因而，近代合同法的目标就是构筑这一要件、效果明确的规则体系。[②] 然而，探究近代合同法的假设命题，系以信息对称、当事人地位平等的个别性交易为前提条件的，这在18、19世纪时期并不复杂的承揽合同关系中尚可维持，但随着社会经济的高速发展和科学技术的突飞猛进，建设工程行业日益呈现出规模大型化、资金巨量化、技术组织复杂、安全事故率高、受外部影响大等特点，建设工程合同相比近代合同法中的承揽合同在很多方面都有了本质的变化，从而对古典合同法

[①] 韩世远：《合同法总论》，法律出版社2004年版，第28页。
[②] [日]内田贵：《契约法的现代化——展望21世纪的契约与契约法》，胡宝海译，载《民商法论丛》第6卷，法律出版社1997年版。

提出了深刻而持久的挑战。现代建设工程合同的新变化主要体现在以下四个方面：

第一，合同履行趋于长期化。承揽合同通常标的较小，持续时间较短，权利义务关系分配较明确；而建设工程合同的标的和规模更大，持续时间也更长，很多建设工程合同的时间长达数年，因而在理论上被称为长期合同。长期合同不仅意味着合同持续时间较长，更重要的是，随着期限的延长，订立合同的基础可能发生变化，诸多外界环境因素的变化可能使合同约定产生漏洞并呈现不完全性，古典合同法追求合同确定性的理想距离现实越来越遥远。

第二，合同内容趋于动态化。承揽合同内容一般较为简单，双方可以在合同中对当事人权利义务作出完整而周密的规划；而建设工程合同中，当事人在缔约时很难对未来履行条件和风险作出全面而精确的预估，因此合同变更非常灵活、频繁，常常出现边履行边修改合同条款的现象。为了适应这种变化，现代建设工程合同中，当事人经常会写明合同变更与调整条款，即使合同未写明这些变更条款，实践中当事人也可能根据签约后所发生的变化对合同内容进行调整。因此，合同内容趋于动态化体现在两个方面：一方面，合同权利义务随着交易活动的展开而不得不频繁地变化；另一方面，建设工程合同不再仅仅是关于当事人权利义务的静态约定，而更是为适应合同变更和调整要求而规划的一个治理框架。这种动态性特点对当事人合作提出了更高的要求，使传统合同法相互对立的个人主义认识观，以及静态的规制方式受到挑战。

第三，合同的组织化倾向开始显现。近年来我国建筑行业处于加速转型发展和深化改革阶段，在政策、市场与技术层面均出现了很多新动态，使建设工程合同关系出现从市场向组织转移的趋势，主要体现在政府大力推行设计施工一体化的工程总承包模式以及政府和社会资本合作的PPP模式。这两种新模式的迅速发展意味着新的合同联结方式的兴起，其中总承包模式展现了建设单位—总承包单位—分包单位之间的链式合同关系，PPP模式则更为复杂，构成了包括政府方、社会资本方、融资方、总承包商、分包商、运营商、原材料供应商、保险公司等多方当事人组成的错综复杂的合同网络，并且合同项目的履行周期涵盖了从融资、规划、设计、施工到项目运营的全周期，长达几年甚至数十年。这两种合同模式下，尽管签订的不同合同在形式上都是独立的，但是由于在这些合同的不同签订者之间存在紧密的联系，因此通过这些合同也就构成了一个经济统一体,其中既包含市场要素,也包含组织要素,形成了介于市场和组织之间的关系性交易多维空间,这给以单个交易为规范前提、坚持合同相对性的传统合同法带来一系列新问题:如在多方当事人相互交织的多维关系中,合同内容的不确定性和不可预见性大大增加,合同履行的风险也更大,此时如何保障合同的可执行性?当一方当事人不履行合同或履行有瑕疵时,是否应当对在合同链条或合同网络中的第三方造成的损失承担责任?

其四,公私合作经营方式蓬勃发展。公私合作制既是一种全球化发展趋势,也是我国当前在基础设施建设领域的发展战略。在公私合作的 PPP 模式下,公共部门通过让渡部分公权,成为企业的合作伙伴,其在 PPP 关系中扮演多重角色,既是规则的制定者、政策的监管者,又是合同的当事者;私营部门也从纯粹的私主体转变为一个承担了执行公共政策和社会责任的经营者。这种新型法律关系的产生使传统合同法公私分治的逻辑结构面临深刻挑战,不论是公法还是私法的调整方式或救济手段均有所不足。在这种发展背景下,国家干预与私法自治的关系、公法与私法的关系均需要进行重构,以有效解决公法与私法分治的制度性障碍。

从上述区别可以看出,现代建设工程合同关系在很多方面已经与传统的承揽合同大相径庭,基于其特殊性,在法律上也必须被特别规范。我国《合同法》虽然已经将建设工程合同从承揽合同中独立出来予以规范,在一定程度上体现了《合同法》兼容并蓄、与时俱进的后发优势,但总体来说,《合同法》对建设工程合同的规制原则并未脱出承揽合同的原型和古典合同理论的局限,理论界对于建设工程合同的特殊性也缺乏充分关注和深入讨论。近些年来,司法实践中出现的一些难点问题如情事变更原则的适用问题、实际施工人的突破合同相对性问题、强制性规范的建设工程合同效力的影响问题以及 PPP 合同的性质问题等,究其原因,均与过于抽象而简约的合同法无法回应建设工程合同交易的特殊要求直接相关。当前,正值我国民法典编纂之际,这恰好为合同法修订创造了契机,也需要理论界对建设工程合同分则存在的问题进行更深入的研究,为合同法分则的修订与完善提供理论参考。因而,建设工程合同法律规制问题的研究,具有重大的理论价值和实践价值。因此,本文提出的问题,即如何看待现代建设工程合同与传统合同的区别?传统的合同法规制方式有何不足之处?面对建设工程交易形态的变迁,合同法该如何应对挑战,并作出与现代复杂的交易活动相适应的改变？

本文的核心观点是，建设工程合同属于典型的关系性合同，其合同内容在缔约时是不完备的，因此，双方往往会在合同中搭建一个治理的框架，以便在履行过程中根据新的情况随时调整、解决问题。因此，对建设工程合同进行法律规制的原理，除古典合同理论坚持的意思自治原理外，还应包括合作原理、弹性原理和继续性原理等，方能适应现代建设工程合同追求效率、效益和弹性的需要。在这些原理的共同指引下，建设工程合同的很多特殊规则如合作义务、再协商义务、情事变更原则适用以及合同效力认定等，都有了更新或完善的必要和可能。

二、分析框架：关系合同理论

本文并不打算过多着墨于建设工程合同的规范分析，而是借助美国学者麦克尼尔（Ian Macneil）提出的关系合同理论[①]，作为分析和整理建设工程合同现象的理论框架。之所以选择关系合同理论作为研究建设工程合同的基本理论框架，主要基于以下两个方面的理由：

（一）关系合同理论为建设工程合同提供了全新的观察视角

法学是社会发展的产物。随着社会的发展和变迁，合同法理论也在不断地发展。从宏观的时代背景和合同法的整体发展脉络看，近代以来的合同法理论可以划分为古典合同理论和现代合同理论两个阶段。古典合同理论是指经过17、18世纪的发展，经19世纪欧洲各国编纂民法典而获得定型化的，一整套关于合同法概念、原则、制度、理论和思想的体系，其核心理念以意思自治、抽象的平等人格、形式主义理性等为明显标志。[②] 但进入20世纪以后，社会现实的变迁带来了种种古典合同理论难以妥善解决的问题，使其不断面临批判和挑战。以致1974年，美国法学家格兰特·吉尔莫（Grang Gilmore）高调地宣称"合同的死亡"，引起法学界一片哗然。时隔16年，日本学者内田贵以其名篇"契约的再生"，又一次引起学术界的轰动。然而，喧哗过后，恰如内

[①] 考虑引注的便利，本文中交叉使用"合同"与"契约"两个用语，在含义上不作区分。
[②] 梁慧星：《从近代民法到现代民法——20世纪民法回顾》，载《中外法学》1997年第2期。

田贵所言,"尽管合同被宣告死亡,却带来了合同法学的文艺复兴"。① 新的合同理论如雨后春笋般涌现,各种理论在合同法领域中驰骋竞争,每一种理论都基于不同的观察视角和前提假设,对合同现象和合同法作出不同的解说。众说纷纭之中,美国合同法学家麦克尼尔(Macneil)创造的关系合同理论以其对古典合同理论一针见血的批判力和对合同现象深刻的诠释力而受到广泛关注。笔者认为,关系合同理论为建设工程合同的研究工作提供了一种非常独特的观察视角和理论工具,对于我们发现建设工程合同的本质特点和内在规律,发掘建设工程合同的内在规范和外在规范,解决建设工程合同司法实践中的争议问题具有重要的价值。

关系合同理论的核心意旨和独特贡献在于,从社会学的外在视角对合同关系进行全新的解释和说明,将古典合同理论中被抽离的合同背后的"社会关系"推到"前景"的位置,在此基础上将合同区分为个别性合同与关系性合同两种类型。该理论认为,古典合同理论系以个别性交易为合同原型,以合意作为合同拘束力的正当性根源,而事实上个别性交易在现代社会中并不是普遍存在的,现实中的合同行为其实是从个别性交易到关系性交易连绵不绝的谱系。麦克尼尔的关系性合同在时间轴中不再是一次性的交易,而是指向未来的长期合作;在空间轴中也不再是"合意"这一个点,而是发散深入至交换得以发生的各种社会关系。② 从个别性合同关系到关系性合同关系的连绵不绝的谱系中,越接近个别性合同关系的一端,越符合古典合同理论的前提预设;而越接近关系性合同关系的一端,距离古典合同理论的前提预设则越遥远,在古典合同理论指导下形成的合同法规则与现实合同关系的乖离就越大。就建设工程合同而言,其具有长期性、关系性、高风险性和公私融合性等特征,恰恰属于麦克尼尔理论中典型的关系性合同。因此,将关系合同理论作为一种观察视角和分析方法,可以让我们发现用古典合同理论解释建设工程合同的两个根本性弱点——个别性特征和静态特征,还原建设工程合同的自身特点和内在规律,进而对建设工程合同的特殊问题提出针对性的规制原则和规范。同时,对位于个别性合同关系到关系性合同关系的连绵不绝的谱系中之一点的建设工程

---

① [日]内田贵:《契约的再生》,胡宝海译,载《民商法论丛》第3卷,法律出版社1995年版。
② 刘承韪:《英美契约法的变迁与发展》,北京大学出版社2014年版,第203页。

合同的类型化研究，也有助于丰富我们关于一般性合同的认识，进而发现合同新型的法律话语，建构以关系合同理论作为一般性合同理论的内在体系。

（二）关系合同理论为一般条款扩张和合同责任扩大提供了正当性解释

麦克尼尔认为，吉尔莫宣称的"合同之死"，并不是合同这种社会现象的死亡，而是古典合同法原理的死亡，以及由此带来的近代合同法封闭体系的崩溃。古典合同法原理的核心为意思理论，即当事人的意思是合同拘束力的根据，也是所有合同上义务的根源。意思理论是大陆法系的核心意思自治和私法自治原理，强调合意决定合同的成立与否以及合同的权利义务；在英美法系的核心是约因理论，由于英美合同法更注重形式要件，约因是确定合同有效成立与否的标准。意思理论成为近代合同法的正当化思想基础，近代合同法由此形成了封闭的抽象规则体系，实现了形式上的合理性。

但是，第二次世界大战之后，随着经济技术的蓬勃发展和社会交易的日益复杂化，近代合同法与社会现实之间产生了巨大的差异，建立在这样抽象概念基础上的合同法难以有效地促进交易目的的实现，为了有效回应社会现实，合同法领域出现了很多新现象和新倾向，主要体现为两个方面：一是运用一般条款这样的不确定概念和规则的现象日益普遍。由于社会关系日益复杂，各种新的案件层出不穷，使立法机关穷于应付，不得不赋予法官以广泛的自由裁量权，发挥法官的主观能动性，因而诚实信用原则作为一般条款的地位不断被提高。诚实信用原则的内容极为概括抽象，且其涵盖范围具有极大的不确定性，甚至成为一个"万能条款"。二是合同法通过诚实信用原则不断推导出许多近代合同法所不具有的新的合同责任，如缔约过失责任、情报披露义务、安全注意义务、说明义务等等，吉尔莫将这些新现象、新倾向表述为"责任的爆炸"。这些合同法的新现象、新发展动摇了近代合同法的理论基础，直接导致了古典合同原理的死亡，并要求新的合同理论能对此提供正当化的说明。对此，对此西方各国纷纷展开理论上的探讨，如美国的富勒与阿蒂亚提出信赖理论、波斯纳的效率理论、德国的依托布纳提出自创生理论等，试图对一般条款的灵活运用以及合同责任的扩大作出正当化的解释。但是，笔者认为，在诸多的理论探索中，麦克尼尔的关系合同理论为上述合同法新现象提供了更具整合性的正当化社会理论思想。麦克尼尔针对近代合同法所不具有的一般条款弹性化和合同责任扩大化的现象，指出了其背后的根本原因是：建立在形式主义的古典合同理论基础上的实定合同法与根植于合同实践的内在合同规范的相互矛盾。并且一般条款（尤其是诚信原则）的活用可理解为内在规范向实定合同法的提升。①

（三）关系合同理论为发展建设工程合同规范提供了一般性原理

虽然关系合同理论被公认为是自古典合同法"死亡"后有关市场交换之法理建构中最有前途的理论选择，②但也有很多学者认为，麦克尼尔的合同理论完成度并不高。因为，古典合同理论的中心观念是以合同自由为核心理念的讲究静态性和个别性的逻辑体系，而关系合同理论关注的核心则在于对古典合同理论的上述中心观念的批判和解构。从这一意义上说，关系合同理论带有强烈的解构式的后现代主义色彩，是摧毁旧秩序的利器，却无力建构新秩序；是解释现象的利器，却不能成为解决问题的有效工具。因此，关系合同理论面临的最大实践困境之一就是如何将这一宏大理论向实定合同法靠拢，成为指导司法实践的规范指南。

此外，针对具有大陆法系传统的我国合同法而言，作为社科法学研究成果的关系合同理论能否与法教义学相沟通、整合，从而对更新和发展实定的合同法体系作出贡献，也是一个必须要回答的问题。所谓法教义学，是以现行法律的内容和适用为对象建立的法律知识体系，包括从制定法中、学术研究中以及相关判例中得出的关于现行法的所有理论、基本规则与原则。③从根本上说，法教义学其实就是解释法律和适用法律的体系方法，它强调法本身是逻辑高度自洽的体系，要求在确定的体系内对现行法律规范进行解释、归类和系统化，以保证体系内部的无矛盾性以及法律适用的确定性。但事实上，法体系显然是不可能一劳永逸地自足自洽的，随着社会环境的变迁，法体系必然与自身周围系统的现实建构以及那些系统的运行现实产生冲突。这种冲突的结果是，要么

---

① ［日］内田贵：《现代契约法的新发展与一般条款》，胡宝海译，载《民商法论丛》第2卷，法律出版社1994年版。

② David Campbell，The Relational Theory of Contract：Selected Works of Ian Macneil，Sweet&Maxwell，2001，Chapter 1.

③ ［德］吕特斯：《法学理论》，C. H. Beck，1999，§7Rn 310ff. 转引自卜元石：《法教义学：建立司法、学术与法学教育良性互动的途径》，载《中德私法研究》2010年第6卷。

系统自身的世界建构瓦解，要么是一个高层次的运行不确定。①

笔者认为，关系合同理论对于沟通法教义学，创新发展合同法理论具有突破性的意义，因为其可以从外部视角观察作为古典合同理论的根本性缺陷，对原有的合同法原则和规则体系进行解构和重构，将合同法教义改造成为一个适应外在社会条件和社会关系要求的开放性体系。因此，关系合同理论的目的并不仅限于对古典合同理念的批判与解构，也不会摧毁法教义学的体系观，而是要在法教义学的体系内注入社会现实的新元素，并将之与现有体系进行合逻辑的对接，从而推动体系的发展和完善。而要做到这一点，一方面要运用关系合同的视角揭示合同理论的新元素是什么；另一方面要理顺外部视角和内部视角的关系，顺应法教义学的体系要求，将这些新元素与现有合同规范体系进行逻辑规整，建立体系的内在一致性。例如在建设工程合同领域，当前存在许多传统的法教义学方法难以解释的问题，如我国建设领域因拖欠工程款，进而导致拖欠农民工工资的情形相当普遍，已经演化成为一个重要的社会问题，最高人民法院为了解决农民工工资清欠问题，出台司法解释规定实际施工人可以直接向发包人、承包人和分包人等主张工程款，这一解释明显属于对合同相对性原则的突破②。这种制度突破究竟属于迁就社会现实和政策要求的错误安排？还是顺应合同法发展方向对教条主义的合同相对性原则的正当纠偏？如果是后者，又应当如何将其纳入合同法体系内进行整体安排才不致破坏逻辑体系的内在一致性？又比如，我国建设领域相比其他市场交易行为具有更强的管制性和计划性，这就使私法自治与公法管制的关系问题在建设工程合同中更值得重视，如公法在何种情况下可以何种方式、何种程度介入建设工程合同？合同认定无效后的法律后果是什么？法释〔2004〕14号司法解释第2条规定"建设工程施工合同无效，但建设工程经竣工验收合格，承包人请求参照合同约定支付工程价款的，应予支持"。这一所谓"无效合同按有效处理"的实践做法的正当性基础何在？如何才能使其不违背合同法的逻辑体系要求？这些问题都反映出传统的合同法教义学与我国的建设工程合同司法实践存在诸多脱节之处。运用关系合同理论，可以为解决建设工程领域面临的问题提供有价值的分析工

---

① ［德］贡塔·依托布纳：《法律：一个自创生系统》，张骐译，北京大学出版社2004年版，第32页。
② 参见最高人民法院《关于审理建设工程施工合同纠纷案件适用法律问题的解释》（法释〔2004〕14号）第26条规定。

具。当然也要看到，尽管麦克尼尔的关系合同理论不仅满足于将存在于合同背后的社会关系拉入单纯的社会学认识领域，而且还试图将其纳入法的世界，但鉴于其理论工具的局限性，要使作为社会学理论色彩强烈的关系合同理论成为实定法学上有意义的规范理论并不容易，还需要同时借鉴和运用其他理论方法才可能实现关系合同理论与实定合同法的对接，使该理论能够服务于建设工程合同实践。

三、研究方法和基本结构

1. 交叉学科的方法

本文试图综合运用法教义学、法社会学和法经济学等多学科的视角与方法研究建设工程合同的法律问题。关于法教义学和法社会学关系的争论，是近年来民法研究中的热点话题，在笔者看来，法教义学所建立的宏大而抽象的外在体系与内在体系是民法研究的出发点，也可视为每一位民法学研究者的"前理解"，而社科法学为我们提供了重新认识、反省并修正这种"前理解"的工具。脱离了法教义学的"前理解"，社科法学必然成为飘忽不定的空中楼阁；而脱离了社会科学，法教义学又可能故步自封的窠臼，二者实为相互依赖、不可或缺的关系。因此，虽然作为法社会学的关系合同理论是本文的基本理论分析框架和出发点，但笔者仍试图将法教义学与法社会学（在本文中更多地体现为古典合同理论和关系合同理论）相结合，在对古典合同理论的外在体系与内在体系深入解剖的基础上，将其他学科可得洞见的关于社会理论、经济分析、对市场实践的实证研究等，转化成与法教义学的法律话语相关的事实或者原则的知识信息，并在此基础上重构合同理论的基本准则。因此，本文虽然主要运用关系合同理论来研究建设工程合同，但同样关注其他理论如卢曼的系统理论、依托布纳的自创生系统理论、维格伯尔的动态系统论、柯林斯的规制理论以及经济学上的不完全合同理论等多种理论工具的应用，以便为建设工程合同研究提供更有价值的观点或论证方法。

2. 比较法的方法

比较是思维本身的一项特征，是人类认识和理解世界的基本手段。[①] 本文

---

① 梁治平：《法律的文化解释》，生活·读书·新知三联书店1994年版，第36页。

在比较法对象的选择上，除重点对不同国家关于合同法以及建设工程合同的理论学说进行比较外，也特别注重对不同地区不同法源的比较，如《国际商事合同通则》（PICC）、《欧洲合同法原则》（PECL）以及《欧洲示范民法典草案》（DCFR）等国际统一合同法文件，以及各类国际组织制定的建设工程合同示范文本如 Fidic 系列合同文本、德国的 VOB 合同文本等。同时，本文还注重对世界各国实务判例的比较，因为从比较法角度研究其他国家和地区的成熟司法经验，对我国司法实践而言，具有不可低估的实用价值，并且对于建构我国建设工程合同的基本原理也是迫切需要的。

3. 理论与实务相结合的方法

社会科学研究区分为纯理论的抽象研究和面向实践的应用研究。前者的重心在于理解，理论研究的目的在于揭示人类社会生活的本质，透过喧嚣的表象去发现和解释其中的意义，在所有科学领域进行的纯粹研究，有时就是以寻求"纯粹的知识"而获得正当性的；后者的重心则在于应用，即将通过理论研究而获得的有关社会的各种知识付诸行动，应用到实践上。由于笔者多年从事民事审判实务工作，对建设工程审判实践中存在的种种现实问题有较深的体会，因此在研究方向上更倾向于应用研究，希望运用理论工具去解决实践问题。尽管关系合同理论作为法社会学的组成部分，其核心更侧重于对法律和它所规制的社会实践之间的互动关系，而不是法律规制本身，但是这恰好为笔者拓展该理论在法律实践中的运用价值提供了空间。本文试图尽可能将理论与实务两个方面在研究中进行更紧密的结合，一方面，充分运用关系合同理论廓清建设工程合同的基本问题面，以构建规制建设工程合同的基本原理；另一方面，充分运用案例研究的方法，尝试将关系合同理论工具运用于实践案例的分析，探索使建设工程合同司法实践与现实需要更相适应的关系合同法规则。

4. 实质解释论的方法

在法学研究方法上，有立法论与解释论之分。立法论以功能设计与规范建构为基本目的，某一立法的基本理念与应有路径、某一法律的基本原则与基本制度、某一法律的功能设定与实现机制、某一法律的特有规范及重点问题，甚至某一法律的具体规范内容及其文本表述等等，皆是立法论研究的范围。[①] 解

---

① 陈甦：《体系前研究到体系后研究的范式转型》，载《法学研究》2011 年第 5 期。

释论则以实现法律的精准理解和有效实施为基本目的,是以现行法律的内容和适用作为研究对象的研究范式。传统解释论将正式的法源作为解释对象,如以明确具有"法"效力的合同法规范的具体规定要件和法律效果为研究目的。但是,麦克尼尔关系合同理论中所称的合同法规范比正式的法源要广泛得多,分为内在合同规范与外在合同规范两个层次:后者为在社会对合同所规定的各种形式的措施,包括但不限于作为实定法的合同法;前者为在合同实践中产生的规范,是合同实践中的"活法"。本文致力于运用麦克尼尔的关系合同理论,发现建设工程合同实践中的内在规范,因此,不局限于对合同法实证文本的形式解释论研究,而是侧重于从建设工程合同实践中发现和抽取出建设工程合同法的基本价值、基本原理和具体规则等内在规范,以形成对建设工程合同实践具有整合性的原理与规则体系,因此可以说是实质解释论的研究方法。当然,实质解释论最终必然导向立法论性质的成果,而且关系合同理论的内在规范与外在规范之间并不存在隔离墙,因此,本文也尝试在运用解释论方法发现建设工程合同领域的内在规范基础上,就完善立法提出相关建议,在这一意义上,在对某些具体问题的解决上也带有某些立法论的视角,以期实现从内在规范向外在规范的提升。

第一章 范式转换视阈下的合同理论

引言：问题的提出

对同一事物，通常会有多种观察视角和解释方式，潜藏于这些不同的解释和理论背后的就是范式。所谓范式，是用来组织我们观察和推理的基础模型或是参考框架，它不仅形塑了我们所看到的事物，同时也影响着我们如何去理解这些事物。① 换言之，范式就像是一幅被简化而抽象了的地图，使我们可以根据地图上标示的出发点和线索按图索骥，明确我们观察的方向，找到想要找到的事实，并对这些事实做出理解和解释。因此，范式在自然科学和社会科学的研究中扮演了一个根本性的角色，是一个基本的出发点，它决定了理论和研究的方向。

范式作为理论研究的模型和框架，犹如简化版的地图，如果我们想要认真地对社会现实进行思考，并有效地在其中活动，某种简化现实的图画、理论、概念、模式和范式就是必要的。正如威廉·詹姆斯所说，如果没有这样的思想产物，就只有"一团乱七八糟的混乱"。约翰·刘易斯·加迪斯也敏锐地观察到："寻找穿过所不熟悉的领域的道路，一般需要某种地图，像认识本身一样，制图学是使得我们了解自己在哪儿和可能走向哪儿的必要的简化。"② 通常而言，一份地图越详细，就越能充分地反映现实。然而，一份过分详细的地图对于许多目的来说并非有用。譬如我们想要沿高速公路从一个大城市前往另一个大城市，我们并不需要包括许多与机动运输工具无关的信息的地图，因为

---

① ［美］艾尔·巴比：《社会研究方法》，邱泽奇译，华夏出版社 2009 年版，第 33 页。
② ［美］塞缪尔·亨廷顿：《文明的冲突与世界秩序的重建》，周琪、刘绯、张立平、王圆译，新华出版社 1999 年版，第 9 页。

在这样的地图中，主要的公路被淹没在大量复杂的次要道路中了，我们可能发现这样的地图令人糊涂。另一方面，一份其中只有一条高速公路的地图，可能会排除许多现实因素，并限制我们发现可供选择的道路的能力，如果这条高速公路被重大的交通事故堵塞的话。因此，我们需要一份这样的地图，它既描绘出了现实，又把现实简化到能够很好地服务于我们的目的。①

然而，任何范式都不可能永远有效。随着时间的推移和社会环境、背景的变迁，原有范式的逻辑空间和理论架构对新的社会现象的解释力逐渐下降，从而出现范式危机。范式危机意味着范式转换革命的到来。在危机到来之时，人们在怀疑原有范式的同时，也开始寻求新的理论和方法，寻求建立新的科学逻辑系统。也就是说科学发展是有规律可循的，有一个动态的模式：前科学→常规科学→反常和危机→科学革命→新的常规科学。库恩认为：整个科学发展史就是遵循这样一个动态模式的周期运动规律而不断向前推进的，科学从一个阶段发展到另一个阶段，必然有其自身产生、积累、发展、消亡的过程，即科学革命。简言之，科学革命的实质是"范式转换"，即新范式代替旧范式的过程。② 托马斯·库恩在其经典著作《科学著作的结构》中，显示了思想和科学的进步是由新范式代替旧范式所构成的，当旧的范式变得日益不能解释新的或新发现的事实时，能用更加令人满意的方法来说明那些事实的范式就取代了它。③

运用范式理论考察合同法理论的演变，正体现了基本范式的形成、产生危机到新范式出现的转换过程。本章所截取的，是从近代的古典合同范式向现代的关系合同范式的转换过程，试图从中发现近代古典合同和现代关系合同不同范式的演变及其内涵，并以关系合同理论范式为建设工程合同关系研究提供分析框架。

古典合同理论为我们提供了关于合同的"合意"范式。在这一范式下，合同的形象是无数个孤立的、个别性的交易；合同的主体是抽象平等、精于计

---

① [美] 塞缪尔·亨廷顿：《文明的冲突与世界秩序的重建》，周琪、刘绯、张立平、王圆译，新华出版社1999年版，第10页。
② 周琛、张晓甦：《从库恩的范式转换看经济学理论发展》，载《中国集体经济》2008年第1期。
③ [美] 塞缪尔·亨廷顿：《文明的冲突与世界秩序的重建》，周琪、刘绯、张立平、王圆译，新华出版社1999年版，第9页。

算的理性人；合同拘束力的来源是缔约双方所作的内容一致的意思表示。在 19 世纪和 20 世纪早期自由资本主义的社会背景下，"合意"范式与自由的市场和缔约的方式大致吻合，对理解合同和合同效力提出了一个相对简单但又具有强大解释力和指导力的地图，并在此基础上发展出古典合同法的核心理念、基本原则和规则体系。

随着时间的推移，合同交易所处的社会情境发生了重大变化，这些变化包括：经济社会组织的大量涌现、社会化大生产的不断扩张，以及经济交易呈现出前所未有的社会复杂性与多样性。在这些因素的作用下，合同领域的新情况、新问题层出不穷，古典合同理论的解释力也逐渐减弱。然而，新范式取代旧范式也并非一蹴而就，而是随着社会的演进、理论的积累逐渐形成并完善。范式转换的过程是理论林立、观点纷呈的阶段，在这个过程中，社会科学家从各种不同的视角，提出不同的观察和解释方法，带来不同的理论范式。每一种理论范式都为关注人类社会生活提供了不同的方式，每一种都有独特的关于社会事实的假定。[1] 在各种理论范式的不断竞争中，最终只有那些能够有力地解释社会现实、并据以引申出更有效的社会政策、且能够给学科发展带来更广阔的逻辑空间和理论空间的范式方能脱颖而出，取代旧范式完成范式的革命性转换。在现代合同法发展进程中，理论研究者已经提出了诸多不同的理论范式，如哈贝马斯的程序主义法律范式、卢曼的社会系统理论范式等。在这些理论范式中，麦克尼尔创造的关系合同理论提出了著名的关系合同范式，其核心意旨是从社会学的外在视角，将被古典合同理论图景中抽离的社会关系推向合同效力的前台，为受到批判甚至被判死刑的古典合同法寻找全新的替代方案和理论模式。关系合同理论范式已被公认为是自古典合同法"死亡"后有关市场交换之法理建构中最有前途的范式选择。[2]

本章的主要任务即从范式转换的视角观察分析从古典合同理论到关系合同理论的范式变迁。从总体看，这一过程是从古典合同理论的"合意"范式转变为关系合同理论的"关系"范式的演变过程；同时，在二者的过渡期间，是新古典合同理论对"合意"范式的微调。"合意"范式到"关系"范式的范

---

[1] [美] 艾尔·巴比：《社会研究方法》，邱泽奇译，华夏出版社 2009 年版，第 34 页。

[2] David Camlbell. The Relational Theory of Contract: Selected Works of Ian Macneil, Sweet &Maxwell, 2001, Chapter 1.

式转换中，包括在合同核心范畴、合同理论方法论、合同价值追求等方面的转变。

第一节 古典合同理论的范式内涵

古典合同范式从形成、演变到成熟经历了百年历程，其兴起于近现代社会，时间大约为18世纪末期或19世纪初期。在大陆法系，以《法国民法典》的制定为显著标志；在英美法系，以英国合同法的确立为起点。在学理上，18世纪末期或19世纪初期至19世纪末期被两大法系称为合同法的经典时期，该时期的合同法被后世称为"经典合同法"。[①] 当然，不论在两大法系之间，还是两大法系内部不同国家之间，关于合同理论的具体内容都存在很多差异，但是总体而言，我们还是可以对这一波澜壮阔的理论发展阶段进行远距离的俯瞰式观察，抽取出关于古典合同范式的基本模型。

一、核心范畴：合意

古典合同理论将合同首先理解为双方主体之间所达成的合意。大陆法系古典合同理论中，关于合同最经典的概念来自于《法国民法典》第1101条的规定，"合同是一种合意。根据这种合意，一人或数人对于其他人或数人负担给付、作为或不作为的债务"。美国《第二次合同法重述》也对合同下了一个经典定义："所谓合同，是一个或一组承诺，法律对于合同的不履行给予救济或者在一定的意义上承认合同的履行为义务。"由此可以看出，不论是在大陆法系还是英美法系，合同的基本构成要素就是"合意"，并且法律赋予这种"合意"以强制履行的保障，即赋予其法律上的拘束力。

合同的拘束力来源是合同法上的哲学问题，合同为什么在当事人之间产生法律的拘束力，其正当性基础何在？对这一问题的回答，可以归结为两个主要的理论：原因理论和意志理论。合意成为合同拘束力的根本来源正是原因理论向意志理论发展的结果。

原因理论是大陆法系解释合同拘束力来源的悠久理论。它把道德意志附加于当事人的意志之上，在伦理上解释合同效力的正当性。原因理论成形于中世

[①] 朱广新：《合同法总则》，中国人民大学出版社2008年版，第30页。

纪，彼时法学家以亚里士多德和阿奎那的理论诠释罗马法，用慷慨和交换正义这两个"原因"解释合同效力的正当性：如果合同是基于一个正当原因缔结的，它就具有法律拘束力。[①] 原因理论在理论上的核心价值在于，以合同中当事人意志所具备的实质伦理正当性作为合同产生拘束力的根本原因。

但随着自然法理论、理性主义以及自由市场经济的发展，意志理论逐渐取代原因理论成为解释合同拘束力的主流理论。意志理论是以康德从人格之伦理自律性导出的形式义务与自由伦理学为根基的。康德在《伦理之形上学基础》中提出，人绝不可以是追求人本身以外之目的的手段以及，法律必须规定自由的空间，于此，伦理自律性的自由得以和他人的自由并存。康德的自律伦理学将私法理解为伦理上自律的人格者之自由范围的体系。植基其上的是：所有国民完整且平等的权利能力、自由的财产运用、合同与结社自由。这与古典私法体系的主要根本形象相符：作为自律法律主体间严格之主体间关系的合同、作为原则上全然、绝对之支配与排他权利的所有权。[②] 至此，在以康德的形式伦理体系为指导的古典合同理论中，实质的合同伦理，如正当价格的实质要求被抽离出去，实践理性（意志）成为支撑该体系的唯一命题，换言之，合同本身即正义。意思对法律行为的效力具有决定意义，法律行为不过是按照自己的意图变更合同关系的手段，是行为者自由行使的方式。彼时，普通法的法学家也接纳了大陆法对合同的描述即意志理论的影响，如 Macneil 也认为，古典合同法所奉行的是合同的意志或合意理论。[③]

二、主体假设：抽象平等的经济人

不同的学科总是会从不同的观察视角对主体进行假设。生物学从物理的或者是化学的观点；心理学或精神分析学从内心；社会学从社会构成的角度；法学则是从规范的角度。古斯塔夫·贝美尔（Gustav Boehmer）认为，德意志民法典所指的人，是"扎根于启蒙时代、尽可能自由平等、既是理性的、同时

---

① 谢鸿飞：《合同法学的新发展》，中国社会科学出版社 2014 年版，第 36 页。
② ［德］费郎茨·维亚克尔：《近代私法史》（下册），陈爱娥、黄建辉译，上海三联书店 2006 年版，第 375 页。
③ Ian R. Macneil, values in contract: internal and external, 78 Northwestern University Law Review (1983), p. 372.

又是利己的抽象的个人，市民感觉和商人感觉混合在一起的经济人"，① 这既是古典合同理论从法规范视角所把握的合同中的主体形象，也是古典合同理论赖以形成的基础前提，其核心特征是：

1. 完全平等的"法的人格（persona）"

古典合同理论确立的前提就是承认所有人完全平等的"法的人格"。所谓"法的人格"，其首要含义是：人，首先被看作为是私法上权利义务的主体，基于这种主体性，所有人都应当享有同样的私法上的权利义务。"法的人格"这一词语，出自拉丁语的 persona。该词的含义经历了漫长的历史和复杂的思想，最终确立了 Persona 一词表示伦理的自由的主体负有责任能力并具有尊严的人格的，是康德。对此直截了当加以表述的是受康德影响的 Zeiler 起草的奥地利民法典。该法典第 16 条规定"任何人都有基于理性所明确的生的权利（angeborenes Recht），并有（法的）人格（Person）"，第 18 条规定"任何人在法律规定的条件下都有取得权利的能力"。可见，"法的人格"的本质是以人的伦理自由为基础认识人的权利义务平等。

2. 抽象的人格形象

在现实社会中，人们总是存在不同的角色、身份，总是具备不同的财力、能力。但是随着所有人都被抽象为具有平等的权利义务的法的人格，在合同法的意义上，这种附着于合同主体具体的特征都被忽略或抽象掉了。正如萨维尼所言，"所有的权利，自由地存在于伦理的个人。因此，人格、法的主体这些根本的概念必须和人的概念相重叠。而两个概念的根本的同一性，在以下形式中得以表现。每个人……都是权利能力者"。因此，在古典合同理论的视野中，不管合同主体的年龄、性别、职业是什么，也不管他是具体的劳动者、消费者、大企业还是小企业等具体类型，都统统被抽象为"人"这一平等的法律人格。在合同双方之间，如卖主和买主、房东和房客、老板和雇工之间，被看作是完全相同的，对于两者之间的经济能力、社会势力、信息收集能力等等差异完全没有区分的必要。因此，弗里德曼才将合同法称作"移除合同主体与客观所有特性的抽象物"。

---

① ［日］星野英一：《现代民法基本问题》，段匡、杨永庄译，上海三联书店 2015 年版，第 67 页。

3. 精明的经济理性人

古典合同理论与古典自由市场经济理论有着密切的历史渊源关系。古典合同理论中所设想的人,正如日本的牧野英一所言,是古典经济学考虑的抽象的"经济人",作为自由意志的主体总是采取合理的行动,因此"在经济学领域……因为其聪明能不断选择最小的劳动,而获取最大的效果","在伦理论的范围……因为其具有理性,能够基于道德的准则行动"。这里显示出的是理性、自主负责与有判断能力的市民社会成员的主导形象。正是基于这种主体假设,合同双方当事人都是具备充分的知识和意志、有自律性的开拓自己命运的人,都有能力获取和掌握与合同相关的信息情报,能够通过平等的协商,根据其理性选择和谈判设计出最佳的合同条款。因此,合同的签订是一个完美的协商结果,由此也导引出合同自由和合同神圣的价值观。[①]

三、核心理念:合同自由与相对性原则

意志理论的统治、平等理性的主体预设以及完全合同的交易假设,使得合同自由原则得以确立并成为古典合同法的基石。合同自由原则肯定个人自主和自由选择的权利,正如杰塞尔伯爵指出的,"如果有一件事比公共秩序所要求的另一件事更重要的话,那就是成年人和神志清醒的人应拥有订立合约的最充分的自由权利。如果他们订立的合约是自由、自愿的,那么,就应当认为这些合约是神圣的,并应由法院强制执行"。[②] 合同自由原则的内涵依两大法系的法律方法不同而有不同侧重。大陆法学者所理解的合同自由主要包括以下内容:(1)是否缔约的自由;(2)与谁缔结合同的自由;(3)决定合同内容的自由;(4)当事人选择合同形式的自由;(5)变更和解除合同的自由。而在英美法系著名法学家阿蒂亚看来,合同自由的思想至少包括如下两个紧密相连且并非截然不同的两个方面:第一,它强调合同基于双方合意;第二,它强调合同的产生是自由选择的结果,没有外部障碍,如政府或立法的干预。[③] 尽管与大陆法的视角不同,但二者在合同自由的理解上并无本质差异。

---

① [日] 星野英一:《现代民法基本问题》,段匡、杨永庄译,上海三联书店2015年版,第67~75页。

② [英] P. S. 阿蒂亚:《合同法导论》,赵旭东等译,法律出版社2002年版,第4~9页。

③ [英] P. S. 阿蒂亚:《合同法导论》,赵旭东等译,法律出版社2002年版,第9页。

合同自由原则对合同法功能定位有重大的影响，在合同自由原则下合同法承担的只是一个工具性角色，其是被设计用来保障建立在合意基础上的私人协议的履行。一般而言，合同法并不涉及结果的公平和正义，家长制的思想被认为是过时的，法官甚至不关心合同违反公共利益的可能性。合同法的功能主要是当一方当事人违反游戏规则或不履行合同义务时帮助另一方当事人获得救济。换言之，合同法的目的并不在于执行行为规范或实现政策规划，而是提供意思自治的自由之轨。①

合同相对性原则不论在大陆法系还是英美法系的古典合同理论中始终是一个基本原则，也是合同自由原则的自然衍生物。由于两大法系对合同本质有共同的认识：合同是调整特定当事人之间相对关系的协议，因此，他们在合同中所确定的规则，原则上只能适用于他们自己。但从历史的角度看，两大法系在古典合同理论中合同相对性原则的确立过程上有所差异：在大陆法中，合同相对性原则是通过意志理论的确立对合同相对性作出全新的解释而得以确立的；而在英美法中，合同相对性原则的最初确立与当事人的主观意思和大陆法的意志理论并无直接关联，它是普通法内部演化的必然结果，是普通法为了实现公平的价值诉求而通过对价原则的推演、加以固定得出的理论规则。②

四、规范方法：形式主义

古典合同理论与近代自由资本主义的经济要求相适应，追求形式主义的抽象法律体系和司法推理方法。根据韦伯的观点，如果制定的法律规则是抽象的，而且是根据这些规则适用法律的，这种法律制度就是符合形式理性的；而如果法律适用的依据是对内容进行一般性概括的伦理原则及政治原则，或经济目标等，那么这种法律制度便是实质理性的。

大陆法系古典合同法的形式主义特点在欧洲大陆的法典化和19世纪的概念法学中得到极致的体现。古典合同法采纳理性法的体系，也接受了该体系建构概念的方法，由体系与概念逻辑性地处理、安排法律规定间的联系性与相关性，使个别法律概念与法律规则连结成统一的关联性的有机体系，形成即使连

---

① ［德］托马斯·莱塞尔：《法社会学基本问题》，王亚飞译，法律出版社2014年版，第196页。
② 刘承韪：《英美契约法的变迁与发展》，北京大学出版社2014年版，第124页。

最具体的条文都可以从公理体系的最高点推导出来的——"概念金字塔"。法官在这样的规则体系中只需要运用三段论式的机械推理过程就能演绎地推导出裁判结果,即将法律的一般规定作为大前提,将具体的案件事实通过涵摄过程,归属于法律构成要件之下,形成小前提,通过演绎推理推导出系争案件事实的法律效果。

英美法系古典合同理论同样接受了这种形式主义方法论。英美古典合同理论认为,"合同"是特质性(with an essence)的概念,是一个不能化约的描述性和规范性核心。[①] 它还认为,合同法是由一系列源自对该特质真实理解的公理以及源自该公理的规则构成,是此种不证自明公理与逻辑推演理论的结合。它是这样一种结构:其中的一部分是一系列不证自明的基本法律原则(fundamental legal principles),另一部分则是经由演绎推理从基本法律原则中推导出来的一系列次级规则(a second set of rules)。[②]

古典合同理论的形式主义背后隐含的是形式正义追求。即存的合同法秩序始终是一个由制度与法条组成的封闭体系,其独立于(由制度与法条所规整的)生活关系的社会现实之外,也独立于赖以建构的伦理基础之外。在此前提下,法官之法的发现工作仅仅局限于正确涵摄的逻辑性工作,沦为"涵摄机器"。[③] 正如霍姆斯所说,"法学院追求一种跟随灵感和信守逻辑相结合的方法。那就是,人们将法律的基本原理理所当然地视为权威,而不再探究它们的内在价值,于是逻辑便成为得出法律结果的唯一工具"。[④] 古典合同理论将对合同的法律规制限制于伦理性证立之自由主义的严格界限之内,认为现行法具备不证自明的伦理正当性,相信透过逻辑推论的适用,就能实现正义。通过此种形式理由,将法律和法官约束在逻辑的框架内,排除法官的价值判断和个案裁量,否定司法的造法功能,从而确保法律的安定性、确定性和可预见性等目标的实现。

[①] Thomas C. Grey, Langdell's orthodoxy, 45 University of Pittsburg Law Review (1983), p. 48~49.
[②] Melvin A. Eisenberg, Why There is No Relational Contract, 94 Northwestern University Law Review (2000), p. 806.
[③] [德]费郎茨·维亚克尔:《近代私法史》(下册),陈爱娥、黄建辉译,上海三联书店2006年版,第418页。
[④] Oliver Wendell Holmos, Law in Science in and Science in Law, in Collected Legal Papers 210, 238 (1920).

综上，在古典合同范式中，合同的核心要素是合意，合同法的核心原则是合同自由原则与相对性原则，采纳形式主义的方法论，合同法背后的伦理基础是意志理论。并在形式主义方法论下，形成关于合同法的概念——教义学结构、论证方式、查明事实的方法、制度化的纠纷解决程序。①

第二节 古典合同范式的危机及新古典合同理论的应对

在私法发展的历史上，一种合同法范式形成与变迁的背后总是隐藏着一定的经济与社会发展模式的变迁。古典合同范式的形成巧妙地配合了自由市场经济的发展，其既受到经济自由理念的影响，又反过来为放任、无调节的经济行为提供自由的保障。但是，随着20世纪以来经济社会的巨变，合同关系出现了许多令人眼花缭乱的变化，主要体现在三个方面：第一是组织关系取代了合同关系。随着社会化大生产的发展，经济关系不再仅仅是个别化的市场交换关系，而是更多地转化为公司中的科层组织关系，合同中的承诺与合意表达方式转为通过权力、等级和命令式的官僚政治关系得以表达。第二是合同主体的分化。随着经济权力的分化，现实社会中出现越来越多的具体的存在诸多差异的人和人格，如劳动者和雇主、消费者与销售商、房客与房东，这些具体化的人格特征已无法用古典合同理论中抽象、平等的法人格进行表达和解释。第三是标准格式合同的出现和广泛使用，当事人尤其是消费者一方无法对合同内容进行协商，只能选择同意或不同意，自由选择和合意受到严重限制。这些变化使奉行意思自治、合同自由和形式主义的古典合同范式在很多场合逐渐丧失其解释力和说服力。古典合同范式应对新的社会情事方面的不足，诱发了对古典合同法加以改造的运动，新古典合同理论由此产生。新古典合同理论在英美法系和大陆法系以不同的方式展开，但就其对古典合同理论弊端所采取的解决办法而言，但总体上都是围绕对合同自由的限制和意志理论的突破而展开，这些理论发展大体包括：

一、信赖利益原理的引入

信赖利益保护的提出，可以追溯到美国著名的法学家富勒，其学说不仅建

---

① ［德］依托布纳：《魔阵·剥削·异化——依托布纳法律社会学文集》，泮伟江、高鸿钧等译，清华大学出版社2012年版，第273页。

构了当代合同法合同损害赔偿的基本理论体系，也成为现代信赖理论的起点。富勒的信赖利益理论的两大创新是：第一，富勒和帕迪尤在《合同损害赔偿中的信赖利益》一文中，将作为确定损害赔偿范围指针的契约利益分为三种：返还利益（the restitution interest）、信赖利益（the reliance interest）和期待利益（the expectation interest）。这种分类成为其后英美合同法上最基本的概念结构之一，并直接影响了美国《第二次合同法重述》对合同当事人信赖利益的保护模式，在第90条明确规定了承载和规制合同信赖利益理论的允诺禁反言原则。第二，其对信赖利益保护的正当化进行了法学上的论证，提出合同拘束力的根据最终在于保护信赖而不是合意。而正是后者开始敲响了古典合同理论的丧钟。其后，阿蒂亚运用富勒的信赖利益理论作为理论武器，进一步攻破了作为英美古典契约理论核心的允诺原理的堡垒。阿蒂亚的信赖理论的核心命题有三个：第一，决定合同具有道德和法的拘束力的，并不是约定本身，而是将由对他人行动的信赖、期待所产生的损害归责于谁的权原分配。而作出这一分配的决定并非在于是否存在约定，而是要放在特定的社会背景中考虑更多的因素，并由社会决定，这样就彻底否定了允诺原理的核心意义。第二，既然"意思"（约定）并不是合同拘束力的根源，那么其具有什么样的意义呢？阿蒂亚认为，"意思"发挥着明确业已存在的法律义务的"证据"的功能，有助于使道德债务明确化，定量精密。因此，"意思"本质上是节约逐个检索契约拘束力成本的形式推论装置。第三，鉴于"意思"（约定）仅仅是决定合同债务的形式推论装置，法官就不能仅仅根据约定作出形式上的推论结果，而是要结合采用信赖原理，判断实质的利益。因此对于其信赖是否应保护，法官必须进行脱离当事人意思的价值判断。通过上述理论，不仅合同、不当得利、侵权行为无一例外地在以纵贯性的原理和政策为共同基盘的大的信赖责任框架中加以融合，而且契约自由原则、形式主义方法论等古典契约原理都被一一击破，在此等候的就是"契约之死"。①

在大陆法系，对信赖利益的关注实际上更早出现。1861年，耶林提出缔约过失责任后，德国法院便一直在讨论，被告在与原告谈判时未能尽到考虑原告利益的义务，如未能及时告知原告他明知是很重要的事实，所引起的损害赔

---

① ［日］内田贵：《契约的再生》，胡宝海译，载《民商法论丛》，法律出版社1996年版，第4卷。

偿主张问题。在法国，这种行为可以构成一种过失，根据《民法典》第1382条提起侵权行为损害赔偿的请求，要求对已经造成的经济上损害进行赔偿。①当然，大陆法系信赖责任理论严格遵循法教义学的解释路径徐缓发展，故而没有像英美契约法上的信赖原理激起如此惊涛骇浪。

二、合同附随义务的扩张

合同附随义务，是指根据诚实信用原则，在合同履行过程中根据合同性质、目的和交易习惯而产生的合同义务。附随义务不是由当事人约定产生的，而是根据诚实信用原则产生的，是附随于主给付义务的合同义务。② 附随义务理论发源于德国，后为各国立法、判例及学说接受。附随义务涵盖了从合同缔结到履行和终止后的各个阶段，内容包括通知义务、协助义务、保密义务、告知义务、保护义务及照顾义务等。新古典合同理论对附随义务的通常理解是，合同关系是一种基于信赖而发生的法律上特别结合关系，为使债权能够圆满实现，或保护债权人其他利益，债务人除给付义务外，还应履行其他相关的行为义务。这些义务，系以诚实信用原则为基础，并非自始确定，而是随着债的关系的进展，依事态情况而发生，故在学说上称为"附随义务"。③

合同附随义务在两个方面突破了古典合同理论：一是缔约当事人不仅负有约定义务，而且在合同成立前、履行中或消灭后还负有法定义务，这极大地改变了合同拘束力源于当事人"合意"的意志理论。④ 二是合同义务不再限于当事人约定的具体事项，而是向缔约当事人强加了一些他们本未约定的义务，产生了"合同责任爆炸"的现象，这实际上干涉了当事人决定合同内容的自由，注入了越来越多的法定义务，使合同法与侵权法的界限日渐模糊。吉尔莫在《合同的死亡》中称由于以诚实信用这一一般合同义务为基础而引入的缔约过失责任，以及司法实践对"信赖利益"的广泛认同，使得传统的以"合意和对价"为基础的合同概念土崩瓦解。⑤

---

① ［德］海因·克茨：《欧洲合同法》（上卷），周忠海、李居迁、宫立云译，法律出版社2001年版，第12页。
② 王利明：《合同法研究》（第1卷），中国人民大学出版社2002年版，第367页。
③ 王泽鉴：《民法学说与判例研究》（第一册），中国政法大学出版社1998年版，第96页。
④ 朱广新：《合同法总则》，中国人民大学出版社2008年版，第31页。
⑤ ［美］吉尔莫：《契约的死亡》，曹士兵等译，载《民商法论丛》，法律出版社1995年版，第3卷。

三、对格式条款的司法控制

所谓格式条款，是指当事人为重复使用而预先拟定并在订立合同时未与对方协商的合同条款。格式条款是19世纪工业革命的产物，随着货物和服务生产的标准化，这类货物和服务条款的标准化也随之出现。制定格式条款有助于大批量交易的发展，便于预测交易成本、简化交易程序，并因此有助于降低成本，但也同时带来拟定条款的一方尤其是大企业以此方式转移风险、侵害弱势当事人一方选择自由的问题。

为了向弱势当事人尤其是消费者提供必要的保护，反对不公平的格式条款，法院在司法实践中逐步发展出一些管控办法并逐渐为立法所采纳：首先，对不明示告知的格式条款不作为合同的组成部分。如世界上第一部规定"合同一般条件"特殊规则的法典是《意大利民法典》，该法第1341条规定，只有在订约时顾客知晓格式条款或者只要共有适当的警觉性就应当知晓格式条款，它们才构成合同的一部分。它还规定，在第1341条第2款列出的某些值得特别怀疑的条款类型，必须获得顾客书面形式的特别同意才有效力。1976年《德国一般交易条件法》第2条规定，只有在订立合同同时供方提到格式条款并且"双方对其内容能够进行适当的考虑"的情况下，格式条款才被视为包含在合同中。其次，对合同内容进行限制性解释。即法官以格式条款不清楚或含糊为由，对免责条款作出狭义的解释或对含糊不清的表述作出不利于起草方的解释。最后，对合同效力直接进行干预。法官可依缔约一方的请求审查格式条款的内容，对于提供格式条款一方免除其责任、加重对方责任、排除对方主要权利的，可以直接认定该条款无效。[①] 从上述三个方面看，对格式条款的规制表现出两个明显的倾向：一是审查标准从形式公平走向实质公平；二是法官的自由裁量权扩大，解释的灵活性和弹性增加。这些变化都是对古典合同理论的突破与发展。

四、情事变更制度的发展

情事变更原则，是指合同生效后因不可归责于双方当事人的原因发生了不

---

① 参见我国《合同法》第40条。

可预见的情事变更，使合同成立时的行为基础发生了根本性的改变，继续维持合同原有效力有悖诚实信用原则，则允许当事人变更或解除合同。

情事变更制度是古典合同理论的合同自由原则发展到一定程度后，为矫正合同神圣或有约必守原则的极端而慢慢发展出来的一项制度。1804 年的《法国民法典》、1900 年的《德国民法典》及 1912 年的《瑞士民法典》皆未规定情事变更制度。但随着 20 世纪两次世界大战发生后产生的极端异常的事件，给合同严守原则带来前所未有的挑战。德国帝国法院在 1922 年 2 月 3 日、6 月 27 日审理的两起涉及德国马克贬值的合同履行障碍案件中认为，在动摇合同根基的例外情形下，法官有权修改合同并应尽力不使合同终止。这两起案件公开承认了厄尔特曼（Oertmann）提出的"交易基础丧失理论"。在总结多年的判决与研究成果基础上，德国最终借 2001 年债法修订之机，将情事变更制度纳入民法典条文（第 313 条）。① 英美法通过合同受挫理论（frustraion of contract）解决情事变更问题。英美法系的理论和判例认为，当事人在订立合同时有自己的希望、意图和目的，一旦当事人的希望、意图和目的因客观情况的变化而不能实现，则构成法院不能强制执行其允诺的理由。不论大陆法系的行为基础丧失理论，还是英美法系的合同受挫理论，都是对古典合同理论的合同严守原则的突破。

总体来看，新古典合同理论发展出来的上述合同法原理和规则虽然对古典合同理论作了很多修补和突破，但始终未能超越古典合同理论在法律理念、体系结构和核心内容等方面提供的理论范式，只是在旧有框架内采取设定例外、压制甚至直接排除的方式对社会现实进行碎片化、应激性的回应，比如对于格式条款、情事变更制度就是在古典合同法规则体系之外设定的例外规定；对于一些新出现的与个别性交易存在显著区别的合同类型如商业结盟合同、特许经营合同、PPP 合同等，只能将其视为传统合同一体对待，适用相同的规则，导致规则与现实的脱离；而对于一些与古典合同范式渐行渐远的合同类型，如劳动合同、消费者合同，则干脆排除出合同法范畴，单独立法，导致传统合同法的适用范围越来越窄。因此，所谓新古典合同理论只是古典合同理论的一个亚种，而无法将这些与古典合同理论相异质的新的原理和制度整合成统一的理论

---

① 朱广新：《合同法总则》，中国人民大学出版社 2012 年版，第 393 页。

体系，也无法从理论上整合地阐明新古典合同理论背后的正当性基础。正如麦克尼尔指出，新古典合同法在理论上和组织上仍是基于个别性交易，不过对关系做了许多让步。它常常能够适当地处理合同关系中更为个别性的问题。但是，当个别性和关系性的原则相冲突时，新古典主义法就缺乏任何压倒性的关系性基础，因而也就缺少一种在关系性法中所需要的应变能力。为此，麦克尼尔提出必须跳出古典合同理论的规范框架，从社会的角度来认识和把握合同，建构更为开放性的规范体系，解决当今合同社会化的种种难题。

第三节 关系合同理论的范式塑造

合同法原理和社会现象总是处于密切联系之中，在合同法学者谈到"合同之死"时，毋庸赘述当然指古典合同法原理（意思自治、合同自由）的衰落和危机，与此同时，与合同法原理结为一体的是合同现象的变化。换言之，正是"作为社会现象的合同之死"，才会引起"作为规范原理的合同之死"。[①]因此，在讨论合同法理论的变迁之前，我们首先要讨论的是合同究竟是什么？它在现今社会发生了哪些变化？

一、合同的本质

合同到底是什么？对这一问题的讨论存在规范主义和现实主义两种不同的视角。规范主义者从行为人的内在视角出发，以合同当事人感受到的规范约束和强制的内省经验来观察和表述合同；相反，现实主义者则是从宏观系统的外在视角出发，强调合同在现实社会运行过程中表现出的客观、实在、真实的维度。古典契约理论即从规范主义的视角，认为合同是双方当事人之间形成的合意，合同只对当事人意思所及之处具有约束力（意志理论）。而麦克尼尔的关系合同理论则是建立在现实主义的外在视角，将合同从抽象的概念回归到现实社会中加以重塑。麦克尼尔在《新社会契约论》开篇就提出："要理解什么是合同，就必须摆脱自己强加的知识隔绝状态，接受一些基本事实，没有社会创造的共同需求和爱好，合同是不可想象的；在完全孤立的、追求功利最大化的个人之间的合同不是合同，而是战争；没有语言合同是不可能的；没有社会的

---

① ［日］内田贵:《契约的再生》，胡宝海译，载《民商法论丛》，法律出版社 1995 年版，第 3 卷。

结构和稳定，合同——仅从字面上看——也是不可思议的，就像远离社会的人不可思议一样。合同的基本根源，它的基础，是社会。没有社会，合同过去不会产生，将来也不会产生。把合同同特定的社会割裂开来，就无法理解其功能。"麦克尼尔指出，造就合同的初始根源是除了社会之外，还有劳动的专业与交换、选择和未来意识。这四个根源的结合，才产生了契约。据此，麦克尼尔给合同下了一个与古典合同理论完全不同的定义：所谓合同，不过是有关规划将来交换过程的当事人之间的各种关系。他把合同划分为个别性合同和关系性合同两大类型，这一分类是麦克尼尔的关系合同理论对合同理论的一大创新和贡献，也是其合同理论展开的前提基础。麦克尼尔认为，个别性合同是新古典微观经济学的交易范式，其假设的合同模型是当事人之间除了单纯的物品交换外不存在任何关系。① 但在麦克尼尔看来，这种个别性合同只不过是建立在不严密的假设和主观狭隘的幻想之上的东西，真正纯粹的个别性交易是不可能的，关系性合同才是现实社会中合同的常态。关系性合同与个别性合同的差异主要体现在以下几个方面：

（一）人身关系的紧密性不同：从单发性合同到关系性合同

所谓个别性合同，是在完全独立对等的不相识的单个人间通过交涉与合意缔结的、孤立于合同缔结前和缔结后的社会关系，麦克尼尔称之为"单发合同"，亦即他们之间的交易是一次性买卖关系（"一锤子买卖"）。在交易之前，双方没有任何关系；交易结束后，双方又形同陌路，不再有任何关联。比较典型的例子是在一个陌生城市里的一个自助式加油站用现金购买汽油。这种个别性交易的人身关系相当松散，甚至可以不需要存在信任关系。也因为信任关系的缺失，当事人在交流方式上相当有限，要求尽可能通过正式的文字承诺来维系；在交换的标的上要求精确的可度量性，个别性交易的理想对象一方面是钱，另一方面是易于度量的商品，所以个别性交易规范要求尽可能将交易对象当作商品来对待。比如在雇佣关系中，理想状态是真正的小时工制，即让工人在家中工作，实行计件工资制而没有其他义务，这是减少雇佣关系中关系潜入、增加个别性的最佳范例。

而麦克尼尔认为，现实中的商业合同并非陌生人之间关系的"不连续的

---

① ［美］麦克尼尔：《新社会契约论》，雷喜宁、潘勤译，中国政法大学出版社2004年版，第4页。

交易"(discrete transaction),而是处于共同体成员之间的连续性关系之中。用罗伯特·戈登的话来说,就是"他们的合同更像婚姻,而不是露水夫妻。"① 交易是深深地嵌入到社会关系中的,当事人之间存在着广泛的人身交流关系,这种交流关系可以是正规的承诺也可以是不规则的。交流不只是限于文字和语言,甚至牵涉到只可意会的感觉,如美国企业伦理学家托马斯·唐纳森所言,"人们彼此握手,他们做出承诺。没用文字,没用律师,他们承诺就够了。握手是神圣的,这个简单概念甚至能增加人们对企业的尊敬和信赖。"② 此外,关系性合同的交易对象往往并不具有精确的可度量性。当事人之间除了经济交换外,还进行着社会性的交换,比如婚姻关系。即使是看似纯粹经济性的交换,如雇佣关系,数量和相对价值可能也是模糊不清、难以精确度量的,因为一个差劲的工人和一个优秀工人之间的区别不是用薪水或产量来度量的,也是不能用薪水或产量来度量的。

(二) 时间维度对合同规则的影响不同:从现时性合同到非现时性合同

个别性合同的一切活动,包括达成协议的过程,达成协议到履行协议之间的时间间隔以及履行协议的时间,都是短暂的,追求速战速决。如果出现违约,对于后果的清算与承担也清清楚楚,法律立即以违约者的利益为代价提供与履约相等的救济措施。即使对于持续时间较长的合同,也会通过现时化的办法,将未来拉回到现在进行精确的计划和安排,对于未来履行过程中的一切细节、可能发生的风险都予以百分之百的预测、计划和承诺。然而,麦克尼尔认为通过现时化对未来作出的规划总是不周全的,古典合同理论关于合同条款提供完整的自我规制这一法律假设也是站不住脚的,导致合同总是不完全的原因至少有以下几个方面:

第一,人的有限理性。按照赫伯特·西蒙(H. Simon)首创的"有限理性"理论,人们信息加工的能力是有限的,因此,人们无法按照充分理性的模式去行为,即人们没有能力同时考虑所面临的所有选择,无法总是在决策中实现效率最大化。尤其是就长期合作关系而言,在合同签订时获得的信息量总

---

① [美] 欧中坦:《遗落的隐喻——西方法律学术视野中的中国近代早期契约与产权问题研究》,杨力译,载《交大法学》2013 年第 2 期。
② [美] 托马斯·唐纳森:《有约束力的关系——对企业伦理的一种社会契约论的研究》,上海社会科学院出版社 2001 年版,第 170 页。

是不充分的。承诺无论在当时是多么圆满，都只能根据它特定的历史背景去判断，而且这种承诺所造成的预期会随着情境的变化而变化。因而，承诺只能涵盖部分内容，其作用从来都不是绝对的。

第二，交流的有限性。当事人对于合同未来的计划和承诺都必须转换成文字等交流信号落实在合同上，而在把承诺转换成交流信号的过程中必然会导致一部分信息流失或错误。所以，并非所有能够转换为承诺的计划实际上都成了承诺。承诺不可避免地只能构成合同关系的片段。这也可以用富勒所创的"下意识的假设"理论来说明，富勒举了这样一个例子：一个心不在焉的教授，一边读着书一边从他的办公室出来到大厅去，他下意识地假设走廊依然如故，对此他用不着费心去想。① 经年累月所形成的商业习惯培育了这种"下意识"，关系合同的当事人往往自己觉得没有必要，甚至是没有心情将这种自然会发生的事项，通过文字的方式予以固定。

第三，当事人的"刻意留白"。当事人意识到他们的合同，尤其是长期持续性合同必须面对种种不确定的情形，这使得他们更希望随着时间的推移，依照变化的市场条件和技术修改合同内容，从而在合同中会刻意地回避严密的、固定的承诺，为合同保留一定的灵活性和自由裁量权。比如在一个建设工程中，可能随时需要设计师的授意对工程内容进行修改；在雇佣合同中，雇主会保留最低限度的决定权，要求适时变更生产方法和重新调配劳动力。②

(三) 合同主体的定位不同：从目的合同到角色合同

个别性合同中，合同是平等的、抽象的、孤立的个体之间单纯的交换关系；而在关系合同视角下，每个合同参与人都不再是孤立的个体，而是一个特定的社会角色，这些社会角色通过合同组合成一个复杂的彼此协调的行为交织网，一个社会互动的关联体。在这里可以借用英国法制史学者梅因从"身份到契约"的理论以及建立在其基础上的马克思·韦伯的身份合同与目的合同的著名区分来加以说明。在经济和文化发展的早期阶段是以身份合同为特征的，丈夫、歃血为盟的兄弟、同族、封臣作为一方主体，通过身份合同被纳入其他团体，并据此改变了个人的身份和权利能力范围。相应地，在市场和货币

---

① [美] 麦克尼尔：《新社会契约论》，雷喜宁、潘勤译，中国政法大学出版社2004年版，第23页。
② [英] 休·柯林斯：《规制合同》，郭小莉译，中国人民大学出版社2014年版，第176页。

经济秩序下，目的合同居于主位，它以意思自治和众生平权为基础，为满足自身利益而自由缔约，进行交换。而在关系合同视角下，这两种观念都不再合时宜。在这里，角色的概念描绘了一个独立的新合同类型。曼弗雷德·雷宾德（Manfred Rehbinder）提出，角色关联合同相对于身份合同和目的合同，才是现代合同的典型标识，一部以社会角色为考量的法律，不是像身份法那样，只将人们视为"对等级秩序下的群体的一种归属"，也不是像目的契约法那样，将人们视为"孤立的个体"，而是把他们摆在社会结构的相应位置上，例如买方或卖方、企业主、资本家或者是雇员的角色，调整其法律地位。①而麦克尼尔的关系合同理论走得更远，他认为，合同并不仅限于短期的缔约行为，相反，通常而言是一个漫长的协商过程的产物，角色就在合同交往的存续时间和范围以及义务的范围内逐渐生成。这种关系中的角色虽然也包含目的契约中最大限度实现自身利益的因素，但是更重要的是，他们在习惯、风俗、内在规则、社会交往、对未来的期待等方面有错综复杂的相互联系。可见，这里的角色合同并非是对原始社会身份合同的简单回归，而是体现新时代合同关系结构性特征的归纳。角色理论的引入对合同法理论的意义在于，将身份合同和目的合同向"角色合同"的转变置于规范的视野下，将合同主体构想为角色的确定与关联，相应地展现在合同主体个体自由和角色承担社会义务之间的平衡关系。

（四）合同的关联性不同：从孤立的合同到相互交织的合同

在个别性合同中，只有我和你，其他就是陌生人，与合同关系无涉，合同当事人与其他社会关系相互隔离。合同只能创设当事人互负的义务，而不赋予其他人任何权力以影响那些义务的内容，也不赋予其他人任何权利以执行合同。②但是在关系合同的视角下，这些不同的合同尽管在形式上都是独立的，但由于在这些合同的不同签订者之间存在着密切的联系，所以通过这些合同也就构成了一个相互交织的经济统一体。合同相互交织的现象其实一直存在，但是古典契约理论一直将其视为边缘现象予以例外处理。但是进入20世纪以来，社会和劳动分工变得日益复杂，合同相互交织现象越来越普遍。根据莱塞尔的

---

① ［德］托马斯·莱塞尔：《法社会学基本问题》，王亚飞译，法律出版社2014年版，第156页。
② ［英］休·柯林斯：《规制合同》，郭小莉译，中国人民大学出版社2014年版，第10页。

分析，典型的相互交织性合同由简单到复杂可以大致分为几类：

1. 链式合同

供应和销售链合同是这种链式合同的典型代表，即商品生产者制造或生产其产品需要购买原材料或半成品；如此，在他身后就有大量的供货商。同时他通过由批发商和零售商组成的销售链销售其产品，并将它送到最终消费者手中。尽管这种供货销售合同作为经济分工的一种现象早已存在，但是由于古典合同理论仅仅着眼于分析单个合同，所以至今仍难以把握这些合同之间的联系。目前只有在消费者保护法中，对于零售商销售瑕疵商品的，消费者可以直接向生产商索赔，以及零售商承担责任后可以反过来向生产商提起索赔，但这也是十分初步的举措。此外，在建设工程领域，业主将工程发包给总承包人，总承包人将工程分包给分包人，分包人再将工程转包给实际施工人，也体现了这样的链式合同关系。

2. 三方交织型合同

民法中以第三方为受益人的合同、转让合同债权或者债权债务概括转让、担保合同等都属于三方交织型合同的传统类型。自20世纪以来，人们通常借助银行的贷款来购买实物和其他资产，如商品房预售按揭贷款合同等，由于这种购买行为在实践中广为采用，所以，这种合同类型也变得日益重要。与上述合同链一样，由于古典合同理论仅仅适用于单个合同，所以，这种合同类型也面临着难解的问题：在一个涉及三方当事人的合同中，如果一个合同发生履行瑕疵，必然会对另一个合同的履行产生影响，对这种联立合同目前仍缺乏深入的研究。

3. 星状合同交织网

当只有通过许多法律上与经济上独立的企业共同合作才能实现某一目标时，就产生了这种合同交织网。它要求这些企业必须相互协调各自提供的给付。如建造房屋需要许多在某一领域有专长的公司提供不同的设备或产品来完成。又如在商品或服务营销的特许经营系统中，许可方与许多被许可方签订一系列内容一致的框架协议，由此将众多的被许可方团结在自己的周围，这样就产生一个介于市场与组织之间的联盟组织。在这种联盟组织中，所有成员都必须尽力维护共同的产品及商标，必须相互协调各自采用的广告措施，以及相互分担与销售有关盈利和风险，虽然这种分担通常不利于被许可方。

这种特许经营系统的另外一个特点是：如果其中一个成员未履行合同义务或者履行有瑕疵，这不仅会损害合同另一方当事人的利益，而且会损害所有参与该系统的其他成员的利益。因此在法律上，它对古典合同法提出了更多的挑战，因为合同法是以每个合同只有两个当事人为基础的。然而对于这种星状合同交织网引起的法律规范问题目前还缺少相应的法律规范。

4. 环状或格状合同交织网。这是在经济上及法律上都更为复杂的一类合同交织网，比如若干家银行都参与了一起非现金支付过程，而且这些银行也进行相互协作，在这一支付过程中还另外介入了一家中心银行或清算机构，由中心银行或清算机构对整个支付流程进行控制和结算，这就构成了环状合同交织网。另外的实例是信用卡支付系统。客户通过交付年费从银行获得信用卡，然后用它来结算其欠债权人的债务。一方面，银行本身并不履行信用卡，相反，它是作为某个信用卡公司如万事达信用卡或维萨信用卡企业的会员向其客户派发信用卡的；另一方面，银行客户的债权人必须参与一个信用卡结算系统，由此它可以通过信用卡来接受客户履行的支付，另外，在它向该系统索要价款时，他必须定期给该系统支付固定费用。①

综上，上述合同相互交织的现象形成了介于市场和组织之间的关系性交易多维空间，也成为关系性合同生长和发展的最肥沃的土壤，也给合同法带来了新挑战，例如每个单独的合同都同时涉及合同当事人以外的第三人的利益。这就产生了一个必须解决的问题，即如果合同一方当事人不履行合同或履行有瑕疵，他应该如何对由其行为而给合同交织网中的第三方造成的损失承担责任，对这一问题的解答显然已经超出了古典契约法和新古典契约法的能力范围。

（六）团结与合作程度不同：从个人主义到合作主义

古典合同理论中的个别性交易，将利益和负担截然分成两个包袱，双方当事人各拿一个，每一方当事人享有他全部的利益，也承担他全部的负担。在这一前提下，每一方当事人都企图用对方的代价最大限度地扩大自己的所得。因此，个别性交易总是充满了明显的利益冲突和利益对抗，几乎没有团结与合作。但是经过麦克尼尔的观察，合同中几乎总是包括两个方面，一方面既分担利益和负担，另一方面又共有利益和负担。例如，雇员既有明确的薪水，又有

---

① ［德］托马斯·莱塞尔：《法社会学导论》，高旭军等译，上海人民出版社2014年版，第249页。

明确的工作任务——这是分担利益和负担的例证，但是雇员可以通过资金和管理者及股东一起共享公司的繁荣，共有更加舒适的工作条件，更多的闲暇，等等。同时，当管理者和股东不得不减少或不发资金，或利润下降或遭受损失时，雇员也可能因暂时的失业和他们一起共度艰难时光。因此，尽管合同双方当事人各自有着不同的利益，但签订合同还是以双方之间存在合作关系为前提的，而且各当事方也是为了通过合同确定未来的合作。即使在双方进行谈判商议阶段，为了实现签订符合各方意愿的合同这一共同目的，已经要求双方进行合作；在合同签订后，无论是合同的正常履行，还是消除履行障碍，都需要双方继续进行合作。在合同适用的有效范围内，合同当事人都会尽量避免与对方进行竞争，或过分坚持自己的利益。[1]

(七) 对权力的依赖程度不同：从抽象平等到权力相关性

麦克尼尔认为，权力就是不管他人的意愿，或通过操纵他人的意愿，将一个人的意志强加于他人的能力。在个别性合同中是不讲"权力"的，双方的交换行为完全平等、自由地通过价格（市场）来协调。因此，古典契约理论认为，自由交易就是公平交易。然而在麦克尼尔看来，从来就没有一个真正自由和平等的伊甸园。因为合同的产生源于专业化和交换，而专业化和使专业化得以进行下去的交换必然造成一种依赖，当一个专业人员能够有效地控制他们的产品时，他就获得了防止那些信赖他的人随心所欲得到产品的权力。在个别性交易的交换双方中，实质是双方对权力的运用。一般说来，个别性交易中的交换不会产生某种等级和命令关系，因为双方的产品的依赖性通常可以获得相对平衡。但是，在现代合同关系中，单边或双边的权利都经常有，而且由于现实状况是动态的，权力关系也处于变动之中。比如前述各种链式合同、交织型合同和网络型合同下，都存在复杂的、动态的权力关系。当出现连绵不断的命令和等级结构及与之相关联的依赖情形时，权力相互性的现象就变得更加复杂。这种权力已经越来越成为现代合同关系的一个支配性的特征，而恰恰为古典合同理论所忽视。

总而言之，个别性合同与关系性合同在很多方面存在着差别，麦克尼尔认

---

[1] 参见 [美] 麦克尼尔：《新社会契约论》，雷喜宁、潘勤译，中国政法大学出版社2004年版，第10~32页。

为，个别性合同仅仅是古典契约理论的规范性视角下所假设的合同模型，现实生活中不论是原始社会还是现代社会，纯粹的个别性合同都是不存在的。所谓合同，都是从个别性合同到关系性合同的连续不断的系谱，只是在不同合同中关系性的强度和内容有别而已。因此，关系性合同其实就像海王星的存在那样，它在被发现之前就早已存在了。这样，借助于关系性合同的概念，麦克尼尔将原来被古典契约理论无法容纳或已经排挤出去的契约合同——例如公司法、劳动法、甚至婚姻法中的合同关系——再找回来，在关系的层次上给予统一的解释；并且对介于市场与组织之间的离散型合同关系给予动态和统一的解释，为关系合同法的构建奠定了可通融的基础。

二、合同理论的范式转换

关系合同的特征可以用来对比与古典合同理论假设中交易合同的差异，但尚不代表这种特征就足以创造中法律视角下的不同于古典合同理论的新的关系合同理论。事实上，关系合同理论通过对关系合同特征的分析强调了参与合同各方的"关系交流"（exchange relationships），关系的交流进一步形成关系规范，而关系规范才是合同目的得以落实的保障，也是关系合同理论的追求目标。

依照麦克尼尔的理论架构，在合同关系中，除了由国家法代表的外在规范之外，更多的是存在于合同实践中的内在规范，即存在着合同规范的双重结构。所谓内在规范，指的是"对一团体之成员具有约束力，并且能指导、控制或调整恰当的、可以接受的行为的正当行为准则。"可见，内在规范的内涵在麦克尼尔的理论中极其宽泛，既指合同关系中人们实际的行为，也指正当行为的准则，亦即既包括那些人们应为行为的方式，而且也包括人们为行为的方式。这些内在规范又被麦克尼尔称为"中间性规范"。所谓"中间性"，体现在两个方面：一是这些内在规范介于特定而具体的合同行为与动态流变的现代社会背景之间。既具有充分的灵活性，足以容纳不同社会背景发展变化；又具有内在的规定性，可以用以解释与约束现代社会不同背景、不同性质的合同关系中的行为。二是这些内在规范是对众多关系合同种类中出现的各种各样的具体规范进行抽象概括出的基本原则。这些概括的原则性规范是具体法律规则的基础，也为具体的事实情况提供了检验法律规则的准则。① 因此，麦克尼尔所主要讨论的内在规范，是一定类型的合同所特有的、抽象度较高的理念和原理，而非具体的行为规则。这种内在规范（中间性规范），在理论特征上可以归纳为合意（意思理论）正当性和说服力的丧失及取而代之的新的"关系合同原理"的出现。麦克尼尔进而将合同的内在规范区分为贯穿于所有合同的普通合同规范（common contract norms）、适用于个别性合同的个别性规范，以及适用于关系性合同的关系性规范。

（一）普通合同规范（common contract norms）

麦克尼尔认为合同关系不过是无限社会事实的集合而已，但现代合同法并不是原原本本将这些杂乱无章的事实纳入法的判断，而是认为这其中存在着作为内在规范的一定秩序。他以关系性合同的概念创造作为研究基础，提出了十个贯穿于契约的"一般契约规范"（common contract norms），试图构建一个不同于古典合同理论和新古典合同理论的全新的理论范式。这九个规范具体包括：

1. 相互性规范

它从劳动专门化发展而来，其基本观念是：交换是一个互利过程，所只有当双方都认为有利可图时，交换才可能发生。交换的某种公平、某种互利性，是一种必要规范，无此规范，契约关系就不会产生。但在现代技术社会中，随着格式合同和单方面垄断权力的普遍化，交换的这种互利性可能丧失，因此就要求相互性规范随之变化，以推动交换实现更大程度的公平。

2. 角色保全规范

角色是占据某一给定之社会位置的人与占据其他给定位置的人进行交往时所应坚持的行为模式。社会角色是劳动分工的直接产物，并且与相互性规范和合同团结规范密切相连。在合同关系中，有关角色的规范包括三个方面：第一，一致性原则。角色的性质本身要求其内在一致，如果缺乏一致性，合同关系就会受挫。第二，冲突协调原则。合同角色的冲突是必然现象，它产生于最大限度地获得直接的个人利益的愿望与维持合同团结的愿望二者之间的冲突，这种冲突所造成的紧张称之为"交换张力"。第三，有限秩序原则。合同角色

---

① ［美］麦克尼尔：《新社会契约论》，雷喜宁、潘勤译，中国政法大学出版社2004年版，第33页。

存在高度的复杂性，一方面体现在个人直接利益和合同团结利益间的冲突，另一方面体现在劳动分工产生了许多具有多重功能的角色，这些角色在许多情况下是不固定的并充满了内在冲突。因此，从合同角色的复杂性中导出有限秩序原则，即容许争议在确定其范围与强度的界限之内，通过斗争和妥协得到解决的原则。

3. 计划执行规范

起源于过去、现在和未来的时间维度的自觉意识，不可避免地需要计划来应付不确定的未来，从这一意义上说，在现代社会中，计划之需要远远超出了个别性交换契约的能力。现代合同中计划的核心不再是简单地确定要交换什么，而是如何经营和如何建构运作关系和治理框架，例如一个公司的章程或一个特许经营协议。

4. 同意实现规范

它与计划执行规范密切相关，通过人们的同意或者默示接受约束的理由，来约束人们。与古典契约理论对同意（承诺）的规范性理论不同的是，麦克尼尔将不同意解释为通过契约对未来行动作出的选择，这种选择不仅仅带来了机会牺牲的后果，而且有这样一个特性：握在他人手里的权力，将限制自己的未来选择。这一特性决定了同意的范围与当初的计划不可能完全相等，导致确定同意的范围变得困难。为解决这一难题，古典契约法通过大量的拟制以实现同意与计划最大限度的重合。但是，麦克尼尔认为，在复杂的、持续性的契约关系中，同意充其量只能发挥一种触发性作用，之后契约计划如何执行则要依赖于不断变化的各种社会关系。

5. 弹性规范

弹性规范与计划执行、同意规范之间存在先天性的冲突，由于人类的有限理性和社会经济环境的变动不居，使契约中的计划与承诺总是不完全的，因此，需要通过弹性规范对计划和外在表现形式进行必要的限制，以适应不断变动的条件，避免僵化。而持续性的契约关系，其范围更广，持续时间更长，参与人数更多，加上其他复杂性的因素，就更有必要在这种关系内部引入弹性原则。所以关系契约法可以说是，相对于那种契约存续中随事态变化而相机提供弹性处理装置的法制度。

6. 权力的设置与限制规范

权力内在于交换概念本身，也内在于作为交换之基础的公共财产权和私人财产权之中。影响到契约的规范化运作的，既包括法律层面的权力，更包括隐藏于其后的经济的、社会的和政治的权力。契约中的权力表面上是由承诺（意思）设置的，但除此之外还有其他多种多样的方式如角色期待、公法规定等，都能设置契约权力。权力规范贯穿于全部契约关系，既支配着权力的创造，又驾驭着权力的限制。对契约设置的权力进行限制，是由于如果订约过程中导致权力的无限移转，相互性规范就会推动其维护公平的效用；同时，由于人的有限理性，承诺只可以发挥有限的作用，并且也只能允许它产生有限的权力移转。因此，权力规范要求权力的创造性和限制性的净效果应当达到某种程度上的权力平衡。

7. 连结规范：返还、信赖和期待利益

麦克尼尔的连结规范显然是建立在富勒的信赖利益理论基础上的，但是麦克尼尔将这三种利益定位为连结规范的意义在于：首先，富勒的信赖利益理论仍然是以个别性合同为模型的，麦克尼尔则将这些规范扩展为普通契约规范而不仅是个别性规范，其既可以从承诺中产生，也可以从根植于关系的非承诺性规划中产生。其次，这三种利益原理与角色保全、计划与同意、相互性规范、弹性规范等其他普通规范是紧密联系、互相影响的。最后，也是更重要的是，麦克尼尔将这三个利益规范视为将其他普通规范与合同法具体规则相联系的管道，正是在这一意义，其称之为"连结规范"。这种连结规范可以打通外在视角和内在视角的隔阂，将从外在视角得出的普通规范通过三个利益原理适用于具体合同法规则的适用。亦即，在分析合同行为及其规则时，一般情况下只要进行返还、信赖、期待利益的考察分析，而不需要继续上溯到角色保全、相互性等普通规范去加以评价和判断。就这一角度而言，麦克尼尔所谓的连结规范的功能有些类似于大陆法系中的"一般条款"。

8. 契约团结规范

麦克尼尔的契约团结规范与迪尔凯姆的有机团结理论一脉相承。迪尔凯姆提出的核心问题是如何在社会分化日益加深、个人主义日益严重的条件下将社会团结起来，而他的回答是应该在分工而产生的相互信赖中寻找团结的原因。不过，这一答案显得过于简单，因为它单纯依赖于社会的自我控制。而麦克尼尔指出了为维护契约团结的信念提供支撑的另外四个重要来源：高度的技术和资本决定论；产生于劳动分工本身的规范，除其他规范之外，还包括所有的普通合同规范；牺牲的道德；畏惧。由此可见，麦克尼尔是以强调契约团结与合作、反对以彻底的利己主义行为为合理性假设的，其目的是要通过合同伦理的引入，解决个人原子化、社会科层化带来的种种问题。在这一意义上，麦克尼尔的关系合同理论带有明显的共同体主义。

9. 与社会母体的协调规范

其目的是维持契约性规范和更普遍的社会规范之间的一致性，诸如隐私、自由、社会义务、意识形态以及其他规范，它们都在既定的社会里将对契约性关系产生巨大影响。因此，将契约性关系与这些规范协调一致的必要性是经常存在的。

（二）个别性规范

个别性规范是产生并适用于个别性交易的规范模式。其实际上是对上述普通合同规范中的两个规范，即计划执行规范和同意实现规范进行扩大的产物，只是在针对个别性交易的特点时，凸显出两个新的标准：个别化和现时化。将个别性规范与普通合同规范区别开来的特点是：一方面，个别性交易中，个别性和现时代是强化计划执行规范和同意实现规范的结果，同时也是其他规范弱化的结果；另一方面，在个别性交易中，个别性和现时化两个规范相互融合，即计划和同意融合在一起，意味着全面同意的计划或者全面计划的同意。

所谓个别性规范，是指一个交易自合同签订之时起，包括之前的和之后的双方当事人间的别的事项都分离开来。其理想状态是当事人之间除了这一个交易就再无别的关系，之前不会有，之后也不会有。如一个旅客远道而来途经一个陌生的加油站，加油付钱后立即离开，这就是麦克尼尔所称的典型的个别性交易。所谓现时化，是指将未来全部拉回到现在进行规划。个别性交易的特点是百分之百的同意和百分之百的计划，也只有当未来被百分之百地计划好时，这个交易才可称为是个别性交易。

为了实现个别性交易的这种百分之百的同意和百分之百的计划，必须有一些前提：第一个前提是个别性交易要求忽略交易人的身份，以防关系悄悄潜入。所有合同当事人都是抽象、平等、孤立，并且与外界环境隔绝的，如果合同外的第三人加入进来，必然在交易之外形成复杂的关系。因此个别性交易要求避免有多个当事人，这也是合同相对性原理的来源。第二个前提是个别性交易的理想状况一方面是金钱，另一方面是可以度量的商品。不论交易标的是商品还是劳务或其他，都必须被商品化。如雇佣雇员时采用计件工资制就是减少雇佣合同非个别性关系的例子。第三个前提是个别性交易要求合同的内容必须正式、明确，凡是正式合同外的交易背景、磋商过程等都和当事人身份一样被看成是与合同无关的。第四个前提是必须将未来交易中可能出现的所有意外和麻烦都完全计划并进行完美的规划，即使它真的发生，立即有违约救济措施保证合同像当初计划的那样。

麦克尼尔认为，个别性和现时性规范看上去非常契合新古典主义微观经济模式中的效率至上和合同自由的观念，因为在完善的同意和计划之下，合同可以得到高效的履行，即使有意外或麻烦发生，立刻有一个"外来之神"——古典合同法保证原来计划的完美实施。但是这一切发生的前提是这个世界上的所有交易都是具备上述四个前提条件的个别性交易，然而现实恰恰相反，这种个别性交易只是存在假想当中。当回到交易关系的现实，就会发现当权者总是具备信息方面的优势，也具备为取得更大的交换剩余份额而拖延签约的能力方面的优势，还具备拥有很多社会控制手段这方面的优势。因此，必须承认个别性规范的权力偏向，并大胆承认其中实际上并不存在交换自由和平等。

（三）关系性规范

麦克尼尔认为，在复杂的现代关系性合同中，有四个最具关系性的规范，即角色完整性、关系保留、关系冲突的和谐以及超契约规范。这四个规范主要是角色保全、契约团结和社会母体的协调这几个规范的强化，但是也与其他普通合同规范息息相关。其中尤其需要强调的是关系中的冲突协调规范和超契约规范。

在关系中的冲突协调规范中，麦克尼尔指出了三个方面的冲突：一是关系中的个别性和现时性方面与关系的其他方面引发的冲突不可避免。现代合同关系中充斥着度量与精确性，但与此同时，在迅速变化着的现代世界中，要生存又必须有极大的弹性，由此必然导致计划、承诺与变化了的社会关系的冲突。二是程序公正性的需要和诚信、信任之间的冲突。诚信和信任不仅在契约关系的实体运作中至关重要，而且在冲突发生时更是如此。诚信以及由此建立的信任无论在重要性还是在合乎需要性方面都比程序公正性还要大。只有当诚信和信任低于一定水平之后，规定的程序公正性才是必须和有用的；然而，吊诡的是，程序公正性的出现看起来又培养了不信任。例如大学生与大学关系方面程序性的出现常被赞为朝向平等和正义迈出的重大步骤，其实这同样也可被看作是信任度的巨大滑落和诚信丧失的结果。三是关系与其外部的社会母体的冲突问题。在现代合同关系中，合同与外部社会的关系远比个别性交易复杂得多，例如一个股份公司内部关系和外部关系都极为复杂并且相互渗透，在关系中就需要外在地和内在地处理外部关系中的各种冲突。

麦克尼尔所谓的超契约规范，其实已经将契约关系拓展到了整个社会中。麦克尼尔认为，随着合同关系的扩展，合同性关系越来越具有小社会和小国的特征；在主要的全国性的或跨国公司这样的大型合同性关系群中，这种规范具有大社会和大国的特征。但不论大或小，都存在这类广泛的基本规范，举其重者有分配正义、自由、人的尊严、社会平等和不平等以及程序正义等。[①] 观察中国今天以淘宝网为扛鼎的 O2O 销售模式，尤其是 2017 年淘宝网在"双 11"取得的 1682 亿巨额成交量，以及淘宝网中平台公司、生产者、销售者、消费者、银行等多方当事人之间复杂的合同关系和权力等级结构，更让人不得不惊叹于麦克尼尔对超合同关系的深刻的洞察力，并感受到其所谓超契约规范的重要性。

小结：从古典合同理论到关系合同理论的演变过程，是适应社会现实变迁对合同法不断调整、反思和适应的过程。关系合同理论从法社会学的外在视角将合同置于更宽广的经济与社会背景下去理解，描绘出一幅让人豁然开朗的关于合同关系的丰富图景。在这一新图景中，合同不再是个别性的交易关系，而是处于个别性至关系性连绵不断的谱系之中；合同中的承诺与合意是不完全的，受到各种制约和限制；合同的拘束力并非仅仅来自于承诺，而是各种承诺与非承诺性因素的综合作用；合同规范不仅仅包括以实在法为主体的外在规范，还包括由角色期待、习俗、惯性等构成的内在规范，外在规范与内在规范

[①] ［美］麦克尼尔：《新社会契约论》，雷喜宁、潘勤译，中国政法大学出版社 2004 年版，第 37~64 页。

之间相互作用，相互影响，共同塑造了现实中的合同关系。这些洞察，都对古典合同法理论带来根本性的冲击和颠覆性的认知，使古典合同法的理论假设以及在此基础上建构的形式主义合同法大厦面临土崩瓦解的危机，因而对于从法社会学与法教义学相结合的角度，建构适应现实社会发展需要的合同法理论具有重要的制度价值和实践意义。

三、关系合同理论的困境和提升路径

关系合同理论在取得令人瞩目成就的同时，也面临自身的尴尬和理论与实践困境，造成这种困境的根源在于法社会学和法教义学之间的隔阂与对立。由于法社会学和法教义学各自具有内在封闭的不同研究方法、论证模式和概念体系，导致从法社会学出发的关系合同理论尽管努力提出关系合同的各种规范，但这些规范终究是社会学上的概念如权力关系、组织结构或职业角色等，而无法进入法教义学的理论体系并应用于法律实践。而且，麦克尼尔理论中的合同关系以及内在规范已经远远超出了合同法领域。出现在其观察视野中的合同关系，从加油站的汽油买卖合同，到劳动关系、婚姻家庭关系，甚至一直扩张到民族国家本身；而其所谓的合同内在规范更是包括了心理学、经济学、社会学等领域对合同行为造成的制度性影响。因此，麦克尼尔提出的合同规范与作为实定法的外在合同规范仍有不小的距离，其所提出的关系合同理论更多地只是在观察和分析合同现象，而不是建构新的"关系合同法"。但是作为一种合同法理论，最终总是要落脚于如何构建更加完善的合同法秩序。换言之，它不得不始终提出康德的纯粹理性和实践理性的问题："我们能够知道些什么？"以及"我们应该做些什么？"然而，关系合同理论的建树主要体现在对第一个问题的回答，即从观察者视角对合同关系作出的洞察和认知，而欠缺从行动者和抉择者的视角对合同法规则的建构与发展，尚无法形成对于实定法有意义的规范理论用来指导合同法实践。那么，如何才能突破关系合同理论的上述困境，创造一种具有内在向心力的关系合同法呢？笔者认为，以下几个方向值得关注：

（一）以一般条款作为连结关系合同理论与法教义学的导管

日本学者内田贵对关系合同理论进行了法解释论上探索和尝试，提出将诚

信原则等一般条款作为关系合同理论与法教义学的对接导管。内田贵认为,麦克尼尔理论中的内在规范与实定合同法之间的关系,反映了合同法面临的困境,即保留浓厚的古典合同法性质的实定合同法与植根于社会实践的合同内在规范之间存在着严重的冲突与矛盾。而通过作为一般条款的诚信原则的弹性运用,可以将具有正当性的内在合同规范提升为外在规范,缓和古典合同法与生活世界现实之间的矛盾。这些通过诚信原则的适用而被实定合同法化的合同规范,实质是通过对实定法的解释和补充,使内在的合同规范得以法源化。并且,被法源化的内在规范,在古典合同法下,仅被给予例外的地位,而在关系合同法中被定位于与意思自治原理相并列的新的法原理,进而在这些新的合同法原理基础上得以整合并建构所谓的"关系合同法"。那么,接下来需要解决的问题是,从关系合同内在规范中可以提升出的合同法原理有哪些?

(二) 从合同内在规范中提升出关系合同原理

所谓法律原理,是法律中基础性的价值判断,相互限制又相互补充的法律原理组成的原理群,构建了法律的价值体系。① 麦克尼尔理论中的内在合同规范为发展关系合同法的原理群提供了广阔的视角和丰富的来源。正如麦克尼尔所言,合同的规范原则"能够,我相信,起到作为构架更为具体的法律原则基础的作用。……而且,他们能够作为检验那些更为确切的规则在完成它们潜在目的中的功效的试金石"。② 但是,并非所有麦克尼尔眼中的内在合同规范都能够提升为实在法:一是麦克尼尔所列举的内在规范数量众多,内容复杂重复,有时场合不同还相互冲突。根据文森特·琼斯在《契约治理:制度性与组织性分析》一文中的总结,麦克尼尔提出的贯穿于合同的普通规范(commen contract norms)包括以下十个规范:互惠规范、契约团结规范、角色保全规范、计划执行规范、同意效力规范、弹性规范、选择行使的有限自由规范、权力规范、手段适当规范、与社会母体和谐规范。而在更为复杂的关系型合同中,有四个重要的规范:角色保全、关系维持、手段的适当性以及超契约规范。③ 二是这些内在规范约束的范围过宽,其所约束的范围要远远大于我们通

---

① 叶金强:《信赖原理的私法结构》,北京大学出版社2014年版,第7页。
② Ian R. Macneil, The Many Futures of Contracts, 47 s, Cal. L. Rev. 691, 810 (1974).
③ Peter Vincent‑Jones, Contractual Governance: Institutional and Organizational Analysis, Oxford Journal of Legal Studies, Vol. 20, No. 3 (2002), p. 317–351.

常所谓的具有强制执行力的合同法内涵及外延;三是这些内在规范的性质更多的是社会规范,而不仅是法律规范。因此,关系合同理论中的内在规范要提升为实在法,尚需对进行甄别、筛选和改造,将其提炼为法律上具有正当性的法原理,方能作为指导司法实践的指针。笔者认为,从麦克尼尔的内在合同规范中可提炼出的关系合同法原理主要包括下列三项:

1. 合作原理

麦克尼尔与古典合同理论分道扬镳的核心理念,即建立在相互性和角色分工基础上的社会团结规范。在麦克尼尔看来,契约团结和相互性是如此重要,以至于被他称作"合同中激发人性欲的领域"。[①] 因为,以人利己性为基础的完全孤立、追求功利最大化的个人之间的"合同"不是合同而是战争,此种片面的合同理念不仅忽视了现实社会中无处不在的合作现象,没有认识到合同关系和合同法的合作面向;而且,更为重要的是,其不利于社会合作的增进,也不可能为合同中私人合作所面临的系统性障碍提供系统的解决方案。而以合作原理为基础的强调合同团结和相互性的关系合同理念则为合同当事人间的合作、合同目标的实现和社会团结的增进提供了可能性。在关系合同理论中,合同关系不仅仅是双方之间的债权债务关系,而且是一个为了实现合同所要实现的共同目的而相互协作的,紧密的,换言之,一个有机的关系。债权人与债务人之间不是单纯的形式上的权利义务的对立,而是可以看作是诚信原则支配的一个共同体。[②] 因此,合作原理应当作为关系合同的首要法源,在尊重合同自由、私法自治的同时,要更深刻地认识到社会合作的重要意义,更清楚地认识到社会合作面临的诸多制度障碍,更有针对性地思考治理合作障碍的替代性合同法方案。具体而言,要进一步贴近社会现实生活,在关注合同一方权利的静态保护时,主观观察和思考合同权利义务的动态生成过程,特别是合同当事人合作达成目标的过程;而认识到一旦进入合同关系,当事人共享内部信息,形成一种"命运共同体",在此存在对对方的信赖和合理的期待。在《国际商事合同通则》(UNIDROIT)的合同原则中有如下条文:"各当事人在为对方当事人履行之便计而被合理期待协作之时,必须给予协作。"这一规定明确了合作

[①] 麦克尼尔:《新社会契约论》,雷喜宁、潘勤译,中国政法大学出版社 2004 年版,第 208 页。
[②] [日] 内田贵:《现代契约法的新发展与一般条款》,载《民商法论坛》第 2 卷,法律出版社 1994 年版。

原理在合同法中的意义，现代合同法必须支持这种协作，促进自治、信任与合作。这种合作原理下的具体规则包括：在合同订立和履行中，当事人都应当遵守协作义务；当事人行使合同权利，应尊重、注意他方当事人的利益，以保护他方当事人利益的方式为之；要满足对方当事人基于角色分工而产生的信赖和合理期待；如果合同履行中新的情事出现，当事人负有再交涉义务重新就合同条款进行协商等。

2. 继续性原理

继续性原理是合作原理的强化和扩张。个别性合同关系由于履行而终结，继而被另一个个别性合同所取代。而关系性合同本身的持续性、长期性使维持这种关系成为一种规范，如再交涉义务和情事变更原则都是关系维持原理的具体体现。继续性原理要求双方当事人在合同履行中出现一方无利可图的不可预见的意外事件时重新协商，如果当事人自行再协商不成，法官有权按照双方当事人的商业预期变更或补充合同。尽管法官对合同的司法修正受到了很多批评，认为法官没有能力去为商人进行商业规划，并且损害了双方当事人约定的风险分配机制，从而损害了合同作为一个规划工具的功能。但是这些批评并不能否定法官在很多情况下对双方当事人的风险预期、合同背景进行再情景化分析基础上作出的裁决，因为没有法官的这种裁决，将很有可能导致合同走向两败俱伤的结果。同时，继续性原理还需从信任关系的维持面向来理解，当合同因一方当事人违背信任关系而无法维系时，则应当解除合同或者终止合同。综上，继续性原理的主要内容包括：（1）赋予法院更大的权力以调整长期性合同关系——允许法官裁决当事人继续谈判及协商，以尽量维持当事人之间的合作关系。（2）在长期性合同发生争议时，应当尽量维持该合同的效力。与一时性合同关系不同，长期性合同的当事人之间一般都有长期合作关系，轻易继续该合同的效力，违反合同法鼓励交易的原则，也会加剧合同双方互相"敲竹杠"的策略性行为。[①]

3. 弹性原理

弹性原理的必要性首先来自于关系合同的不完全性给法律系统带来的挑战。在关系性合同中，无论在合同条件中事先如何详细地约定，仍可能不合于

---

① 王利明：《论合同法组织经济的功能》，载《中外法学》2017年第1期。

交易实际，有碍于纠纷的弹性解决，且这样的合同条件设定不一定与变化中的现实的当事人意识相符，其所引导的结论的妥当性也难以保障。此时，严守合意的强制执行力反而有碍于构筑良好的交易关系，此时，要求弹性原理的适用，使合同关系具有及时应变的能力，不至因受到变化的压力而破裂。弹性原理的具体内容包括：（1）对合同关系应加以动态的把握。合同的内容依据当事人间的关系和事实的变更而处于动态和灵活的变化中，并且作为当事人义务的根据，与其说是缔结时的意思，不如说是当事人间已形成的动态"关系"本身更为确切。（2）不是采取古典合同法范式所追求的要件与效果明确的规则形态，而是采取适用上保留较大裁量余地的标准形式。法律规范大致可分为两种：一种是"规则"，明确定义要件和效果，无论谁来适用都会得出同样的结论；另一种是"标准"，要件效果暧昧，给适用者留下较大的裁量余地。如"权利的行使和义务的履行要遵守信用、诚实为之"这一规范则是最典型的标准。此外，象"正当理由""合理的场合"这些概念，可谓是最能表现作为标准的规范特征的语句。（3）法官不是在传统的规则适用中所得到的那种被动的法适用者，而是必须发挥监护作用，对诸事实综合地考虑，把规范具体化。因此，新规范的登场甚至带来诉讼结构的变化。①

综上，通过诚信原则被提升的内在合同规范具体包括合作原理、继续性原理和弹性原理。这些原理既不是给付义务的附随物，也不是法官的恣意判断的产物，它们是由合同内在规范决定的合同原理本身。同时，这些原理与意思自治原理之间存在着互通与互补的关系，这样，被赋予秩序的新合同原理在以后的审判中给予了法官比诚信原则更加具体的指针。应当指出的是，这些规范的性质不同于依事实要件的认定方可适用的传统的规则。这些合同原理采取了给适用留有广阔裁量余地的"标准"的形式，在个别案件的事实关系中必须加以具体化。

（三）纠纷处理方式的二元化发展

关系合同坦承对未来规划的不周延性和不完全性，因此，其并不试图将未来可能发生的所有情况都放到合同中。它一方面强调正式合同的可参照性，在

---

① ［日］内田贵：《现代契约法的新发展与一般条款》，载《民商法论坛》第 2 卷，法律出版社 1994 年版。

此，精确和可度量的普通规范在关系合同中不仅继续存在而且得到进一步强化；另一方面也依赖于交易关系去克服正式合同在签订和实施中的困难，由此产生正式合同与关系合同相结合的混合合同[①]。但是关系合同在出现履行障碍时，由于其缺乏像正式合同那样可为第三方（通常是法院）验证的合同条款，导致关系合同很难通过第三方实施，而只能自我实施（self-enforcement）。例如建设工程合同正是这种典型的关系合同，当事人往往既签订包罗万象、巨细无靡的正式合同文本，涉及所有可能发生的状态双方的权利、义务，履行时间、数量、金额和品质等，行动的细则规定、监督办法以及争端处理和解决程序都是明确订定的，但是又在履行中不断调整和变化。Poppo and Zenger（2002）检验了契约的复杂性和关系治理的关系，结果表明正式契约越复杂，关系治理越丰富，这支持了正式契约和关系契约互补性观点，[②] 这正与建设工程合同的特点完全吻合。而对于合同履行过程中基于各种变化发生和改变的权利义务关系往往很难由第三方（通常是法院）精确的评估并做出裁断，因此，关系合同纠纷的处理也需要引入特别的纠纷处理构造。这种纠纷处理机制的关系性体现在：（1）通过诉讼中的"认同"机制发现合同内在规范，并将其与具体案件的特殊情形相结合，形成适用于本案的外在规范；（2）更倾向于通过调解或和解，而不是非黑即白的判决方式解决纠纷；（3）不像一个完全合同那样将交易的具体细节一一规定清楚，而是致力于搭建一个"治理"的框架，把权力关系规定清楚。换言之，一旦合同出现问题，双方通过这个规定的权力结构来解决。如我国 2013 年建设工程施工合同示范文本引入了争议评审机制，即属于依赖第三方专家而搭建的权力治理机制。

---

① 此处的混合合同与传统合同法中的混合合同并非同一概念，并非合同法中两种以上有名合同的混合，而是特指关系性合同与正式合同的组合。
② 潘晨苏：《关系契约与产权结构》，浙江大学 2005 年博士学位论文，载知网博士论文库。

第二章 关系合同视角下的建设工程合同

引言：问题的提出

建设工程合同是在承揽合同的基础上逐渐分化并独立出来，随着经济、技术以及合同组织形态的发展，建设工程合同的内涵与外延也在不断变化，现代建设工程合同不仅类型繁多，且特点也已与传统的承揽合同不可同日而语。本章主要讨论的问题是：建设工程合同包括哪些基本类型？其与传统的承揽合同相比具有哪些区别和特点？为什么需要运用关系合同理论解决建设工程合同领域的法律问题？本章将从关系合同的视角观察建设工程合同的基本类型和特点，并在梳理建设工程合同实务问题的基础上，分析传统合同理论下承揽合同制度无法妥当解决这些问题的原因，提出运用关系合同理论重塑建设工程合同规范原理的基本设想。

第一节 建设工程合同的类型化界定

一、建设工程合同的概念界定

关于建设工程合同的概念，我国《合同法》第269条从纯粹的法律视角作出如下界定："建设工程合同是承包人进行工程建设，发包人支付价款的合同。"这一规定过于抽象和原则，尚不足以体现现代建设工程合同与传统承揽合同的本质区别和复杂性。一些学者对如何从更现实的技术和经济视角定义建设工程合同作出了尝试，如有学者将建设工程合同定义为："藉由利用技术、劳力及机具设备，计划性地依据特定设计，在永久的基地上，整合各种材料和设备，于基地上下制造永久而固定的装置与设备；包括任何依据特定设计而于别处先行制造再运至工地安装的构造物在内。"① 英国著名法官 Diplock 勋爵在判例中给出的定义则是:"建设工程合同是一个整体性合同,目的是随着交付货物、完成工程而出售货物、工程和劳务来换取以分期付款方式支付的包干价合同价金。在执行合同过程中,必须随着工程变更、工程暂定额及主要成本以及延期支出费用的变化而及时地做出决定。"② 上述定义反映出现代建设工程合同的基本特征是:(1)建设工程合同是一个整体性合同(Entire Contract);(2)该协议通常是为了完成某项工程建设,其合同标的比传统承揽合同要复杂得多;(3)承包人完成该协议的目的是获取相应酬金;(4)酬金通常采取分期付款的方式;(5)协议履行过程中双方存在密切的互动,权利义务处于动态的变化中。但是,这些概念都存在一定的不周延性,如前者未将工程勘察与设计合同包含在内,后者又将建设工程合同仅限定在包干价合同中。事实上,由于建设工程合同的种类繁多,内容各异,很难通过概念准确界定其内涵和外延,实践中更有可能把握的只是建设工程合同的范围和具体类型。

二、建设工程合同的范围演变

伴随着经济和技术发展,建设工程合同的范围不断扩大。在传统的英国建设工程合同著作中,一般用词为"building contract",多指土木工程。随着建设工程的行业发展,该词已经为"construction contracts"所取代。在目前的英国法上,"construction contracts"是指任何一方当事人(包括自然人和法人)为了获得对价同意与另一方订立的从事建设工程的合同,合同标的包括土木、电气或其他施工作业。③ 在英国自 2011 年起开始实施的《地方民主、经济发展和建设法》中描述的工程合同范围还包括了当事人之间签署的关于外观设计、结构设计、测量以及其他为内外装修、土地规划提供专业意见的协议。④ 同时,该法中还列举了不属于法定的工程合同的几种类型,比如工程项目建设中常见的 PPP 融资模式签署的合同,由于其内容更侧重于融资,而非工程建

---

① 王文宇:《契约定性、漏洞填补与任意规定:以一则工程契约终止的判决为例》,载台湾地区《台大法学论丛》第 38 卷第 2 期。
② Gilbert-Ash (Northern) Ltd. v. Modern Engigeerion (Bristil) Ltd. (1974) AC 689 HL.
③ 王秉乾、谭敬慧:《英国建设工程法》,法律出版社 2010 年版,第 19 页。
④ 林立:《工程合同法律、规则与实践》,北京大学出版社 2016 年版,第 4 页。

设，因此该法明确不属于该法所称的工程合同。可见，建设工程合同的范围并不是一成不变的，不同法律规范界定的建设工程合同范围会根据规制目的而相应变化。

从国际示范法的立法发展看，《欧洲示范民法典草案》（DCFR）对于建设工程合同的适用范围规定在上述基础上进一步扩大。该草案第四章第3.101条规定：本章适用于一方当事人（建筑方）按照顾客提供的设计，承担房屋或其他不可移动建筑物的建造，或者对既有房屋或其他不可移动的建筑物进行实质性改造的服务合同。本章规定准用于下列合同：（1）建筑方按照顾客提供的设计，承担动产或者无体物的建造；（2）建筑方按照自己提供的设计，承担房屋或其他不可移动的建筑物的建造、对既有房屋或其他不可移动的建筑物进行实质性改造或者建造动产或无体物。该条中的建设工程合同适用范围不仅涵盖了不动产的建造，而且还包括了机械、设备的建造安装以及软件、数据库和网站等的建设。该规定反映出建设工程合同法理念的发展，即建设工程合同规则不仅适用于不动产的建造活动，而且可以适用于其他在经济上类似的经济活动，因为在这些活动中，都需要双方当事人之间进行类似的互动，因而可以适用类似的规则进行调整。同时，该草案也承认这些工程建设活动涉及很多不同的客体并且相关的商业活动方式也会很不相同，因此，在适用这些规则时处理特殊情况时法院可以进行适当调整。①

我国《合同法》第269条规定建设工程合同包括工程勘察、设计、施工合同。对于建设工程的范围，依据《建筑法》第2条规定，建筑活动是指各类房屋建筑及其附属设施的建造和与其配套的线路、管道、设备的安装活动。而根据国务院制定的《建设工程质量管理条例》第2条规定，建设工程是指土木工程，以及房屋和市政建筑工程、线路管道和设备安装工程、装修工程。对比英国建设工程法和国际示范合同法的发展，我国的建设工程合同的范围仍然偏窄，不论从合同标的还是合同模式上，都无法涵盖现代建设工程合同的基本类型。我国《合同法》简单而抽象的规定不利于对建设工程合同的性质把握，当遇到具体争议时容易造成对合同性质和适用规范在解释上的混淆。为

---

① 欧洲民法典研究组、欧盟现行私法研究组编著：《欧洲私法的原则、定义与示范规则：欧洲示范民法典草案》，于庆生等译，法律出版社2014年版，第428页。

此，有必要在类型化界定的基础全部把握建设工程合同所涵盖的范围。

三、建设工程合同的基本类型

建设工程合同种类繁多，依不同的分类方法，可以区分为不同类型。不同类型的建设工程合同，其法律关系的特点及法律适用也相应不同。根据三种主要的区分方法，将建设工程合同的类型整理如下：

（一）依工程管理模式分类

工程管理的目的是在追求最短工期、最低成本和最高品质要求的总体目标下完成工程建设。为达此目的，世界各国工程项目管理的模式不断创新，根据不同需求和工程特点，形成了多种管理模式及合同类型。

1. 传统工程合同（Building Contract）

传统工程合同最显著的特点是设计和施工的两分法（DBB 模式），即第一阶段是发包人委托设计师完成工程设计、提供图纸、确定工程标准，第二阶段由发包人依照这些设计、图纸和技术标准选定合适的工程施工承包人，并由承包人按照设计要求完成施工。在这种传统模式下，涉及的工程合同包括设计合同和施工合同两个相互独立的合同。我国《合同法》第 269 条将建设工程合同分为工程勘察、设计和施工合同，正是建立在传统工程合同模式的基础上。

2. 设计－施工/建造合同（Design－Build）

设计施工模式是 20 世纪 90 年代开始采用的一种较新的施工管理模式，如 1999 年版的《FIDIC 黄皮书》即采此模式。这种管理模式的特点是，设计和施工工作均由同一个承包人承担和完成。其优点是可以减少设计和施工之间的界面纠纷，同时，采取边设计边施工的方式，可以缩短工期，提早开工。但是上述特点也意味着承包人责任的加重，设计的风险和责任都由发包人转由承包人承担；对业主而言，虽然其转嫁了设计的风险和责任，承包人的投标报价将会大大高于传统的工程合同，同时，也意味着业主减少了对设计标准和质量的管控和改进。

3. 交钥匙模式（EPC/Turnkey Project）

EPC 代表"设计－采购－施工"，即承包人需要提供的服务范围。此类项目中的承包人要为发包人提供包括设计、施工、设备采购、安装、试运行起到竣工移交的全套服务，即承包人要提供一个完整的工作包。1999年版的《FIDIC银皮书》即采此模式。由于交钥匙模式通常采取固定总价方式，成本容易控制；相应地，也意味着承包人承担的风险更大、收取的价格也更高。交钥匙模式在我国也被称为工程总承包模式，根据我国《建筑法》第24条的规定，建筑工程的发包单位可以将建筑工程的勘察、设计、施工、设备采购一并发包人一个工程总承包单位。这也是近年来我国大力推行的一种工程建设模式。

4. 设计-建造-运营模式（Design-Building-Operation）

设计-建造-运营合同是更为新型和非典型的建设工程合同类型。在这种合同模式下，承包人除了承担设计和建造两项重要的工作内容之外，还需要承担项目建成之后的运营阶段的服务，即将工程项目的设计、建造和运营阶段融合在一个合同框架之下。此类合同更多地用于BOT（Build-Operate-Transfer）、BOOT（Build-Own-Operate-Transfer）模式的公共基础设施建设和运营服务。但是，在一个成熟的BOT项目中，通常由特殊项目公司与承包商和运营商分别签署建设合同与运营合同。在这类合同中，由于要将设计、建造、运营三个相互独立的合同融合在一起，对合同文件本身的整体框架设计和权利义务分配、衔接的要求也较高。

5. PPP合同模式（Public Private Partnerships）

PPP合同模式也称公私合营模式，即政府与私人机构合作，由私人机构获得政府的许可而从事公共事务，主要是大型的铁路、水利、公路、电力等基础设计项目建设，以及水务、医院、学校、监狱等社会公益项目，提供融资、设计、建设、运营、维护等服务，并最终由政府付费或者由使用者付费的方式偿还私人机构的融资成本和投资回报。虽然PPP项目在国际、国内项目中的实施已经有几十年的历史，但是，中国境内的项目正式开始使用PPP这一特定术语还要从2014年开始说起。2013年，国务院发布《关于政府向社会力量购买服务的指导意见》，开启了PPP项目模式的快速发展道路。此后，国务院及相关部门陆续出台数十项推广应用政府和社会资本合作（PPP）模式的各类文件，全国各地掀起了在基础设施和公共服务领域推广应用PPP模式的高潮，因PPP合同引发的法律争议也成为理论与实务关注热点。

PPP模式的涵盖范围比建设工程合同更广泛，不仅包含工程项目的建设，更侧重于前期的融资和项目建成之后的运营,以便通过项目的运营收入偿还融资成本并获得投资回报。PPP项目是由一系列协议在内组成的合同体系,组合了特许经营协议、贷款协议、建设工程合同、经营管理合同、供货合同、保险合同等一系列合同,包含政府、公共部门、民间投资机构(项目发起人)、项目公司、建设单位、融资机构、中介组织等多方当事人之间的互动关系。因此,PPP合同关系可谓从古典合同法的单一纯粹结构转向现代合同法的复合多元结构的集中体现,由此也给合同法带来很多新的课题。

6. 装配式建筑合同(Pre-fabricated Contract)

所谓装配式建筑,是指用预制的构件在工地现场装配而成的建筑。简言之,就是"搭积木式"造房子,流水线上"生产"房子。随着建筑行业从标准化、多样化、工业化到集约化、产业化、信息化的不断演变和完善,推广装配式建筑已成为建筑产业发展的新战略。2017年中共中央、国务院出台《关于进一步加强城市规划建设管理工作的若干意见》提出,将加大政策支持力度,力争在10年左右时间,使装配式建筑占新建建筑的比例达到30%。装配式建筑体现了从粗放的建筑业向高端制造业的转变,是建筑产业转型发展的另一场深刻变革。与PPP模式相反,装配式建筑合同追求简单化,将以往劳务与金钱混合、买卖与承揽混合的建设工程合同转化为单纯的买卖合同,或者在其中尽可能加大买卖的比重、减小承揽的比重。从法律上看,装配式合同关系更接近于买卖合同关系而不是承揽合同关系。

(二)依合同价款结算方式分类

根据建设工程合同中当事人约定的结算方式不同,可分为固定总价合同、固定单价合同、按实结算合同(重测量合同)、成本加酬金合同等。

1. 固定总价合同

固定总价合同,是指承包人完成全部工程内容,并由发包人支付双方约定的、固定的费用和报酬的合同计价模式。固定总价合同的工程总造价原则上是确定的,一般不随环境和工程量的变化而变化。在总价合同下,承包人承担大部分的工程风险。

2. 固定单价合同

固定单价合同,是指承包人在完成工程建设后,以实际完成的工程量以及约定的不变单价进行工程价款结算。在固定单价合同缔结时，由发包人给出全部工程的各分项工程内容和工作项目一览表，而不提供确定的工程量，双方根据工作项目内容约定各项目的单价，即所谓的工程量清单加固定单价形式。对于固定单价合同中的工程量，在缔结合同时通常都属于预估，实际的工程量需要到竣工时才能确切得知。因此，在这类合同中，承包人承担的风险与固定总价合同为少。

3. 成本加酬金合同

成本加酬金合同（Prime Cost Plus）是业主以工程或服务实际发生的成本（施工费、材料费及人工费等）为基础，再加上合同双方约定的管理费和利润等费用向承包人支付合同价款的一种合同形式。在这一模式中，发包人需要对承包人以及分包人、供应商的成本构成要素和费率等内容进行详尽的审核，并将核算后的文件作为建设工程合同的组成部分。相应地，发包人承担的风险也较大。但其也有相应的优点，如发包人不需要完成全部深化设计就可以进场施工，可以提早开工；不需要向承包人提前支付有关的风险费用，而是代之以实际发生风险时支付对应的成本加费用。[1]

（三）依签约主体分类

根据建设工程合同签订的主体，可以分为总承包合同、分包合同与转包合同。

1. 总承包合同与分包合同

所谓工程总承包，是指从事工程总承包的企业按照与建设单位签订的合同，对工程项目的勘察、设计、采购、施工等实行全过程的承包，并对工程的质量、安全、工期和造价等全面负责的承包方式。[2] 工程总承包模式与上述分类中相关模式存在交叉，通常而言，工程总承包一般采用设计－采购－施工总承包或者设计－施工总承包模式，但也可由双方约定采用其他工程总承包模式。工程总承包方式中的合同包括总承包合同和分包合同，总承包合同是指业主与总承包人签订的建设工程合同。总承包人在签订总承包合同后，再根据施工需要与若干分包人签订合同由后者负责某分项工程的施工或供应，总承包人

---

[1] 林立：《工程合同法律、规则与实践》，北京大学出版社2016年版，第9页。
[2] 住建部《建设项目工程总承包管理规范》第2条。

与分包人签订的合同称为分包合同（Sub-Contract）。

2. 分包合同与转包合同

我国法律允许工程分包，但禁止转包行为。因此符合法律规定的分包合同有效，而转包合同则为无效。根据《合同法》第272条第2款的规定，总承包人或者勘察、设计、施工承包人经发包人同意，可以将自己承包的部分工作交由分包人完成。但承包人不得将其承包的全部建设工程转包给第三人或者将其承包的全部建设工程肢解以后以分包的名义分别转包给第三人。《合同法》第272条第3款规定，禁止分包单位将其承包的工程再分包。因此，转包合同包括三类：一是承包人将全部建设工程转包给第三人施工的；二是承包人将全部建设工程肢解分包给多个第三人施工的；三是分包人将其承包的部分工程项目再分包给第三人施工的。上述三种转包合同均为《合同法》禁止的转包合同。

区分总承包合同与分包合同的意义在于厘清建设工程合同链关系中涉及的法律问题。在建设工程行业中，多个总承包人、分包人和转包人往往构成复杂的合同链关系，合同链越长，法律关系和责任划分越复杂，其中涉及包括合同权利义务转让、总承包人与分包人法律关系、分包人或转包人优先受偿权是否享有优先受偿权、背靠背条款（Pay When Paid）是否合法等议题。

第二节 建设工程合同的关系性特征及面临的问题

根据麦克尼尔的关系合同理论，绝对的个别性合同在现实社会中并不存在，所有合同行为均可理解为从个别性合同到关系性合同的一个连续的光谱。在这连续的光谱中，建设工程合同基于其标的规模大、投资高、持续时间长和高度专业化等特点，具有更强的关系属性，并且不同类型建设工程合同的关系性强度也存在显著差别。从关系合同的视角出发，建设工程合同的特征主要体现在以下几个方面：

一、建设工程合同的关系性特征

（一）合同内容的不确定性

关系合同理论认为，承诺总是不完整的。① 该观点与制度经济学的不完全

---

① [美]麦克尼尔：《新社会契约论》，雷喜宁、潘勤译，中国政法大学出版社2004年版，第8页。

合同理论可谓一脉相承。在建设工程合同中，合同的不完全性体现得更为明显，既有客观上有限理性制约下导致的条款缺漏，也有交易主体的刻意"留白"，还有履约过程中当事人的主动"回避"适用合同条款的现象。

首先，建设工程合同标的的复杂性决定了当事人在签订合同时不可能预见到履行中所有可能发生的情况，并做出周详的计划和安排。原因有三：一是建设工程的规模大、周期长、工艺复杂，并且需要具有不同技能及利益立场的大量人员共同完成，合同内容必然非常复杂且充满了变量。二是建设工程的施工生产过程具有单件性和不可复制性。即使两个建设工程依据完全相同的设计图纸，由相同的承包商加以施工，但是其施工组织与过程的细节因不同的施工场地位置与环境也会有所不同，这同流水线上生产相同的产品明显不同。施工过程的单件性也决定了每一个建设工程合同的履约状态有所不同，而履约状态不同又决定了不同工程合同的风险集合不可能完全复制，也即每一个工程合同的风险具有显著的个别性。三是建设工程合同的履行状态易受外部环境影响。由于建设工程施工阶段的大部分过程均为露天作业，加之施工周期较长，多变而复杂的自然环境必然对建设工程的施工效率与成本、工程质量和安全等方面产生显著的影响；社会经济环境的波动也会对工程合同产生直接或间接的作用。上述因素的存在，决定了建设工程合同在缔结时必然包含大量开放性和遗漏条款。例如工程价款纠纷中常见的"漏项"问题，即图纸或规范中有该工作项目，但工程量清单中却没有该工作项目对应计价项目的约定。有关漏项如何计价的问题，即构成合同漏洞。

其次，巨大的风险负担成本使双方当事人往往刻意"留白"，回避完整的合同规划。随着建设工程技术的成熟和合同管理能力的提升，合同当事人已经有能力对建设工程合同履行中可能出现的各种风险有所预期，并有可能在合同中作出预先防范和风险分配。但是，事实上当事人往往宁愿将这些问题搁置，留待未来再协商解决，而并不将之全部放在合同缔结时预先确定。原因在于签订涵盖所有可能的突发事件的合同成本将极其高昂。由于建设工程合同履行中的风险非常复杂，如果将其全部纳入合同签订时予以分配，通常情况下发包人倾向于将此类风险分配给承包人，以避免投资的不确定性，这势必影响承包人的报价，导致建设工程成本增加。同时，"由于人们只能预测而不可能消除未来的不确定性，因此，即使突发事件本身能够事先确认，也不能完全刻画复杂的适应性变化。"① 因此，合同条款仍然是不完全的。

最后，建设工程合同当事人往往主动"回避"标准化工程合同的使用。标准化工程合同已经在工程领域得到普遍应用。在国际工程领域，国际咨询工程师联合会编制的 FIDIC 合同系列已经成为通用的合同范本。在中国，现行的标准化工程合同范本都是在政府主管部门的主导下颁布和推广施行。使用标准化工程合同的优点是能够节约和减少当事人的谈判时间和交易成本，避免双方对工程合同中的每个具体条款都经历起草、协商和讨论的过程；标准化工程合同对双方权利义务的安排及风险的分配也相对较为公平合理。但另一方面，标准化工程的合同也存在明显的缺点：一是标准化合同内容缺少个性，不考虑当事人之间工程承包的具体情况和环境限制，无法满足合同当事人的具体需求；二是当事人往往并非基于充分协商后的主动接受而是基于政府部门的备案要求，将标准化合同范本纳入工程合同的内容，合同文本是否足以反映当事人的真实意愿存在疑问；三是标准化合同文本一般有通用条款和专用条款组成，专用条款由当事人经协商后作用特别约定，如工程价款、工期等约定，通用条款则是标准化合同文本的直接引入，而专用条款特别约定往往并非建立在对通用条款充分权衡的情况下，其中的权利义务及风险分配未必公平合理，甚至与通用条款的规则相冲突。因此，在实际履行中，人们往往会根据工程施工的具体情况随时进行协商调整，而将标准化合同文本束之高阁，由此产生工程合同的"回避"现象。而一旦发生争端，对于标准化合同文本应当如何解释和适用就会成为焦点问题。针对工程领域标准化合同文本产生的争议，由于约定内容和风险分配方法已经达到巨细靡遗、滴水不漏之程度，因此工程争议往往发生在合同解释，而非合同漏洞填补上。尤其这种标准化合同文本虽然在一般情况下具有公平、合理的优点，但毕竟未经过双方当事人的充分协商，亦与具体合同的环境背景存在距离，是否当然具有强制执行的基础尚值研究。

（二）合意形成的动态性

建设工程合同并非一次性给付即可完成，而是须经历长期而复杂的一段施工期间。同时，建设工程合同又是一种在"生产"过程开始之前就已经确定

---

① ［美］斯科特·E·马斯腾主编：《契约和组织案例研究》，陈海威、李强译，中国人民大学出版社 2005 年版，第 2 页。

了最终产品价格的合同，而在"生产"过程中又不可避免各种各样的变更和风险。因此，建设工程合同关系除双方当事人所签订的合同外，在整个合同履行期间会不断产生新的权利义务关系。在建设工程合同关系中，我们会发现合同变更非常灵活、频繁。在当事人相互交涉的过程中，随着诸多细微合意的逐步增多，会出现修正已形成的合意甚至否定已有合意的现象。即使进入合同的履行阶段，当事人很少会基于某种缔约时的合意而机械地实施履行行为，在更多的场合下，常常会出现边履行边修改合同条款的现象。很多这样的修改并不是清楚的协议或合意的结果，而更为通常的是以含糊不清的实际日常调整的结果。实践中，工程总造价经常超出合同约定造价 20%～30%，就是明证。可见，建设工程合同中的合意，实际上是一种动态的合意。从时间维观察，施工合同是从合同缔结前的磋商阶段到履行完毕后的一个连续过程。并且，它并非是指从缔约的开始，到履行债务终结时这一单向过程，而是指从各当事人策划之时起并在与对方交涉中逐步深化的动态过程，合同规范在当事人之间的相互关系中动态地生成和变动。① 从这一意义上说，建设工程合同关系可以称之为一种有生命的、有机的存在，可以随其发展阶段产生各种权利义务和风险分配关系。

（三）合同主体间的依赖性

麦克尼尔的关系合同理论指出，作为关系合同的特质之一，包含权力、等级和命令关系，即不依据对等的合意而形成契约内容，而是依据命令－从属而形成关系，这在劳动关系上最为典型，但在建设工程合同中也普遍存在。麦克尼尔认为，所谓权力，就是不管他人的愿望，或通过操纵他人的愿望，将一个人的意志强加于他人的能力。② 古典合同理论对合同主体的假设是平等和自由的，在建筑行业，很少有这种平等、自由协商所达成的真正公平，其原因有三个方面：

一是市场的力量。因为建筑市场的形势经常是供大于求，市场的力量常常使得一方当事人占主导地位，这里可能导致不适当地和不公平地分担风险。尤其是公共行政部门的招投标工程，业主往往会基于其拥有的公权力及行政资源

---

① 顾祝轩：《合同本体解释论》，法律出版社 2008 年版，第 264 页。
② ［美］麦克尼尔：《新社会契约论》，雷喜宁、潘勤译，中国政法大学出版社 2004 年版，第 29 页。

的优势,在招标文件中设置苛刻的条件,如要求承包人放弃索赔权、规定一切风险由承包人自担等,并且不允许投标人作任何修改或协商。投标人由于缺乏讨价还价的权力,只能附合订约与否,基本上并无决定契约条款内容的自由,使合同双方的地位呈现不平衡的状态。此外,在建设工程各方当事人之间形成的复杂的合同链中,涉及业主、承包人、分包人之间的建设工程合同关系,还涉及业主和金融机构之间的融资关系,二者相互交织,形成更加复杂的权力与命令关系,如承包人与分包人在分包合同中约定"背靠背条款"、银行将融资条件设定为承包人承诺自愿放弃优先购买权等,都充分体现了合同当事人对权力的运用。

二是专用性投资。在建设工程合同中,承包人大多需先行投入巨额的成本,待建设完成后,才将工作物移转于发包人,这些先行投入的成本均构成承包人的"专用性投资"(asset specificity)。所谓"专用性投资",包括投入生产特殊产品的成本,或为发展特殊计划所投入的人力资本,例如对承包人而言,尚在建筑过程中的未完工程,几乎都是为了发包人而量身定做,不具市场上流通性。基于此种特定性投资的资产特性,便有了敲竹杠(holdup)的问题,发包人可以因此"挟持"承包人。① 这就导致在合同再谈判的过程中,双方讨价还价的能力出现了差异。在建设工程施工过程中,业主经常无理拒绝签收承包人依约提交的签证文件,或者毫无理由地任意扣款,都是制度经济学中所谓的敲竹杠行为。

三是长期合同产生的依赖性。在个别性合同中,合同双方没有统一体观念,而只有交易的对方,在合同完结后,各自又形同陌路。而建设工程合同基于其履行的长期性、专业性和复杂性,使双方基于合同形成了一种特别结合关系,造成合同双方相互依赖的情事。为了保证双方利益的实现,双方在履行过程中必须保持相互信任和协作。一旦这种信任被打破,就可能造成两败俱伤的结果。就业主而言,工程如果中途终止履行将会产生很大的损失,承包人就可以利用这一机会以拖延工期、停工等为手段要求提高工程价款;而相应地,承包人由于投入到工程的专用性投资无法抽离,也会面临业主敲竹杠的风险。在

---

① 王文宇:《契约定性、漏洞填补与任意规定:以一则工程契约终止的判决为例》,载台湾地区《台大法学论丛》第38卷第2期。

个别性交易中，依赖性的相对平衡是一种静态现象，但是在建设工程合同中，这种彼此的动态依赖性，使双方的权力关系总是处于变动之中，产生更加复杂和不确定的关系。

（四）合同关系的交织性

一个建设工程在作为最终的劳务结果提交业主之前，需要经过融资、勘查、设计、施工、监理、验收等多个环节，是业主、勘查人、设计人、施工人、监理人、银行等多方合作的劳务成果。在我国的特殊法律环境下，施工人中还分为总承包人、分包人、转包人、挂靠人等主体。这些主体彼此签订形式上互相独立但实际上存在密切联系的合同，形成错综复杂的系统网络。一个建设工程的顺利完成有赖于这个合同关系网中众多独立主体的共同合作才能完成，它要求这些主体必须相互协调各自提供的给付，一旦一个合同出现了履行障碍，可能给其他合同产生连锁性的反应。这给合同法提出的挑战是，当事人能否突破自身的合同关系，向合同交织网中真正对履行障碍负有责任的主体提出赔偿要求。

建设工程合同交织性的另一个体现是：介于市场与组织之间的混合关系在建设工程领域大量出现。根据新制度经济学的研究，对合同义务富于想象的结合可以创造横跨于市场和合同科层组织的分野之上的商业社团。这些商业社团的建立基础是数额大小不等的资本之间的合同关系，但是这些合同关系在治理结构中变得如此得复杂精妙，因而模仿、结合了厂商的许多组织上的特点。这些合同关系在组织和彼此独立的缔约之间占据了一席之地，被称为混合物。建筑业中的分包系统，PPT协议中的合作关系都是这样的混合物，它们披着合同的外衣，但是又带有组织的从属性和权力关系特征，对这种合同关系如何进行妥当的处理是合同法面临的新问题。如建设工程中实际施工人问题、优先受偿权问题、PPT合同中政府与企业关系等问题的产生，都与建设工程合同组织性特征强化有关。

（五）公私法的高度融合性

建设工程的特殊性，决定了规划、建设、利用以及工程质量等重要问题，不仅关涉当事人利益，还涉及国家长远利益、社会公共利益和公共安全。因此，世界各国法制对于建设工程合同都进行较强的公法干预，如德国建设工程法就有"建筑警察法"之称。而我国建设工程合同原本就脱胎于计划经济时期，管制性色彩更为浓厚。在合同的每一个环节，从合同的签订到合同的履行，从资金的投放到最终成果的验收，都受到国家严格监管。据不完全统计，建设工程施工合同受到不同领域的多部法律及其他规范性文件调整，法律、行政法规和部门规章中调整建设工程施工合同的强制性规范多达六七十条。① 虽然经过《合同法》、最高人民法院司法解释一再对建设工程合同的效力性规定进行限缩，实践中依然有大量的合同被认定无效。因此，在建设工程合同的治理规则中，首当其冲需要考量的就是公法与私法、管制与自治的关系问题。

在我国推进PPP战略过程中，公私法的关系呈现出更加复杂的交互影响。在PPP模式下，国家不再仅仅通过发布强制性命令对合同进行干预，而是与市场结为一个连续统一体。在传统的公法与私法关系中，传统的公共资助和服务供应构成一极，纯粹的私营活动构成另一极，公领域与私领域的界限分明；而PPP的各种模式则涵盖了介乎二者之间的多个支点，每个支点的位置都代表不同强度的公共部门和私营部门之间的融合，这种融合也给合同法和行政法的关系带来了新的研究课题。

综上所述，合同内容的不确定性、合意形成的动态性、合同主体间的依赖性、合同关系的交织性，以及公私法的高度融合性共同造就了建设工程施工合同的关系属性。同时，现代建设工程合同的类型五花八门，性质各异，不同类型的建设工程合同中关系性特征的强弱程度亦各不相同，换言之，正如关系契约是一个连续不断的光谱一样，建设工程合同在这个光谱中占据的不是某一个点，而是其中的某一段，在这一段光谱的两端同样呈现出不同的面貌。某种工程合同比较倾向于个别性合同，例如小型建设工程合同、装配式建设工程合同；而另一些工程合同可能关系性特征更为显著，例如PPP合同。处于这一光谱中不同的位置，所面临的法律问题也各不相同，如对于农村二层楼以下的房屋建造合同所面临的争议是，其适用一般的承揽合同规定，还是适用建设工程合同特殊特定？而对于PPP合同，其面临的首要争议是，其属于民事合同还是行政合同？因此，将这一段光谱从关系合同中截取出来进行类型化研究，既可以发现关系合同法的整体原理，也可以根据不同建设工程合同类型的具体

---

① 林一主编：《建设工程施工合同纠纷案件审判实务》，法律出版社2015年版，第22页。

特点进行具体化的规则研究与探索。

二、建设工程合同实务问题的关系性解读

近年来,在建设工程合同司法实务中长期争论不休的热点、难点法律问题很多,其中很多争议与前述建设工程合同的关系属性有密切关系,关系合同理论的提出也为解决这些争议提供了一个别开生面的视角。以下即对实务中争议问题及其与建设工程合同关系属性之间的关联性作一简要归纳与分析:

(一)建设工程合同中合作义务的重新建构

建设工程实务中由于发包人不履行协作行为而发生纠纷的案件非常常见,在传统合同法中,只有给付义务决定双方的交换关系,发包人的协作义务一般对合同目的实现并无本质影响,因而被定性为不真正义务,即使定作人未履行,承包人也只能免除迟延责任和主张增加的费用。但是,在建设工程合同中,发包人协力义务的范畴大大扩张,从简单的受领标的物发展到发包人必须适时对承包人给予合理的指示、必须协助承包人办理相关许可证和批准手续、必须及时向承包人提供施工场地、施工条件和材料工具、及时对工程进行检查和监督、及时组织验收等,这些义务履行状况不仅影响发包人自身利益,也直接影响承包人利益和合同目的的实现,很多建设工程合同无法履行并引发争议的主要原因并非当事人违反给付义务,而是由于违反互相协作的义务导致合同关系破裂,双方两败俱伤。在这种情况下,仍将发包人的协助义务定位于不真正义务,已与建设工程合同的关系性特点发生冲突,但实务中法官往往囿于定作人协力义务的性质对其法律救济不够重视,使很多纠纷难以获得公平合理的解决。随着双方协力义务内容的扩张和相互性的增加,合同义务的法律性质、违约构成及法律后果等方面逐渐与原来的定作人协力义务不可等同视之。在关系合同理论的新视角下,建设工程合同当事人之间的合作关系与古典合同理论下的个别性交易关系发生了质的变化,也因此出现了建构一类全新的义务——合作义务的可能。

(二)建设工程合同中情事变更原则的适用问题

建设工程合同案件司法实务中,当事人主张适用情事变更原则的案例很多,但最终获得法院支持的比较少。细究其中原因,会发现古典合同理论关于

情事变更的几个构成要件都与存在于真实社会中的建设工程合同履行现实有一定距离。例如，情事变更原则适用的要件之一是合同履行中变化的客观情事是当事人在缔约时"不可预见"的。但在建设工程合同中，对合同履行中可能发生的意外风险，要么已经被精明的业主约定在合同中，无法称之为承包人"不可预见"；要么尽管没有约定，也已被隐含在合同约定的固定价中，是否属于"不可预见"存在争议；或者尽管没有约定，但是因"不可预见"的标准本身就模糊不清而难以适用。这些问题都是在意志理论基础上的古典合同理论无法回答的问题，而借助于关系合同理论转换观察视角，会发现合同不仅仅是当事人之间的"承诺"，更重要的是，合同本身就是一种风险分配或转嫁机制，其基本目的在于交易双方之间分配风险，古典合同法的目标是一劳永逸在缔约时对风险进行事前的一次性分配，而事实上这种分配很可能是不符合合同发展的现实需要或者是不公平的，在这种情况下，引入风险的二次分配，适用情事变更原则就有其必要性。并且，从风险二次分配的角度看情事变更原则，其采取的条件-后果程式的适用方法也有了再讨论的余地。

（三）建设工程合同效力问题

合同法的主要任务是为私主体的商业交易备置适宜的形式并保证其实现。相应地，它赋予合同主体以缔约自由权，并保障合同主体通过合意达成的协议成为规范当事人交易活动的具有拘束力和强制力的法律效力。换言之，合同法的目的并不在于执行行为规范或实现政策规划，而是提供意思自治的自由之轨。[①] 但是，如果当事人的合意结果经常面临国家强制的威胁，市场交易就会产生"脱轨"的危险。而建设工程合同司法实务中，经实证统计，被认定无效的合同几近诉至法院的合同总数的三分之一，已经严重影响到工程领域市场交易的正常化开展。古典合同理论的"工具箱"在如何确定合同效力方面是存在缺漏的，因为其认定合同无效的主要工具是建立在效力性强制性规范的识别上，而效力性强制性规范是从私法体系外的公法中提取的，如果仅在合同法的封闭概念体系中讨论何为效力性规范、何为管理性规范，难免落入"以问答问"的陷阱。要解决这一问题，只有从古典合同理论的内在体系打开视野，进入法社会学的广阔空间寻求更丰富的分析工具，而关系合同理论正是可以运

[①] ［德］托马斯·莱塞尔：《法社会学基本问题》，王亚飞译，法律出版社2014年版，第196页。

用的新"工具箱"之一。

（四）建设工程合同相对性问题

我国自《建设工程合同司法解释》2003 年公布实施以来，关于该解释第 26 条实际施工人制度的存废之争就没有间断过，很多学者认为其违背了合同相对性原则，建议废除该解释，并将对实际施工人的保护回归向发包人行使代位权等传统合同法规则。否定说的核心理由是古典合同理论的相对性原理，然而，从关系合同理论解读，合同相对性原则未必是一个先验的真理。如前所述，建设工程合同体系具有链条式和网状式的结构，在链条合同结构中，发包人、承包人、分包人和转包人等各个主体在形式上都是通过意思自治达成的合意，但合意背后实际上受到强烈的权力关系影响，在这种情况下，对实际施工人的保护如果固守传统合同法理论的相对性原理未必具有先验的正当性，至少在讨论该解释的存废时，虽然可以感受到其与古典合同理论的"违合感"，但是也要认识到实施施工人制度并非最高人民法院一时兴起的法律创造，而是有其特殊的社会背景和现实需求。因此，即使要废除该解释，也不能简单回到古典合同理论的相对性原则，而是要从关系合同的权力规范和相互性规范，充分权衡实际施工人制度存与废的利弊得失。与该问题有相似性的另一类争议是，"背靠背"的付款条件是否有效？所谓"背靠背"的付款条件，是指承包人通过合同条件将风险转移给分包人，通常是设立一个合同条款，规定承包人自己从发包人处得到付款是其向分包人付款的先决条件。对"背靠背"条款的效力审查也需要考虑其背后体现的权力关系。与建设工程合同的网状性结构相联系的一个典型问题是：发包人往往迫于贷款银行的压力，要求承包人主动放弃法定的优先受偿权，如果承包人在建设工程合同中承诺放弃其优先受偿权的，该合同条款是否有效？从关系合同理论的视角，此问题的实质是在网状合同结构中，借款银行、发包人和承包人之间的权力博弈结果，而对这些问题的分析讨论，都有必要跳出古典合同理论的狭窄视野，尝试运用关系合同理论提出合理的解决方案。虽然从现有的研究成果看，对于关系合同理论的研究主要集中于合作义务、再交涉义务等弹性规范和程序性框架规范的研究，对于关系合同理论在合同相对性方面的应用还没有深入的研究，但如能运用关系合同理论，从权力规范的角度对合同相对性规范的局限性作些反思和重塑，实际施工人等问题或许并没有回归合同相对性那么简单。

(五) PPP 合同的法律规制问题

PPP 的本质是公私合作，是公法的"强制要素"与私法的"自治要素"的互动融合。PPP 合同是政府主导下创造出的一种新型的法律关系，也是建设工程领域最为复杂的关系性合同关系。由于合作交易关系的复杂性、长期性和多样性，各方主体彼此互动和联系，相互影响和制约，在很多方面已经突破了传统的合同法理论范畴。而目前我国 PPP 领域相关立法、执法和司法活动遇到的很多突出问题，都是由于传统私法理论或公法理论不能适应现代公私合作关系的调整发展，无法提供充分的制度供给和理论指导。例如关于 PPP 合同的法律性质究属民事合同还是行政合同？PPP 的合同自治与公共利益目标如何融合？PPP 争议解决机制究竟应当导入民事诉讼还是行政诉讼制度？诸此等等。关系合同理论应是对 PPP 这类新型合同关系作出最有说服力解读的一个重要理论。

基于上述对建设工程合同的类型化分析可以发现，建设工程合同已经远远突破了传统承揽合同的概念。从更接近于买卖合同的建设物装配合同，到传统的从属于承揽合同的建设工程施工合同，到买卖与承揽混合的交钥匙合同，再到关系更加复杂的 PPP 合同，建设工程合同的种类已经涵盖了从最接近于个别性交易的建筑物装配合同到最具关系性的 PPP 合同之间的各种合同类型。合同种类的丰富性使关系合同理论在建设工程合同中的运用具有了广阔的空间和深刻的理论说服力。而对于建设工程合同实务中目前长期争议的主要问题，如合同效力问题、实施施工人的合同相对性问题、情事变更的适用问题等，也因关系合同理论的出现而获得了重新解释和规范发展的可能。

典型案例

1. 北京 A 公司与 B 市交通局其他合同纠纷案

【裁判要旨】

行政主体身份并不必然决定案件为行政纠纷，BOT 合同中交织着民事和行政两种不同性质的法律关系，行政法律关系中的行政主体与行政相对人为民事合同关系的当事人，主体存在重叠。争议法律关系的实际性质，不能仅凭一方主体的特定身份确定，需判断争议是否与行政主体行使行政职权相关。若当事人之间就回购款支付依据发生的纠纷不涉及具体行政行为，且有关回购原因的行政行为与回购款支付纠纷之间相互独立时，则双方对回购款支付依据的纠纷在性质上属于民事纠纷。

【基本案情】

经B市市委、市政府决定，B市交通局与A公司于2007年4月28日签订《公路工程项目BOT协议投资协议书》（以下简称《BOT协议》），于2007年12月19日签订《补充协议》，约定了项目线路建设总长以及项目建设的工程内容。该工程分为AK、BK、CK段，于2007年9月29日正式通车。由A公司于2007年5月28日成立的项目公司——C公司具体负责项目的经营、收费和管理。2008年5月29日，自治区政府办公厅作出《关于乌拉泊至板房沟、水西沟公路收费通行费的复函》同意该项目设立收费站，实现收费经营。A公司于2008年6月7日9时起开始试运营收费，但B市某州发改委、交通局于2009年6月12日下达了《关于暂停乌拉泊至板房沟、水西沟收费站收费的通知》，规定自2009年6月15日零时起停止对乌拉泊至板房沟、水西沟收费站收费。双方所签订的《BOT协议》《补充协议》无法继续履行。双方经协商约定共同委托D公司、E公司对AK、BK段路基土石及防护工程、路面工程、交通安全设施工程评估，并签订了《资产评估业务约定书》，约定以公路资产评估结果作为回购价款依据，由政府向A公司进行相应价款的回购，但评估结果至今尚未作出。后A公司对上述工程申请了司法鉴定，鉴定机构出具了司法鉴定意见。

A公司以评估机构并未按照约定的时间出具评估意见，交通局应当按照司法鉴定意见向A公司或者C公司支付回购款为由，提起诉讼，请求判令交通局向A公司或者C公司支付179 077 628元。

交通局答辩称：《资产评估业务约定书》合法有效，对双方具有约束力。A公司要求进行司法鉴定及支付179 077 628元回购款的诉讼请求既违背了《资产评估业务约定书》的约定，又违背了我国合同法的规定，没有事实和法律依据。故请求判令驳回其诉讼请求。

C公司陈述称：认可A公司的诉讼请求及依据的事实和理由。2009年6

月，交通局向 C 公司支付 49 002 572 元回购款。经政府协调，F 公司于 2007 年以借款方式向 C 公司支付 5000 万元。

【法院认为】

一审法院认为：涉案《BOT 协议》及其《补充协议》的合同当事人一方为行政机关，目的是为了实现行政机关的行政职责进而实现社会公共利益，作为合同一方当事人的行政机关在订立合同、监督和指挥合同的履行、变更或者解除合同等方面均享有单方的优越和主导地位，且合同的履行与行政许可行为紧密相连，故交通局并非以平等民事主体的身份与 A 公司签订上述两份协议书，上述两份协议书不属于民事法律关系中的合同，基于上述两份协议书所产生的诉讼应当属于行政诉讼而不属于民事诉讼，故本案不属于法院民事诉讼案件的主管范围。

A 公司不服，提起上诉称：第一，本诉争议的内容为涉案工程的回购金额，不针对具体行政行为，性质为民事争议。第二，交通局与 A 公司在涉案合同关系中的法律地位平等，交通局不具有单方的优越性。第三，一审法院的裁定不符合《国务院关于鼓励和引导民间投资健康发展的若干意见》的政策导向。第四，一审法院裁定与最高人民法院有关 BOT 协议的生效判决意见相悖。综上，请求撤销一审法院裁定，指定一审法院继续审理本案。

C 公司亦不服，提起上诉称：《BOT 协议》中明确约定，双方如违反协议给对方造成损失，应按照合同法规定承担相应责任。故《BOT 协议》及其《补充协议》为民事合同，A 公司、C 公司有权依上述协议及相关约定向交通局主张支付回购款。一审法院对本案的定性错误。请求撤销一审法院裁定，指定一审法院继续审理本案。

交通局答辩称：合同履行中，一系列行为需通过行政许可，政府决定导致双方合同不能继续履行。故对于本案纠纷性质的认定，不能单独考虑回购行为，应结合系列行为整体进行考虑。且合同履行中产生的问题需行政机关实施行政行为，双方法律地位不平等，故本案纠纷应通过行政诉讼解决。

二审法院认为：本案的争议焦点为本案纠纷是否属行政诉讼范围。即本案争议的具体内容是什么；交通局行政主体身份对本案争议法律关系的影响；本案争议内容是否针对具体行政行为。（1）关于本案的争议内容问题。双方的分歧在于涉案《BOT 协议》及其《补充协议》终止后，案涉工程回购款的支付依据问题。（2）关于交通局行政主体身份对本案法律关系的影响。第一，交通局行政主体的身份不影响本案争议的独立性。涉案《BOT协议》及其《补充协议》履行过程中，交织着相关行政主体的具体行政行为，而两种性质不同的法律关系中，双方主体重叠，在民事合同关系中的双方当事人，是相关行政法律关系中的行政主体和行政相对人。但该协议与其履行过程中所涉及的行政审批、管理事项等行政行为，依据不同的法律规范，这些行政行为虽影响双方合作，但不能因此否认双方民事合同关系的存在及独立性。同样，上述协议的终止及案涉工程回购事宜，也具有上述特点。影响回购发生及方式的行政行为，与回购过程中就回购依据产生的争议，分属不同的法律关系，且相互独立。第二，交通局行政主体身份，不能当然决定本案争议为行政法律关系。争议法律关系的实际性质，不能仅凭一方主体的特定身份确定。本案需判断争议是否与行政主体行使行政职权相关，应结合争议的具体内容及所针对的行为性质认定。（3）关于本案争议是否涉及具体行政行为问题。本案当事人就回购款支付依据发生的争议，是否属行政诉讼范围，应以争议是否针对具体行政行为判断。有关回购原因的行政行为与回购争议本身相互独立，A公司对终止《BOT协议》之前的相关行政行为并无异议。双方争议的回购款依据问题，不涉及具体行政行为，A公司本案亦未针对具体行政行为提出相关诉求。故本案不属于行政诉讼受案范围。一审裁定本案属行政诉讼的观点，混淆了上述协议履行过程中涉及的行政行为与协议终止后的回购款支付行为的性质，没有法律依据。各方当事人在回购款的支付问题上，处于平等的法律地位，不能排除民事法律规范的适用。A公司起诉符合民事诉讼法关于受理条件的规定，应予受理。综上所述，本案争议内容为案涉工程回购款的支付依据问题，独立于相关协议终止前的行政行为；A公司本案诉求不针对交通局的具体行政行为，与交通局处于平等的法律地位。故本案为民事纠纷，一审裁定驳回起诉不当。因此，上诉人理由成立，上诉请求应予支持。

【裁判结论】

一审法院裁定：驳回A公司的起诉。

二审法院裁定：撤销一审法院裁定，由　审法院继续审理。本裁定为终审裁定。

2. A 市人民政府与 B 投资公司合同纠纷管辖权异议案

【裁判要旨】

在采取 BOT 模式的政府特许经营协议中,行政主体与行政相对人就建设项目的融资、收益以及双方的责任等事项进行了约定,该约定是作为平等民事主体的当事人之间权利义务的约定,因该合同产生纠纷而提起的诉讼,法院应当作为民事案件受理。

【基本案情】

2003 年 A 市政府准备建设新陵公路 15 公里道路项目。2004 年 9 月 15 日,以 A 市新陵指挥部为甲方,以 B 投资公司投资的 C 公司为乙方,签订《关于投建经营 A 市上八里至山西省省界公路项目的协议书》。协议约定:由乙方出资设立的 B 投资公司承担项目投融资、建设及经营管理,项目法人代表由 C 公司推举为李杰,经营年限按省人民政府批准为准,经营期满后交于 A 市交通行政部门。甲方责任为协助乙方办理项目投资、建设、经营等相关手续等。另约定:"违约方赔偿另一方的经济损失。"2004 年 2 月 24 日,B 投资公司开工建设该项目。2007 年 2 月 2 日,D 市政府下发新政文(2007)15 号文,向省政府上报请示,同意 B 投资公司设立项目收费站,同时该文认可 B 投资公司"实际建设路基宽 12 米,路面宽 9 米,已完成投资 12 600 万元,目前已具备通车条件"。2007 年 6 月 13 日,该省发改委为 B 投资公司批准、颁发《收费许可证》并确定 B 投资公司的收费项目、标准、范围。B 投资公司获得收费许可后,出资建设完成新陵公路鸭口收费站办公楼及附属设施。后由于 A 市政府没有履行"路段两端的接线等相关问题的协调工作",致使 B 投资公司所修路桥无法通行。

B 投资公司以 A 市政府方面的原因,致使 B 投资公司所修路桥为断头路,无法通行,合同目的不能实现为由,提起诉讼,请求判令:A 市政府回购 B 投资公司投融资建设的新陵公路 15 公里道路项目,并支付 B 投资公司对项目建设的投融资资金及相关利息。

A 市政府提出管辖权异议称:本案应当由 D 市中院管辖。原因在于,本案双方的公路建设协议书,系采取 BOT 模式的政府特许经营协议,B 投资公司的回购和补偿请求均是以该合同为基础,该合同是行政合同而非民事合同。B

投资公司应当依据新《行政诉讼法》的规定，提起行政诉讼。且本案被告为 A 市政府，且基层人民法院不适宜审理，应当由 D 市中院管辖。综上，请求将本案移交 D 市中院管辖。

针对 A 市政府提出的异议，B 投资公司答辩称：A 市政府将民事诉讼和行政诉讼相混淆，其申请不能认为是管辖权异议申请。且其依据新《行政诉讼法》司法解释的生效时间为 2015 年 5 月 1 日，故其请求将本案移送 D 市中院审理明显错误。此外，B 投资公司对 A 市政府提出新陵公路回购补偿诉讼，是因为 A 市政府未履行合同义务，导致协议无法履行。A 市政府提出的异议无法律依据，应依法被驳回。

【法院认为】

一审法院认为：新陵指挥部与 C 公司（后项目主体变更为 B 投资公司）签订的《关于投资经营 A 市上八里至山西省省界公路项目的协议书》中对案涉道路建设的融资、收益及双方责任、违约责任等事项的约定系作为平等民事主体的当事人之间权利义务关系的约定，B 投资公司因履行该合同产生纠纷向该院提起诉讼，该院作为民事案件受理并不违反法律规定。A 市政府以该合同为行政合同、该案属于行政诉讼为由提出管辖权异议没有法律依据，对其请求应予以驳回。

A 市政府不服，提起上诉称：一审法院的裁定错误，应予撤销。涉案的《关于投建经营 A 市上八里至陕西省省界公路项目的协议书》是典型的政府特许经营协议，属于行政诉讼法明文规定的法院受理行政案件的范围。且本案属于 D 市中院辖区内重大、复杂的行政诉讼案件，应当由 D 市中院管辖。

B 投资公司答辩称：B 投资公司和 A 市政府现仅存在回购补偿的民事法律关系，双方的特许经营协议因双方的回购合意而终止；新《行政诉讼法》第 12 条的规定对本案没有溯及既往的效力；国务院及其发改委、财政部关于开展政府和社会资本合作（PPP）的有关规定，更明确把诸如本案的纠纷，列为民事诉讼的范围。综上，请求判令驳回 A 市政府的上诉请求，维持一审裁定。

二审法院认为：本案是典型的 BOT 模式的政府特许经营协议。涉案合同的直接目的是修路，而开发项目的主要目的为开发和经营新陵公路，设立新陵公路收费站，具有营利性质，并非提供向社会公众无偿开放的公共服务。虽然合同的一方为 A 市政府，但合同相对人 B 投资公司在订立合同及决定合同内容等方面仍享有充分的意思自治,并不受单方行政行为强制,合同内容包括具体的权利义务及违约责任,均体现了双方当事人的平等、等价协商一致的合意。且涉案合同并未仅就行政审批或行政许可事项本身进行约定,合同涉及的相关行政审批和行政许可等其他内容,为合同履行行为之一,属于合同的组成部分,不能决定涉案合同的性质。从涉案合同的目的、职责、主体、行为、内容等方面看,合同具有明显的民商事法律关系性质,应当定性为民商事合同,A市政府主张涉案合同为行政合同,不能作为民事案件受理,并无法律依据。

【裁判结论】

一审法院裁定:驳回A市政府对该案管辖权提出的异议。

二审法院裁定:驳回上诉,维持原裁定。

第三章　建设工程合同中合作义务的构建

引言：问题的提出

如果说社会是人们"为了相互利益的合作冒险",[①] 则构建促进信赖与合作机制对于鼓励合同当事人的这场合作冒险无疑具有基石性作用。在以个别性交易为原型的古典合同理论建立在个人主义的理念基础上,当事人之间虽然也负有一定的协助、保护等附随义务,但此种义务主要基于诚实信用原则产生,满足最低限度即可。[②] 与传统的承揽合同不同,建设工程合同具有较长的履行周期,这要求双方当事人在合同履行过程中保持持久的、充满信任的合作,古典合同法的个人主义理念不仅忽视了长期性、关系性合同中无处不在的合作现象,更为重要的是,其无力去观察私人合作所面临的系统性障碍,也就不可能主动地为合同关系中合作障碍问题提供系统的治理方案。下面这则案例即说明了在建设工程合同缔结与履行过程中,围绕承包人进行工程建设与发包人支付工程价款这一对主要义务,双方当事人之间还负有其他很多相互协作义务。

【案例1】2007年12月15日,海擎公司(发包人)与中兴公司(承包人)经招投标程序签订建设工程施工合同,由中兴公司承建海擎公司的重型钢结构厂房基础工程。在招投标过程中,海擎公司未向中兴公司提供岩土勘察报告,中兴公司根据海擎公司提供的设计图提出投标报价并中标。

12月16日,海擎公司向中兴公司提供了岩土勘察报告和现场总平面图。

12月26日,中兴公司进场施工后,发现现场地质条件非常复杂,原认为

[①] [美]约翰·罗尔斯:《正义论》,何怀宏等译,中国社会科学出版社1988年版,第108页。
[②] 王利明:《论合同法组织经济的功能》,载《中外法学》2017年第1期。

的自然土实为流塑淤泥，现场土方量大大超出原合同工程量范围，且需解决排水问题，遂向海擎公司送交工程联系单，请求设计院修改设计，增加桩长提高承台，并解决排水问题。

2008年2月26日，中兴公司致海擎公司报告，称因现场土方量大大超出合同工程量范围，且全是淤泥，请求海擎公司拿出应对措施，否则申请工期顺延。

2月27日，海擎公司回复中兴公司称，双方签订的施工合同是固定价格合同，不论地质情况是淤泥还是亚粘土，均应由承包人处理，与发包人无关。

中兴公司继续按原设计方案施工，3月11日，工程桩发生倾斜、断裂。中兴公司通知海擎公司，提出无法进行后序施工，要求对工程桩产生质量问题的原因及应对方案进行分析。

3月31日，中兴公司向海擎公司提交基坑支护修复方案。但海擎公司未予答复。

5月24日，海擎公司起诉中兴公司，以中兴公司承建的工程桩质量存在严重缺陷为由解除合同，并要求中兴公司承担违约责任，赔偿经济损失575万元。因中兴公司拒绝解除合同，海擎公司向法院提起诉讼。中兴公司亦提起反诉，要求海擎公司支付尚欠工程款并赔偿损失759万元。

诉讼期间经鉴定，确认本案工程桩产生质量问题主要由以下因素造成：(1) 海擎公司没有遵循先勘察、后设计、再施工的原则，直至合同签订后才提供岩土勘察报告，导致施工中双方才发现地质条件特殊的情况。(2) 海擎公司未将施工图设计文件报当地行政主管部门审批，导致施工图设计方案与当地土质条件不一致的质量隐患未能及时修改排除。(3) 中兴公司在发现打桩因土质特殊而出现质量隐患后，虽然向海擎公司提出了警示，并要求修改设计方案，但是遭到海擎公司拒绝。此后，中兴公司继续按原方案施工，导致打桩出现质量问题。(4) 在打桩出现质量问题后，中兴公司通知海擎公司，并提供了修复方案，因海擎公司不同意承担修复方案的费用导致协商破裂，损失进一步扩大。①

---

① 海擎重工机械有限公司与江苏中兴建设有限公司、中国建设银行股份有限公司泰兴支行建设工程施工合同纠纷案，载《中华人民共和国最高人民法院公报》2015年第6期。

上述案例涉及建设工程合同当事人负有的一系列合作义务，如发包人的土质勘察报告提供义务、承包人的警示义务、发包人的指示变更义务和承包人的施工方案变更建议义务等，由于这些合作义务未能适当履行，最终导致工程建设产生重大损失并达成引发纠纷。这些都是在以个人主义和竞争对抗为价值取向的古典合同理论中无法证成的义务，而在关系合同理论的新视角下方可能获得合理的解释和妥当的定位。本章将在追踪建设工程合同中当事人合作义务规范演进的基础上，从关系合同理论出发对合作义务的理论背景、法律构成和法律后果进行分析，并就如何完善我国建设工程合同中合作义务的法律规范提出相关建议。

第一节 建设工程合同中合作义务的理论背景及演进趋势

一、萌芽：古典合同法时期的定作人协力义务

（一）古典合同法中合作的实现路径

合同作为人类对社会经济交往的一个重要制度发明，其产生的初始根源是劳动分工与交换。由于劳动分工与交换带来合作的必要，而合同法是保护人们在交易中的合作行为的一种手段。在古典合同理论中，让人们通过缔结合同实现合作的核心要素有以下三点：

第一是承诺。承诺是当事人通过合同为自己设定的义务。除了即时性交易外，绝大部分交易都不可能同时履行，一方或双方当事人通常都是在将来履行义务，这意味着当事人不得不对对方未来的履行抱有信心。这种信心首先来自于对方当事人对未来履行义务的承诺，当事人的承诺即其为自身设定的法定义务，在这一意义上，合同法的合同自由原则可谓当事人对未来履行交换建立信心的必要手段。

第二是制裁。当然，仅有承诺仍不足以充分维护合同建立起来的信用，因为债务人还可能违约，债权人仍然要承担债务人违约的风险。如同阿狄亚所举的交换间谍的例子，当两个国家进行交换间谍的交易时，当两个被交换的间谍穿越桥梁或边界时，两端总是分别站着双方的士兵。这虽然是一个合意性质的交易，然而它是那种不被任何法律制裁所保护的交易之一，于是当事人被迫进

行同时的交易。① 因此，合同法促进合作、提供信用的最重要手段就是确立对违约者给予制裁的规则，使人们更容易进行合作，从而促进交易的发展。

第三是自利。在以交换为目的合同中，当事人的利益是彼此对立的，一方的利益就是另一方的不利，各方都想通过尽可能少的个人给付获得尽可能多的他人给付。因此，在双方就给付和对待给付达成的合同中，隐藏着每一方自利的动机。② 神奇的是，自利就像环氧树脂，它本身是不能将任何东西聚合到一起的，但只要加上催化剂，它就成为一种令人难以置信的粘性很强的胶水。就自利而言，其催化剂就是合同中的承诺及违反承诺的法律制裁。这看上去像是自相矛盾的，但实际上，合同法这样的偿还性法律将个人的自利转化成有机团结与合作的一个重要因素。③ 如是，合同以实现自我利益最大化为目标，以对方违反承诺的法律制裁为后盾间接地实现了合作的目的。

古典合同法通过上述三个因素即承诺、制裁与自利的巧妙组合，神奇地促成了当事人在社会经济交往中的自主合作，并为劳动专业化和市场经济的发展创造了条件。但是，值得注意的是，这里的所谓合作仅限于给付义务的履行，并且给付与对待给付的履行过程通常是债务人单独进行，而不需要债权人的配合与协作即可实现，对于债权人而言，只需要单纯受领给付即可。

（二）古典合同法中的定作人协力义务

在古典合同法中，合同关系主要体现为给付与对待给付义务，双方当事人以完成己方的给付义务为已足，不需要另外承担给付义务之外的合作义务。但不可否认在现实的合同关系中，一方当事人履行其给付义务仍然需要对方的协助与配合，因此，在给付义务之外，当事人也负有少量的其他义务，如承揽合同中定作人协力义务，这也可以看作是合作义务的萌芽。在这一时期，定作人协力义务的内容很狭窄，基本上限于定作人受领标的物的义务以及提供材料等合同约定的协助义务，而且，定作人协力义务在古典合同法的义务体系中，甚至算不上是真正的义务，而只是一种债权人负担，因此被称为不真正义务，又称为负担性义务（Obligenheit）。所谓债权人负担，即承受负担的人可以根据

---

① ［英］P. S. 阿蒂亚：《合同法导论》，赵旭东等译，法律出版社2002年版，第6页。
② ［德］汉斯·布洛克斯：《德国民法总论》，张艳译，中国人民大学出版社2014年版，第45页。
③ ［美］麦克尼尔：《新社会契约论》，雷喜宁、潘勤译，中国政法大学出版社2004年版，第89页。

自己的意愿和利益选择为或不为一定的协力行为，对此，债务人不得诉请履行。即使债权人不履行协力义务，相应的后果也仅是存在于债权人自身的利益范围内，即由于违反负担行为上的要求而遭受对己的法律上的损失和不利益。同时，债权人不为负担行为，亦不构成违法，因为其并未侵害合同权利。可见，相比于给付义务和附随义务，负担性义务是一种强度更弱的义务。所谓的"强度更弱"，体现在两个方面：一是对于这些义务并没有要求履行的请求权；二是对这些义务的违反也不会引起损害赔偿请求权。如《德国民法典》第300条的债权人迟延、第642条规定的定作人违反协力义务的法律后果。

综上，在古典合同法时期，当事人双方的权利与义务相互对立，己方之权利即彼方之义务，双方合作的实现主要依赖于对承诺附加的强制执行力，在这种情况下，并无在给付义务之外设合作义务之必要，即使存在定作人协力义务，也只是作为强度很弱的不真正义务。

二、发轫：新古典合同法时期协力义务的扩张

（一）建设工程合同中协力义务的扩张

新古典合同法将关注点从合同条款本身投向社会经济生活需要，并藉由诚实信用原则，通过众多判例将广泛的非合意性义务引入合同关系。并且，合同关系不再被视为由给付构成的一项简单的债权构成，而是一个综合性结构，其中除了核心的主给付义务外，还有从给付义务、附随义务和负担性义务等，它们共同组成复杂的义务体系。在这一时期，建设工程合同中的协力义务也得到极大扩张，具体体现在三个方面：

1. 在内容上，发包人协力义务的内容在发包人受领义务外，又出现了大量非合意性义务。包括：（1）说明与解释义务，指合同当事人负有义务告知相对人相关的重要信息，尤其是对合同履行具有重要意义的事项。如发包人应当将设计文件中存在的歧义或模糊之处予以澄清，以便承包人的义务履行符合合同目的。（2）提供场地和办理许可证等协助义务，指债权人与债务人负有共同努力排除合同履行障碍，完成合同履行目的的义务。例如就发包人而言，有义务向承包人提供施工所需工地场地、施工条件；工程建设需要办理相关许可或审批手续的，发包人应当有义务办理并提供相关手续等。

2. 在主体上，协力义务从发包人的协力扩张到承包人对发包人的协力。在建设工程合同履行过程中，不仅发包人对承包人履行债务负有协力义务，承包人也同样对发包人负有协力义务，例如承包人对发包人提供设计方案风险的警示义务、对定作人提供材料的妥善保管义务、保密义务等。

3. 在缔约时间上，协力义务从原先的合同履行过程中，延伸到缔约前和履约结束后。如在缔约前，发包人有向承包人提供地质勘察报告和设计方案的义务；建设工程验收结束后，承包人还负有在工程结束后开具工程款发票给发包人以供报税之义务。

（二）关于协力义务的理论争议

建设工程合同中的协力义务范围扩张后，随之而来的问题是这里的协力义务是否仍然属于不真正义务？其在新古典合同法时期的合同法义务群中应当如何定位？违反协力义务的法律后果又是什么？经过考察，笔者发现理论界鲜有针对对发包人与承包人双方的协力义务研究的成果，而大多将讨论的焦点集中于发包人协力义务的法律性质问题，理论界就此大体有两种见解：

1. 不真正义务说

该说认为发包人协力行为并非债权人的义务，其乃为债权人的行为。如德国通说认为，债权人受领迟延并非义务之违反，因为受领给付系债权人之权利，而非债务人之义务，其仅为债权人不真正义务。除非法律有特别规定或当事人有特别约定的，该义务方可成为真正受领义务。① 史尚宽亦认为，定作人不履行协力义务属于受领迟延的一种，即定作人未为协力，原则上不构成给付迟延，然依合同明确约定，定作人对于承揽人负有义务的，则另当别论。② 支持该说的学者还认为，将发包人协力义务归入不真正义务，最有说服力的理由是，该义务的主体为债权人。因为一般情况下债权并不伴有义务，除非法律有特别规定，不将受领或协助作为债权人的义务看待，而是称其为债权人负担（Obliegenheit）。③ 同时，定作人违反协力义务，承包人不得诉请履行，这也符合不真正义务的特征。

---

① 转引自姚志明：《营建工程契约协力义务之研究》，载《东亚法学评论》第1卷第1期。
② 史尚宽：《债法各论》，中国政法大学出版社2000年版，第332页。
③ 黄喆：《论建设工程合同发包人的协力义务——以德国民法解释论为借鉴》，载《比较法研究》2014年第5期。

关于违反不真正义务的法律后果，不真正义务说认为应区别于一般意义上的违约责任，主要在于债务人不享有履行请求权，且其违反并不发生损害赔偿责任，而仅使债权人自身遭受权利减损或丧失的不利益。① 此外，虽然债务人在因债权人受领迟延而受有损失的场合有请求损害赔偿的权利，但这种损害赔偿与义务违反的损害赔偿责任并不相同，对违反不真正义务的损害赔偿原则上说是一种法定责任而不是债务不履行的违约责任。② 该说从违反不真正义务的法律效果出发，认为因发包人不履行协力义务，致使建设工程不能完成的，承包人可以取得催告并延期的权利、解除合同的权利、赔偿损失的权利。但是，承包人所取得的合同解除权并非基于《合同法》第 94 条第（3）项迟延履行主要债务的规定，而是基于《合同法》第 94 条第（4）项规定，即当事人一方有其他违约行为致使不能实现合同目的时，解除权发生。因发包人违反协力义务致承包人迟延履行的，承包人可免除工期迟延的责任，此为不真正义务中债权人权利的减损或利益的丧失；同时，承包人还有权要求赔偿其停工、窝工的损失，但此时发包人赔偿损失仍是因违反不真正义务而承担的法定责任，而非《合同法》第 107 条违反责任中的赔偿损失责任。③ 如我国台湾地区"最高法院"亦认为，"按工作需定作人协力行为始能完成者，定作人之协力行为并非其义务，纵不为协力，亦不构成债务不履行。被上诉人为系争工程之定作人，其未交付工地予上诉人施工，仅属不为协力行为，尚难认被上诉人应负债务不履行之损害赔偿责任"。④ 我国台湾地区"民法"第 507 条规定："工作需定作人之行为始能完成者，而定作人不为其行为时，承揽人得定相当期限，催告定作人为之。定作人不于前项期限内为其行为者，承揽人得解除契约，并得请求赔偿因契约解除而生之损害。"对该条的理解是，仅在承揽人解除契约的情况下，始得请求赔偿因契约解除而生的损害赔偿；而在契约不解除的情况下，债权人因不履行协力义务并不负有债务不履行的损害赔偿责任，而只是应根据台湾地区"民法"第 240 条"债权人迟延者，债务人得请求其赔偿提出

---

① 王泽鉴：《债法原理（一）》，中国政法大学出版社 2001 年版，第 37 页。
② 韩世远：《合同法总论》，法律出版社 2008 年版，第 387 页。
③ 黄喆：《论建设工程合同发包人的协力义务——以德国民法解释论为借鉴》，载《比较法研究》2014 年第 5 期。
④ 我国台湾地区"最高法院" 2000 度台上字第 903 号判决。

及保管给付物必要费用"的规定,请求因受领迟延所增加的必要的工程管理费用以及与工期相关的费用,如发包人迟延签发开工通知而请求闲置或待命的费用、因工程停工而请求停工损失或待命费用、因发包人原因导致进场迟延而请求额外成本或契约金额的调整,以及因工期展延而请求与时间关联的成本或请求调整契约金额等类型,而就其他损害如利润、工程保留款、履约保证金迟延支付之利息等,则无法获得赔偿。①

2. 真正义务说

该说认为,发包人协力义务是一种真正义务,当发包人不履行时,构成给付迟延,发包人得解除合同并请求损害赔偿。如 Kapellman 认为发包人协力义务属于真正义务的最具说服力的理由是,《德国民法典》第 642 条的发包人违反协力义务的消除致害请求权包含了与债权人负担义务属性不相符的明确的制裁性,并且不以过失为前提,显得较一般的债权人义务违反更加严苛。据此分析可见,第 642 条确定的消除请求权已具有接近报酬请求权的属性,且在约定的报酬计算中包含有风险和可得利益的成分,在这个意义上,承包人的权利得以扩展,而发包人所承担的,已非传统的债权人负担义务中所谓债权人权利的减损或丧失,取而代之的是更加接近损害赔偿的义务违反的责任。② 我国《建设工程合同司法解释》第 9 条第 3 项规定,"发包人不履行合同约定的协助义务,致使承包人无法施工,且在催告的合理期限内仍未履行相应义务,承包人请求解除建设工程合同的,应予支持。"该解释起草人认为,如果发包人不履行协助义务致使承包人无法施工的,就可以认为发包人没有履行合同的主要义务,经承包人催告仍不履行的,承包人具有合同解除权。③

(三)小结

通过对新古典合同法时期建设工程合同中协力义务扩张历程的考察,可以有以下几点发现:

---

① 王伯俭:《工程纠纷与索赔实务》,台湾地区元照出版社 2003 年版,第 164 页;黄喆:《论建设工程合同发包人的协力义务——以德国民法解释论为借鉴》,载《比较法研究》2014 年第 5 期。

② 黄喆:《论建设工程合同发包人的协力义务——以德国民法解释论为借鉴》,载《比较法研究》2014 年第 5 期。

③ 最高人民法院民事审判第一庭编著:《最高人民法院建设工程施工合同司法解释的理解与适用》,人民法院出版社 2015 年版,第 101 页。

1. 随着发包人协力义务范围的扩张，其不真正义务的属性开始受到质疑，很多学者开始转向真正义务说，即使是仍然持不真正义务说的学者，也对违反发包人协力义务的法律后果进行了扩展，早已不限于纯粹的不真正义务法律效果。如在损害赔偿范围上，不真正义务说主张发包人违反协力义务的，所应赔偿的停工、窝工损失不仅包括材料器具损耗、人工闲置和工地管理等费用，还要计入由工期延误产生的诸如重整土地、成本增加、赶工等造成的其他费用，并考虑到承包人的利润和风险。① 该赔偿范围与不真正义务违反的所谓仅使"发包人自己的法益遭受损害的风险"② 的法律后果显然已不可同日而语，而更接近于一般的违约责任承担。

2. 从给付义务、附随义务和不真正义务之间的界限日趋模糊。在传统理论上，从给付义务、附随义务和不真正义务的概念及区分标准主要包括以下几点：首先，在功能目的上，从给付义务是准备、辅助、支持、确保主给付义务获得完全履行的义务，附随义务则是保护债权人履行利益之外的固有利益的义务，而不真正义务是债权人对债务人履行债务负担的协力行为；其次，在义务主体上，从给付义务和附随义务的主体均为债务人，而不真正义务的主体为债权人；第三，在救济途径上，从给付义务可以诉请履行，而附随义务和不真正义务不能诉请履行，只能待对方当事人违反义务后寻求损害赔偿；第四，在损害赔偿范围上，违反从给付义务的损害赔偿范围是履行利益，违反附随义务的损害赔偿是信赖利益或固有利益，而违反不真正义务仅限于对债权人自己的利益的减损；第五，在归责原则上，违反从给付义务和附随义务的损害赔偿请求权构成要件要求债务人的可归责性，而违反不真正义务属于严格责任，不要求义务人的可归责性，而只要发生不履行协力行为的事实即可构成。以上五点区分标准看似非常清晰，但事实上随着合同法义务群的演化，上述区分界限已逐渐被打破，例如承包人违反对发包人设计方案风险的警示义务，可能影响履行利益，也可能引起发包人的固有利益损害；协力义务主体不仅限于发包人，承包人也必须承担许多协力行为，如忍受并配合发包人检查等义务；在救济途径和法律后果上，违反从给付义务、附随义务的损害赔偿范围也逐步趋同，即使

---

① 黄喆：《论建设工程合同发包人的协力义务——以德国民法解释论为借鉴》，载《比较法研究》2014 年第 5 期。

② ［德］迪特尔·施瓦布：《民法导论》，郑冲译，法律出版社 2006 年版，第 611 页。

关于是否可以诉请履行也未始不存在讨论余地；在归责原则上，随着损害赔偿范围的扩张，违反不真正义务的构成要件是否一律不需要义务人的可归责性也出现疑问。当以上区分界限渐次被打破时，从给付义务、附随义务和不真正义务的区分价值是否依旧存在？如果存在，应当如何重新确定不同类型义务在合同法义务群中的定位，并赋予何种法律效果？已成为理论和实务面临的新问题。

3. 发包人协力义务与承包人协力义务的互动关系被忽视。在新古典合同法时期，发包人协力义务以及承包人协力义务的范围均大大扩张，但是对于二者之前的互动关系以及这种互动关系对于义务属性及法律效果的影响，未能引起理论界的充分关注。究其原因，与古典合同理论关于一个人的权利总是与另一个人的义务相对应之观念有关。换言之，债权人的债权通常并不伴有义务，即使有，也至多是减损其自身法益的负担性义务（不真正义务）。但事实上，在建设工程合同关系中，发包人在享有债权的同时，还必须履行大量的协力义务，承包人亦然；并且，双方的协力义务渗透在工程合同缔结和履行的全过程中，相互交织、相互影响和相互结合，共同决定合同交换目的的实现结果。例如本章开篇案例中，正是由于双方当事人未能基于诚实信用和公平交易原则进行相互协作导致损害发生：（1）在缔约阶段，海擎公司未在招投标期间提供岩土勘察报告，导致承包人中兴公司在投标价格和施工方案的选择上出现误导；（2）在开工前，海擎公司未按照规定将施工图设计文件报当地主管部门进行审批即擅自开工，而中兴公司亦未履行告知义务；（3）在履约阶段，中兴公司发现土质与预期不符使施工方案出现质量隐患，并向海擎公司提出警示后，海擎公司未就设计方案进行重新论证，并针对新发现的地质情况与中兴公司就工程款进行再协商，而是不顾质量隐患要求中兴公司继续施工；（4）中兴公司明知原施工方案的巨大风险，不采取充分的防范措施，导致打桩出现质量问题；（5）打桩发生质量事故后，中兴公司通知海擎公司，并提供了修复方案，因海擎公司不同意承担修复方案的费用导致协商破裂，损失进一步扩大。由此可见，建设工程合同主旨不能实现往往是由于双方当事人未相互协作所导致，并且在大型工程建设项目的每一个环节中，双方的协力义务通常是相互对应、环环相扣的，其合作义务的强度也基本相当，很难说承包人承担的协力义务是从给付义务或附随义务，而债权人承担的协力义务只能是更弱的不真正义务，因此，传统合同法总是将利益和负担截然分开，认为债权不能同时伴有义务的结论并不能认为是先验的法则。

三、超越：关系合同范式下的合作义务

在以个别性交易为原型的古典合同理论中，合同当事人之间除了单纯的物品交换外不存在任何关系，合同关系的核心就是当事人的给付与对待给付义务，其他义务均可忽略不计。即使经过新古典合同理论的发展，给付义务之外的其他义务包括发包人协力义务得到很大扩张，但仍然是作为例外存在，仅具有辅助性功能。而在关系合同理论看来，在现实合同关系中，比关于给付与对待给付的承诺更为重要的，是当事人相互团结和彼此信赖的内在规范。藉由关系合同理论的这一新契约观，当事人的协作义务从不真正义务实现了质的超越，发展出可与主给付义务相提并论的合作义务。

（一）合作义务的伦理基础

合作义务提出的背后，体现的是从自利主义导向合作主义的价值取向。古典合同理论认为，在没有外部强制的情况下，个体的自利行为会自然而然地产生有助于分工合作的规则，这种规则的自然出现，就如同斯密所讲的一只"看不见的手"，实现了公共利益。用于说明这一点的最经典例子莫过于斯密关于肉商、酿酒商和面包商的论述："我们不要指望靠肉商、酿酒商和面包商的仁慈，而是靠他们的自利初衷，来得到我们的晚餐。与其说他们是在为天下苍生着想，还不如说他们是在追逐一己私利。"的确，自利并不一定阻碍交换与合作的实现。因为在以个别性交易为原型的古典合同范式中，当事人几乎不需要进行未来的合作，全部的合作只要通过在约定的时间和地点互相交换标的物或金钱即可完成，因此当事人的合作义务仅限于保障对方当事人履行其合同义务，从而获得合同中规定的履行利益，故而其范围通常仅限于债权人受领迟延（mora creditoris）。

然而，现代社会早已脱离了斯密描述的充斥着个别性交易的肉商时代，社会生产和交易方式发生了结构性变迁。对于建设工程合同这样的现代合同关系而言，在很多要素上与个别性交易存在区别：合同实践从即时交易扩展到长期性合同关系，这就要求面向未来的合作，这种合作不仅是履行已经计划的事务所需要的，也是进行未来的计划所要求的；现代合同关系从个别性交易两个陌

生人之间的交换关系转变为牵涉到许多人在其中的关系网络,合同当事人有必要与合同外的很多人如设计人、监理人、项目经理、政府机关等,开展更深入的合作,藉合作追求共同目的的实现;在现代合同关系中,除了和个别性交易一样充满了可度量性和精确性要求,也同时牵涉到许许多多不能度量和不加度量的交换,如对工程施工过程中检查的具体时间安排、项目内容以及双方如何配合等都难以在合同中事先精确约定,一个善于合作的合同伙伴与一个差劲的合同伙伴在达成合同目的的效果上不可同日而语,如此等等。

问题在于,现代合同关系下的当事人已经难以再像斯密时代的肉商一样,仅凭借自利主义就自发地实现合作。合同的关系性越强,个人的自利心理就越难成为合作的催化剂,反而成为影响合同的阻碍器。之所以会产生这样的后果,主要原因之一是麦克尼尔称为"不相称损害"的问题。所谓不相称损害,是指处于合同关系中的一方当事人为获得非常有限的利益而不惜对对方当事人施加无限或巨大的损害。其典型的例证就是汽车制造商不愿意花费哪怕是微小的代价改进汽车安全装置。[①] 在建设工程合同中这样的例子也很多,比如发包人利用承包人的专用性投资而采取"敲竹杠"(hold-up)行为,以工程款支付为要胁强迫承包人在追加工程时给予不合理让利;或者在施工过程中,承包人利用发包人缺乏专业监督能力故意偷工减料等等,这些行为都会严重侵蚀契约团结与合作关系。

那么,在现代合同关系中应当如何克服麦克尼尔所谓的"不相称损害"呢?麦克尼尔提出了契约团结的新理念。在麦克尼尔看来,以人的利己性为基础的完全孤立、追求功利最大化的"合同"不是合同而是战争,此种片面的契约理念不利于社会合作和社会团结的增进,只有树立以人的利他性为基础的强调契约团结的关系合同理念,才能为人与人之间的合作、社会团结的增进和社会规范的施行提供了可能性。[②] 麦克尼尔的契约团结规范为合作义务的登场提供了理论依据。在国际统一私法协会制定的《国际商事合同通则》(以下简称PICC)的契约原则中,明确提出了当事人的合作义务,即可视为对关系合同理论的呼应。[③] 在此基础上,《欧洲合同法原则》(PECL)以及《欧洲示范

[①] [美]麦克尼尔:《新社会契约论》,雷喜宁、潘勤译,中国政法大学出版社2004年版,第95页。
[②] [美]麦克尼尔:《新社会契约论》,雷喜宁、潘勤译,中国政法大学出版社2004年版,第96页。
[③] 见《国际商事合同通则》(PICC)第5.1.3条。

民法典草案》（DCFR）等国际合同法统一文件对合作义务规则进行了大量补充与完善。而 FIDIC 合同等国际合同示范文本也将合作义务作为重要内容进行规定，使合作义务已成为现代合同法的重要发展之一。

（二）合作义务的特征

现代合同法中建立在关系合同范式基础上的合作义务，与古典合同法的协力义务相比，具有以下几点特征：

1. 合作义务是标准性规范

法律规范大致可分为两种，一种是"规则"，明确定义要件和效果，无法谁来适用都会得出同样的结论；另一种是"标准"，要件效果暧昧，给适用者留有较大裁量余地。① 古典合同法中的定作人受领迟延规则具有明确的构成要件和法律后果，即属于前者；关系合同范式下的合作义务则属于后者。如 DCFR 第Ⅲ-1.104 条规定，"对于债务人债务的履行，在可合理期待的范围内，债权人和债务人负有相互合作的债务。"这里的"可合理期待的范围"，就属于典型的标准性质的规范。规则通常应当具有确定性，确定性通常意味着安全。但是，在建设工程合同这样的长期合同中，合同关系可能持续几年，合同的背景情况在履行过程中可能会发生巨大的变化，情况就正好相反。如果对合作义务设定过于刚性的规则，如规定通知义务应当于"五日内"而不是"合理期间内"，则在适用于完全意外和不适宜的情形时，可能更易于增加不安全性。这里，真正的安全来自应对情事变化的公平机制而不是确定性。因此，合同法规范的形态从极具确定性和可预测性的"规则"转向具有不确定性和灵活性的"标准"，是现代合同法的世界性趋势，在合同义务下的具体规则如尽最大努力条款、再协商条款、通知与警示义务等都带有标准性规范的特点。标准性规范使合作义务的内容更具灵活性和开放性，更重要的是，标准性规范的特点使合作义务背离了古典合同法体系的形式主义，具体体现在：合作义务的具体内容需从具体的社会关系和社会事实推导出，而不是从规则的大前提出导出；从事前确定转向为事后确定，由此导致法官形塑合同、司法裁量权扩大的后果；并藉由诚信原则的具体化，为社会政策、公法规定、市场伦理等社会命

---

① ［日］内田贵：《契约法的现代化——展望 21 世纪的契约与契约法》，载《民商法论坛》第 6 卷，法律出版社 1997 年版。

题进入合同关系预留了切口。

2. 合作义务属于真正义务

古典合同理论将合同关系中的核心放在给付义务和交换关系上，所谓契约团结不过是使交换保持不破裂的规范，对交换的这种狭隘理解使得定作人协力义务在古典合同法中被视为给付义务的例外，是"不太重要的琐屑之事"。[①] 此外，古典合同法将利益和负担截然分成两个包袱，双方当事人各拿一个，每一方当事人享有他的全部利益，也承担他的全部负担。例如在承揽合同中，承揽人收取劳务费并承担完成工作成果的全部债务，发包人则可在消极等待承揽人交付其工作成果后再支付劳务费，这样，即使存在少量的定作人协力义务如受领工作成果，也只能作为例外存在。在该观念影响下，定作人协力义务被理解为不真正义务，而承包人的协助义务则被理解为从给付义务或附随义务，并被赋予不同的法律后果。但麦克尼尔认为，合同本身是一类普遍的社会合作实践，各方当事人也因合作构成一个有机的共同体。个体通过积极参与这一共同体，不仅实现自身的利益，而且普遍地增进了社会同伴的利益。因此，合作义务在现代合同关系中，不仅不是"不太重要的琐屑之事"，反而是合同的本质要求和主要义务之一。关系合同范式下的合同关系包括两个方面，一方面双方当事人既分担利益和负担，另一方面又共有利益和负担。例如建设工程合同关系中，发包人的合作义务与承包人的合作义务，并非个别单独存在，互不相关，而是为满足建设工程合同的共同目标而互相结合，形成一个整体。因此，发包人与承包人的合作义务并不存在性质上的区别，而只是需根据其特定情形下的强度与内容不同，分别确定其相应的救济途径与法律后果而已。从古典合同理论到关系合同理论的这一观念变化也与大陆法系合同法中合同履行障碍的原因进路向救济进路演化过程相对应。《德国民法典》自 2002 年进行债权现代化改造后，已顺应国际合同法的发展潮流，放弃了原来区分给付不能、给付迟延、积极侵害债权以及受领迟延等履行障碍形态的原因进路，而统一为义务违反，改采救济进路。作为其改造的内容之一，发包人协力义务的违反同样可引起损害赔偿责任。具备后发优势的我国合同法原本即已吸收了英美法系合同法的观念，采救济进路的违约责任体系，则更不必再纠结于合作义务是否不真

[①] ［美］麦克尼尔：《新社会契约论》，雷喜宁、潘勤译，中国政法大学出版社 2004 年版，第 83 页。

正义务。

3. 合作义务兼具实体性和程序性

在古典合同法中，合同基本的焦点、经常是唯一的焦点是交换的物，并将定作人协力义务狭义地理解为当事人辅助债务履行的实体性义务。但是在关系合同范式下，基本焦点则一分为二，即对于交换的物的计划和对结构与过程的计划。[①] 关系合同范式下的合作义务，既包含对当事人应负担的实体义务，即对交换的物的计划；也包含程序性规范，即通过什么样的结构过程明确未来的合作计划。这一方面与合作义务的"标准"性规范的属性直接相关，由于合作义务的具体内容、时间和程度是不确定的，有待根据合同履行中的特定情况及时应对并动态生成，因此需将他们留给以合同中明示条款表现的协商和协议来确定；另一方面合作义务本身还包含再协商义务的规则，而再协商义务与其说是当事人的义务，不如说是现代合同法为当事人提供的进行合作与协商的合同治理框架。换言之，合作义务不仅是履行已经计划的事务所需要的，也是进行未来的计划所要求的。

综上，考察建设工程合同中合作义务的演进趋势，可以一般性地归结为：由古典合同范式下的定作人协力义务逐步演变为关系合同范式下的合作义务。这个转变的本质要素为：对合同的合作本质和伦理要求的回归；从不真正义务导向主要合同义务；为合同计划的实施进行合作规制的框架和程序机制。

第二节　合作义务的比较法考察

合作义务作为一项合同义务被明确规定，主要体现在各类国际组织的国际示范合同法中，如《国际商事合同通则》（PICC）、《欧洲合同法原则》（PECL）以及《欧洲示范民法典草案》（DCFR）等，这些国际示范合同法以其优异的学术说服力，为许多欧洲国家法院援用为判决依据，从而成为合作义务的法源基础。下文即在对三个国际示范合同的合作义务相关规定进行梳理基础上，与我国合同法进行比较考察。

---

① ［美］麦克尼尔：《新社会契约论》，雷喜宁、潘勤译，中国政法大学出版社2004年版，第23页。

一、PICC 中的合作义务

PICC 第 5.1.3 条规定了当事人的合作义务：如一方当事人履行义务时，可合理期待他方之合作，则任何一方当事人有合同之合作义务。PICC 并未对合作义务具体规范其界限，而是以具体个案中的"合理期待"（reasonable expectations）作为界定标准，并将要求当事人履行合作义务分为积极行为与消极行为两个方面：

（1）每一当事人负有一消极义务，即不为某特定行为以免影响对方当事人履行合同义务；当事人均不得阻挠对方当事人为履行合同所为之努力。如对方当事人履行义务受到一方当事人的特定行为的阻挠或影响，而致其无法依约履行其义务，该方当事人即负有"合作义务"使对方当事人能继续履行其义务，否则即属违反合作义务，例如发包人干扰承包人的施工顺序或合理的施工进程。

（2）每一当事人均负有一积极义务，即应为某特定行为以促进对方当事人能够履行合同，包括减轻对方当事人在履行其义务时可能产生的损失或成本；协助对方当事人取得政府机关的核准等。①

二、PECL 中的合作义务

PECL 第 1.202 条专门针对长期的商事合同，规定了当事人的合作义务（duty to cooperate）：

第 1-202 条：合作

（1）在商事代理、特许经营和分销以及其他长期的商事合同中，合作义务是主要的并且是必要的。它特别要求双方当事人积极地和忠诚地协作并相互配合以实现合同目的。

（2）双方当事人不得排除该规定。

PECL（商事代理、特许经营和分销合同）的介绍中指出：尽管规范商事代理、特许经营和分销合同的这些原则并不直接适用于其他的长期合同（商

---

① 国际统一私法协会：《国际商事合同通则（2004 年修订版）》，商务部条约法律司翻译，法律出版社 2004 年版，第 234~235 页。

业的），但其中的一些条款，例如当事人的合作义务，可以在合适的地方通过类推适用于这样的长期合同。①

同时，PECL 在第 1.301（4）条将债务不履行定义为："债务不履行系指任何未能履行合同义务之行为，包括迟延履行、瑕疵履行或未能合作而导致合同未能完全实现等。"由此，PECL 将任何一方当事人未履行合作义务视为"债务不履行"，此亦意味着 PECL 不仅仅将履行合作义务作为一个法律原理，更直接将其规定为一个当事人应负债务。

三、DCFR 中的合作义务

与 PICC 和 PECL 相比，DCFR 对于合作义务的基本原则和在不同类型合同中的具体规范更为完整，同时，其除示范规则条文本身外，所有条文均有评论（comments）以及关于欧盟各国法律状况之注释（notes），所提供的比较法信息极具参考价值。

（一）合作义务的核心价值

DCFR 开宗明义揭示自由、安全、正义与效率四大原则为合同法的核心价值，并由此发展出法律上义务的一般原则。② 在安全原则之下，即包括"合作义务"在内。DCFR 的说明指出，合作义务可以被视为诚信原则的具体适用，一方当事人的合作并依诚实信用和公平交易的要求行事，能够提升对方当事人的安全性。没有什么比合同当事人不依此行事对合同安全更为有害：当事人的欺诈和不值得信赖，或者不合作，比起根本没有当事人更为糟糕。③ 上述阐明显示了 DCFR 与关系合同理论中契约性团结规范紧密的契合度。

（二）合作义务的一般规定

DCFR 第Ⅲ－1.104 条规定，"对于债务人债务的履行，在可合理期待的范围内，债权人和债务人负有相互合作的债务。"该合作义务系诚信与公平交易原则（duty of good faith and fair dealing，规定于 DCFR 第Ⅲ－1.103 条）的具

---

① 陈探：《论长期合同调整》，清华大学 2007 届硕士学位论文。
② 欧洲民法典研究组、欧盟现行私法研究组编著：《欧洲私法的原则、定义与示范规则：欧洲示范民法典草案》第一卷，于庆生等译，法律出版社 2014 年版，第 57 页。
③ 欧洲民法典研究组、欧盟现行私法研究组编著：《欧洲私法的原则、定义与示范规则：欧洲示范民法典草案》第一卷，于庆生等译，法律出版社 2014 年版，第 10 页。

体适用。该规定包括三层含义：

第一，合作义务不是一项抽象的原则，而是具体规则。原则与规则都是对行为的规范，因为它们指示谁应当行动、应当怎样行动、在什么条件下行动。但是，原则不同于规则，它们容量更大，更不确定。原则与某一具体的目标或价值存在关联，有助于规则的证成，但是其不能直接说明从原则的状况出发应当得到何种法律后果，因而不能在规范性层面上界定法律适用机关的判决，而只能支持特定的结果。[①] DCFR将合作义务定位于一项规则而不是原则，因为该条对合作义务的术语用的是"债务"（obligation）而非合作的"义务"（duty），目的就是引入针对不履行债务的一般救济措施作为其法律后果。这与DCFR第Ⅲ-1.103条关于诚实信用与公平交易原则的规定形成明显的对照关系，在该条中使用的是"义务"而不是"债务"，并且其第（3）款明确规定对诚实信用与公平交易"义务"的违反并不直接产生对债务不履行的救济，但可以阻却违反该义务之人行使或信赖其本可享有的权利、救济或抗辩。

第二，合作仅要求在可合理期待的范围内。DCFR在课予当事人合作义务的同时也指出，要谨防对当事人合同安排的不当干涉，如果为了能够履行主要债务，而强加一个绝对的合作义务可能走得太远。如果在某个具体情形下，合作超出了被合理期待的范围，则不能强求当事人履行合作义务。

第三，合作义务的违反可以视为阻碍履行主要债务。阻碍履行主要债务，可能因不履行合同或法律对合同一方当事人规定的特定债务所造成，也可能因另一方当事人具有妨碍或阻止履行效果的行为所造成。可见，该条规定打破了传统的附随义务和不真正义务之区分，亦即不履行合作义务，与未履行其他任何合同义务一样，将引起各种针对不履行合同义务所规定的救济措施，这些救济措施包括请求特定的履行。

（三）合作义务的具体规则

DCFR除了于第Ⅲ-1.104条对合作义务作出一般规定外，还在第四卷服务合同以及建设工程合同等不同章节中对合作义务作了非常详细的规定。具体包括：

[①] ［比］马克·范·胡克主编：《比较法的认识论与方法论》，魏磊杰、朱志昊译，法律出版社2012年版，第37页。

1. 第Ⅳ.C-2.103条服务合同中的合作义务

（1）合作义务特别要求：

（a）如果信息被合理地认为对于服务提供方根据合同履行义务是必要的，当服务提供方合理地请求时，顾客应当提供信息；

（b）如果顾客的指示被合理地认为对于服务提供方合同义务的履行是必要的，那么顾客应作出与合同有关的指示；

（c）如果顾客需要提供许可证或者牌照，当该许可证或者牌照被合理地认为对于服务提供方履行义务是必要时，顾客应取得该许可证或者牌照服务；

（d）当相互协调被合理地认为对于履行各自的合同义务为必要时，双方当事人应协调各自的努力。

（2）如果顾客没有履行第（1）款（a）项或（b）项规定的义务且根据本编第2.108条（服务提供方的警示义务）的规定得到了警示，那么服务提供方可以中止履行，或者根据获得的信息和指示，按照可以被合理期待的顾客的预期、偏好和优先选择进行履行。

（3）因顾客没有履行第（1）款规定的义务导致服务较合同约定花费更多金钱或时间的，服务提供方有权：

（a）就因顾客未履行义务而遭受的损害请求赔偿；以及

（b）就服务履行所需要的时间进行调整。

2. 第Ⅳ.C-3.102条建筑合同中发包人的合作义务

建筑合同在DCFR中被归入服务合同的范畴，除了适用服务合同一章中关于合作义务的规定外，还特别规定了发包人应负的合作义务：

（a）在可以合理地认为是承包人履行合同义务所必需的情形下，使承包人得进入施工地点；以及

（b）在可以合理地认为是使承包人能够履行合同义务所必需时提供应由其提供的工程部件、材料及工具。①

四、我国《合同法》上的合作义务

我国《合同法》中虽然没有明确提出合作义务的概念，但也有不少涉及

---

① 欧洲民法典研究组、欧盟现行私法研究组编著：《欧洲私法的原则、定义与示范规则：欧洲示范民法典草案》第一卷，于庆生等译，法律出版社2014年版，第589页。

合作义务的规定，兹分述如下：

（一）合作义务的一般规定

《合同法》第60条第2款规定："当事人应当遵循诚实信用原则，根据合同的性质、目的和交易习惯履行通知、协助、保密等义务。"该规定虽然规定了合作义务的相关内容，但其中的协助义务仅定位于附随义务，与上述三个国际示范合同法文本中的合作义务无论是在法律性质定位及法律后果上均有所区别。

（二）承揽合同和建设工程合同章的具体规定

1.《合同法》第259条规定："承揽工作需要定作人协助的，定作人有协助的义务。定作人不履行协助义务致使承揽合同不能完成的，承揽人可以催告定作人在合理期限内履行义务，并可以顺延履行期限；定作人逾期不履行的，承揽人可以解除合同。"在解释上，建设工程合同履行中可以类推适用本条规定，但本条值得讨论的问题在于，其只规定承揽人可以顺延工期或解除合同，而未规定承揽人是否可以主张定作人不履行协助义务的损害赔偿请求权。

2.《合同法》第277条规定："发包人在不妨碍承包人正常作业的情况下，可以随时对作业进度、质量进行检查。"该条规定了发包人对工程建设有监督检查的权利以及不妨碍正常作业的义务。

3.《合同法》第278条规定："隐蔽工程在隐蔽以前，承包人应当通知发包人检查。发包人没有及时检查的，承包人可以顺延工程日期，并有权要求赔偿停工、窝工等损失。"该条规定了承包人配合接受监督检查的义务，以及发包人的及时检查义务。并且，规定了发包人违反检查协力行为的，承包人可主张顺延工期并要求赔偿损失，可见发包人对隐蔽工程检查的协力义务属于真正义务。

4.《合同法》第279条规定："建设工程竣工后，发包人应当根据施工图纸及说明书、国家颁发的施工验收规范和质量检验标准及时进行验收。验收合格的，发包人应当按照约定支付价款，并接收该建设工程。建设工程经竣工验收合格后，方可交付使用；未经验收或者验收不合格的，不得交付使用。"由该规定可知，验收既是发包人的权利，也是发包人的义务，如发包人迟延验收而至承包人受到损害，发包人应当承担债务不履行的损害赔偿责任。

5.《合同法》第283条规定："发包人未按照约定的时间和要求提供原材料、设备、场地、资金、技术资料的，承包人可以顺延工程日期，并有权要求赔偿停工、窝工等损失。"本条列举了发包人协力义务的主要内容，并赋予承包人的赔偿损失请求权。但需要讨论的是，本条将发包人协力义务限定在合同有约定的前提下尚有值得讨论之处，因当事人合作义务来源于诚实信用原则在长期合同中的具体适用，应不限于合同约定。

6.《合同法》第284条规定："因发包人的原因致使工程中途停建、缓建的，发包人应当采取措施弥补或者减少损失，赔偿承包人因此造成的停工、窝工、倒运、机械设备调迁、材料和构件积压等损失和实际费用。"本条隐含了发包人在承包人履行义务过程中不得进行阻碍或者干涉的义务，同时，如果因可责于发包人的原因致使工程停建或迟延，发包人仍负有减损义务，这些均属于合作义务的内容。

五、对合作义务比较法考察的综合评价

从国际示范合同法的规定看，一般只就合同当事人的合作义务作一般性的规定，而仅有DCFR就建设工程合同当事人的合作义务设计了具体的规则。我国合同法虽然没有明确提出合作义务的概念，但是在承揽合同与建设工程合同章中隐含了很多当事人的合作义务。综合上述比较法考察可以看出建设工程合同中的合作义务有以下特点：

1.合作义务的内容极其广泛，类型繁多

虽然一般合同的当事人在可以被合理期待的范围内，都负有一般性的合作义务，但是由于建设工程合同的特殊性，当事人的合作义务明显更为繁重，这在DCFR和我国合同法对合作义务的列举中可见一斑，并且这些规定还只是列举了合作义务最主要的内容，远远未能穷尽。对于具体合同中当事人应承担的合作义务，尚需结合具体合同关系及履行状况具体判断。

2.合作义务的强度随建设工程合同的关系性程度而变化

如我国目前正在推广"标准化设计、工厂化生产、装配化施工、成品化装修、信息化管理"为特征的建筑产业现代化，对于这一生产模式中的混凝土预制构建等因建筑标准化部品构件买卖安装引发的纠纷，其性质已经相当接近于销售合同，合作义务的强度要求相对要低；而对于采BOT、PPP等模式的建设工程合同，合同不确定性、复杂度和风险度更高，合作义务的强度则要显著提高。

3. 合作义务具有相互性

与古典合同法中将利益和负担截然分开不同，建设工程合同合同涉及许多须双方共同协力进行的事项。建设工程合同中合作义务的相互性首先体现在合同义务是双向的，而不是单向的，例如发包人有在合理时间、以合理方式检查监督的义务，承包人则有配合检查监督的义务，因此，在检查监督过程中，双方均须依诚实信用原则在合理范围内相互协调尽各自的努力；其次，建设工程合同中的合作义务往往既是义务，也是权利，如当建设工程合同所提供的定作内容不明确或不完全时，发包人就定作要求向承包人发出指示，提供必要的信息和说明，这既是发包人的权利，也是其义务。

4. 合作义务在建设工程合同中原则上都是真正义务

违反合作义务会引起一般的债务不履行的法律救济，包括履行请求权、合同终止权和损害赔偿请求权等，但是并非违反任一合作义务均会引起上述所有救济途径，而是要根据具体合同性质、合作义务内容和强度来进行具体判断，即针对合作义务履行的不同场景而设定不同规则，确定相应法律后果。

第三节 建设工程合同中合作义务的内容及法律效果

综合上述对合作义务的理论分析与比较法考察，建设工程合同关系中的合作义务内容非常庞杂，但总体而言，主要包括三大方面的内容，即发包人的定作与指示义务、双方在履行合同中的协助义务以及双方为预防违约的检查与配合义务。本节即在结合我国合同法相关条款、FIDIC 等国际合同示范文本以及国际统一合同法文件的基础上，就建设工程合同中当事人所负担的具体合作义务进行类型化梳理，并在此基础上就完善我国建设工程合同中当事人合作义务的相关规范提出修法建议。

一、发包人的指示义务

发包人的指示义务是指在建设工程合同缔结和履行过程中，发包人应当向承包人提供对其履行合同义务必要的信息和指示。根据发生时间不同，可分为定作义务和狭义的指示义务，前者发生于缔约阶段，后者发生于履行阶段。下文即分而述之。

(一) 定作义务

发包人的定作义务，指发包人在承包人投标前，应将工程建设内容、要求和所欲达成的结果，以及与工程建设的外在环境等相关信息提供承包人，以便承包人对未来施工的成本和风险进行评估，并根据评估的结算作出投标的决定。定作义务的内容包括发包人应当向承包人提供规范要求、各种图说以及履行合同需要的其他文件，以及向承包人提供由发包人或其委托的设计人根据该项工程的勘查所取得的水文及地表以下资料等。

定作义务的确立是为了解决现场情况与定作内容发生差异时的处理。对于现场情况差异，可区分为三种情况：第一种情况是因发包人指示错误，使合同文件中提供的地质勘察情况与现场情况出现重大差异；第二种情况是发包人应当提供地质勘察信息而未提供，承包人根据一般同类工程惯例中可能存在的现场条件进行施工设计并投标，而实际履行中遭遇的现场条件与预想情况发生重大差异，如本章前述海擎公司案即属于该情形；第三种情况是发包人已经依合理的要求提供了地质勘察资料，但由于实际履行中遭遇了当事人预料之外的不寻常地质条件，导致额外的施工成本增加或工期延长。上述三种情形中，最后一种情形属于情事变更范畴，将专章讨论，此处不再赘述。前两种情形均属业主违反定作义务的行为，但其法律后果仍有不同：

1. 发包人提供地质勘察报告不正确的情形下，承包人可以向发包人主张额外的费用和工期，发生其他损失的，还可向发包人行使违约损害赔偿请求权。如在 Bacal Construction v. Northampton Development Corporation（1975）一案中，承包人根据发包人提供的关于钻孔数据的地质条件提交了选定的六栋建筑的下部结构和详细的、已标价的工程量清单，作为投标书的一部分。但是在施工过程中，在现场的某些部位发现了凝灰岩，这些部位的基础需要进行重新设计，因此发生了额外工作。法庭认为，如果发包人在投标阶段向承包人提供了现场勘探报告，在计算投标价格的时候，承包人有权利信赖这个报告。如果勘探报告被证明不正确，应认为发包人违背了默示条款或默示保证，即地质条件与承包人进行基础设计所依据的情况应当一致，承包人有权得到因发包人违约而造成的损害赔偿。[①]

[①] [英] 罗格·诺尔斯：《合同争端及解决100例》，中国建筑工业出版社2004年版，第26页。

2. 发包人未按照规定提供地质勘察报告，导致现场条件差异影响工程造价或造成额外损害的，发包人应承担违约责任，但承包人亦可能构成与有过失。如前述海擎公司案中，法院认为，根据《建设工程质量管理条例》要求，在基本建设的规定程序中，与工程质量的形成关系密切的是勘察、设计、施工三个阶段。勘察工作为设计提供地质、水文等情况，给出地基承载力。勘察成果文件是设计工作的基础资料，设计单位据此确定选用的结构形式，进行地基基础设计，向施工单位提供施工图，施工单位按图施工。本案中，因海擎公司在招投标过程中未能提供地质勘察报告，给工程质量事故的发生造成隐患，海擎公司应当对此承担责任；中兴公司作为施工单位，在建设单位未提交岩土工程详细勘查报告的情况下，违背基本建设程序、急于报价承揽工程，亦有一定的过错。可见，相对于发包人提供地质勘察报告的指示义务，承包人亦有相应的合作义务，即承包人发现发包人没有提供地质勘察报告，可能影响合同价格或工程质量的，应当及时通知发包人，如其违反通知和警示义务，造成损害后果的，亦应承担相应的责任。

（二）狭义指示义务

1. 狭义指示义务的具体内容

狭义的指示义务仅指在合同履行过程中发包人的指示义务，即当建设工程合同所提供的工程的定作内容发生不明确或不完全的情形时，发包人有义务在合理时间内向承包人提供所有的必要信息，使承包人能够按约履行。鉴于发包人指示通常都需要具备专业的工程技术知识，因此发包人的指示行为主要通过其工程师或监理人作出，如 FIDIC 红皮书将指示权赋予工程师，我国 2013 版建设工程施工合同示范文本则将该权利赋予监理人。以下是两个示范文本关于指示义务的规定：

FIDIC 红皮书第 3.3 条和第 3.1 条：工程师可（在任何时候）按照合同规定向承包人发出指示和实施工程和候补缺陷可能需要的附加或修正图纸。

工程师无权解除任一方根据合同规定的任何任务、义务或职责；

工程师的任何批准、校核、证明、同意、检查、检验、指示、通知、建议、要求、试验或类似行为（包括未表示不批准），不应解除承包人根据合同规定应承担的任何职责，包括对错误、遗漏、误差和未遵办的职责。

2013 版建设工程施工合同示范文本第 4.3 条：监理人应按照发包人的授权发出监理指示。

承包人对监理人发出的指示有疑问的，应向监理人提出书面异议，监理人应在 48 小时内对该指示予以确认、更改或撤销，监理人逾期未回复的，承包人有权拒绝执行上述指示。

监理人对承包人的任何工作、工程或其采用的材料和工程设备未在约定的或合理期限内提出意见的，视为批准，但不免除或减轻承包人对该工程、工程、材料、工程设备等应承担的责任和义务。

2. 狭义指示义务的成立要件

发包人指示义务的行使包括积极与消极两个方面的要件：

（1）积极要件：发包人的指示应遵循必要性、合理性与及时性的原则。就传统的承揽合同而言，承揽人提供的劳务具有独立性，排斥定作人的指示权。而在现代大型建设工程合同关系中，基于控制品质、施工作业面协调、掌控进度的要求、填补合同漏洞等因素，发包人与承包人在工地现场每天都需要通过书面或口头方式进行各种各样的沟通、来往与互动，发包人适当地作出指示是合同顺利履行的必然要求。但是，在发包人行使其指示义务时，仍应尊重承包人的独立施工权利，应符合必要性、合理性和及时性的要求。至于何时方可谓发包人指示符合必要性、合理性与及时性的条件，需根据合同的性质和目的，以及具体履行情况和所涉及的交易或行业的惯例，并基于诚实信用原则加以确定。通常而言，在出现以下情形时，可以认为发包人具备作出指示的合理性：①发包人在缔约时提供的工程相关图纸、规范或计划只是为招标而作出粗略的计划，并不完全针对工程施工的全部要求，施工中需要对定作内容进行补充；②发包人在招标时还有若干事宜尚未确定，需要在施工中逐步解决；③对设计文件存在疑义时，工程师或监理要在施工过程中与承包人通过信息交流进行澄清。[①]

（2）消极要件：发包人的指示不得破坏对价原则。发包人的指示主要应针对合同中与承包人履行劳务相关的不明确、不充分的内容进行澄清和补充，

[①] I. N. Duncan Wallace, Hudson's Building and Engineering Contracts, Sweet and Maxwell, 11th edn. 1994, p. 590.

以便承包人提供的劳务能够符合发包人的合同预期。但发包人的指示不得超出承包人的债务内容，如果超出则为发包人单方变更合同，则属于合同变更规范所讨论的内容，不属于狭义指示义务范畴。至于是否超出了承包人的债务内容，应当主要根据对价原则进行审查，如发包人于履约阶段所作出的指示内容超出了定作内容，破坏了对价原则，则应依合同变更处理。①

3. 发包人指示不当或指示延误的法律效果

一般认为，发包人指示不当或指示延误的，应当由其自行承担责任。如2013版建设工程施工合同示范文本第4.3条规定，因监理人未能按照合同约定发出指示、指示延误或发出了错误指示而导致承包人费用增加和（或）工期延误的，由发包人承担责任。但是这样的判断过于简单化，实践中还需考虑到合作关系的相互性规范，即承包人针对发包人瑕疵指示所负有的责任。在《欧洲示范民法典草案》第Ⅳ.C-2.102条第（2）款中，对发包人瑕疵指示的法律效果提出了更加完整的规则，即：

（1）如果顾客作出的瑕疵指示是不正确的或者与先前的指示不符，并且遵照该指示执行可能导致建筑成果达不到合同要求或产生额外损害时，则承包人应当向发包人作出警示；

（2）如果承包人已经作出警示，而发包人仍然坚持其指示内容，则后果应当由发包人自行承担；

（3）如果承包人未予警示，导致出现工程质量事故等损害后果，则应由承包人承担与有过失责任。

二、发包人的狭义协力义务

发包人的狭义协力义务是指工程施工过程中，承包人的债务必须通过发包人的协助方能获得履行时，发包人所负有的合理范围内的协助义务。其包含的义务类型主要有以下几点：

（一）取得施工的各项许可或批准的义务

建设工程往往涉及诸多政府审批事项（包括工程用地、工程规划、环保、

---

① 余文恭：《两岸工程施工契约之比较研究——以竣工义务及协力义务为中心》，台湾地区东吴大学2006年法律硕士在职专班硕士论文。

工程安全、货物进出口等），发包人在这些方面的义务可分为两种情况：一是发包人负有义务获得认可，因为有些情况下发包人是唯一能够取得许可的当事人，如建设用地规划许可证、建设工程规划许可证和施工许可证等；二是发包人负有义务协助承包人获得许可，如施工安全生产许可等。①

（二）提供施工场地和施工条件的义务

建设工程合同应当规定业主应给予承包人合理时间内占有场地以进行施工的权利，使其能够不受干扰地按合同施工，这对于建设工程而言是根本性义务。② 施工场地一般解释为"履行施工以及根据通常建造实践所接受的合理的必要区域"，施工条件即从事施工必要的水力、电力和通信等条件。如我国2013年建设工程施工合同示范文本规定：发包人应最迟于开工日期7天前向承包人移交施工现场；应当将施工用水、电力、通信线路等施工所必须的条件接至施工现场内；保证向承包人提供正常施工所需要的进入施工现场的交通条件；协调处理施工现场周围地下管线和邻近建筑物、构筑物、古树名木的保护工作，并承担相关费用。③

（三）排除居民抗争等第三方干扰或阻碍工程进展的义务

工程施工中经常会出现居民因环境影响或补偿费用过低等原因而聚众抗议干扰施工的情况，此时，发包人是否有协助排除居民抗争的义务需要视合同约定以及具体履行情况而定。例如在建设变电所、垃圾掩埋场等涉及环境污染公共工程中，通常应由发包人即政府承担协调民意、排除抗争的义务，但有时政府部门作为发包人也会另行约定由承包人自行负责解决，对居民进行补偿，排除居民抗争，此时则应由承包人负担解决居民抗争的义务，但也不排除发包人在合理情形下的协助义务。而在由于承包人施工不当引起的居民抗争行为，则应由承包人自行承担排除居民抗争的义务。

（四）关联承包人和指定分包人的协调义务

我国建筑市场上，一个工程项目由多个承包人共同施工完成的情况较为常见，如前述案例中，发包人即将钢结构厂房的桩基工程和土建工程发包给两个

---

① 2013年建设工程合同示范文本第2.1条，中国建筑工业出版社2013年版。
② 王秉乾、谭敬慧：《英国建设工程法》，法律出版社2010年版，第89页。
③ 2013年建设工程合同示范文本第2.4条，中国建筑工业出版社2013年版。

承包人施工。此外,还有一种比较常见的"指定分包"模式,即发包人直接与分包人签订单项工程施工合同,并由发包人向指定分包人进行直接支付。业主指定的分包人与承包人之间的关系主要涉及如下两个方面:一是指定分包人一般要运用承包人的现场施工资源,如脚手架、大型器械等;二是指定分包人和承包人在各自施工行为的组织上存在时间或空间关系。比如,承包人的外墙施工没有结果,则指定分包人的外墙外保温材料也不可能粘贴。需要注意的是,我国建筑市场上大量存在的指定分包合同与FIDIC施工合同模式下的指定分包合同存在较大区别。后者的指定分包人是指以下分包人:合同中提出的指定的分包人,或工程师根据施工合同条件第13条"变更和调整"的规定指示承包人雇用的分包人。在FIDIC施工合同条件模式下,指定分包人虽由发包人指定,但他仍与承包人签订分包合同,并由承包人向指定的分包人进行付款。因此,我国由发包人直接指定分包人的情况下,由于指定分包人与总承包人之间没有直接的合同关系,发包人就要在各承包人与分包人之间做大量协调工作,承担更多的协调义务。

三、承包人的警示义务

承包人的警示义务来自于承包人需要以合理的注意和专业技能履行合同的一般义务。由于工程项目建设所独有的规模大型化、资金巨量化、技术组织复杂、安全事故率高以及易受外部影响等特点,使工程合同履行充满风险,任何一个风险都可能造成当事人的巨大损失。虽然承包人的主合同义务是遵照发包人的定作指示进行施工,但是基于承包人的注意义务,其在履行过程中遇到影响合同目的达成或者可能损害发包人的其他利益时,应当向发包人发出警示,尽最大努力避免和减少风险应对的成本。

(一)承包人负担警示义务的事由

承包人并不是在进行每一步施工之前都必须向发包人作出风险警示,而是在发包人提供的信息或指示内容中存在矛盾或者错误,并可能引发合同的核心风险时,才会产生承包人的警示义务。具体而言,当承包人知道工程建设存在如下风险时,有义务向发包人作出警示:

1. 因为遵循发包人提供的信息或指示,或是因为任何其他风险的发生,可能使建筑物的质量或功能不能达成合同目的，或者损害发包人的其他利益的；

2. 因为遵循发包人提供的信息或指示，或是因为任何其他风险的发生，使工程建设较合同约定不合理增加金钱或时间的；

3. 发包人提供的材料具有明显瑕疵，或者发包人发出的指示明显错误的，承包人负有警示义务。

（二）违反警示义务的法律后果

如果承包人未履行警示义务且导致建设工程未达成合同目的或者使发包人产生了其他损害，实际上承包人违反的是两个义务：（1）主给付义务；（2）对发包人提出警示的从给付义务或附随义务（根据损害的是履行利益还是固有利益而定）。就主给付义务而言，一般情况下，如果发包人提供了不正确的或者不一致的信息或者指示，那么发包人将不能诉诸任何救济措施，因为主给付义务的未履行正是发包人自己造成的。但是此种情形下，发包人的行为并不是造成不幸结果的唯一原因。还有一个次要的原因，即承包人未予警示。这就使得发包人仍然可以适用救济措施变得合理，承包人仍应承担一定范围内的责任。当然，发包人只能要么以承包人因未警示而造成主给付义务未履行为由主张损害赔偿，要么以未履行警示的附随义务或从给付义务主张损害赔偿，而不得主张双份赔偿。

接下来的问题是，如果承包人已针对发包人指示不当的风险提出了警示，但是发包人置之不理或坚持要求承包人继续施工，承包人在履行后直接导致工程质量问题的，承包人是否应当承担责任？通常认为，发包人如果已经收到警示，仍然坚持要求承包人继续施工导致工程质量事故的，应当由发包人自行承担责任。但是亦有观点认为，承包人不仅应当履行警示义务，而且即使发包人不予回应，承包人也应当中止履行先解决质量隐患，否则承包人仍然应当承担不当施工的责任。例如在前述海擎公司案中，承包人中兴公司已就现场地质差异可能造成的工程质量隐患向发包人海擎公司提出警示，并提出增加桩长、提高承台的设计修改建议，但海擎公司未予采纳，中兴公司逐按照原方案继续施工。最高法院认为，中兴公司在修改设计的建议拒绝后，应当从工程质量安全出发，对土方开挖方案提出调整建议，其未再提出，而是继续按照原设计方案施工导致损害发生，对损害后果中兴公司仍应承担一定的责任。从该案判决可以看出，最高法院对当事人在遭遇合同风险时的合作义务要求非常严格，承包人不仅需履行警示义务，即使发包人不予采纳，承包人在明知质量隐患的前提下亦不能继续施工，否则仍需承担一定的违约责任。

四、检查、监督及验收义务

（一）检查和监督

就传统的个别性交易而言，债务人的给付是否符合合同本旨须于合同履行期届满时方能作出判断，但是对建设工程合同的履行，如果等到合同履行期届满时再验收可能质量瑕疵造成的损失已经无法挽回；而且建设工程合同中有很多掩蔽部分，必须在尚未掩蔽前先行检查，否则待到掩蔽之后将无从检查。为此，建设工程合同履行过程中，发包人一般均委托工程师或监理人帮助进行日常的检查和监督。从法律上讲，检查或监督属于发包人的权利，该权利的行使需要承包人履行必要的配合义务；但另一方面，如果发包人滥用权利，进行过度或不合理的检查和监督也会干扰承包人的正常施工。因此，合同法关于检查和监督规定的主要功能是明确对责任的划分，或者至少要明确划分责任的程序，使双方当事人相互履行协助义务，实现双方的有效合作。进行责任划分的基本规则是：

1. 发包人有权对建造过程中使用的工具及材料、建造的过程进行检查和监督，但应当在合理的时间以合理的方式进行

如FIDIC红皮书第7.3条规定，发包人有权在合理时间内进入施工现场，检查、检验、测量和试验所有材料和工艺，检查生产设备的制造和材料的生产加工的进度。承包人应为发包人进行上述活动提供一切机会，包括提供进入条件、设施和安全装备。我国《合同法》第277条亦规定：发包人在不妨碍承包人正常作业的情况下，可以随时对作业进度、质量进行检查。

2. 承包人负有配合检查和监督的义务

如果双方约定，承包人应将使用的工具和材料的某些要素、建造过程交由发包人检查，则承包人在发包人同意前不得继续建造。这在实践中主要适用于对隐蔽工程的检查和检验义务。如FIDIC红皮书第7.4条规定，每当任何工作

已经做好，在覆盖、掩蔽、包装以便储存或运输前，承包人应通知工程师。这时，工程师应及时进行检查、检验、测量或试验，不得无故拖延，或立即通知承包人无需进行这些工作。如果承包人没有发出此类通知，而当工程师提出要求时，承包人应除去物件上的覆盖，并在前后恢复完好，全部费用由承包人承担。我国《合同法》第287条也规定，隐蔽工程在隐蔽前，承包人应当通知发包人检查。发包人没有及时检查的，承包人可以顺延工程日期，并有权要求赔偿停工、窝工等损失。

3. 检查和监督是发包人的权利，而非义务

通说认为，对材料或工程进行检验是单纯维护发包人的利益，这意味着发包人并没有检查或者监督的义务或者责任。即使合同约定要进行监督和检查，发包人未监督和检查的，也不能免除承包人的任何违约责任，除非是在合同中对责任免除进行明确的约定。这与发包人指示是有区别的，指示将引起责任的转移，而检查和监督不会引起责任的转移。

（二）竣工验收及受领义务

1. 竣工验收环节的合作义务内容

承包人具备竣工验收条件并申请竣工验收后，发包人应当组织进行竣工验收，验收合格后，发包人应当接收工程。验收环节需要发包人与承包人双方履行的合作义务包括：

（1）承包人应在施工完成后向发包人提出验收申请并提交整套施工资料、竣工图以及工程结算书等；

（2）发包人应当及时组织设计人、监理人和承包人共同进行竣工验收；

（3）验收中发现质量瑕疵的，发包人应当通知承包人进行整改后再次组织验收。

2. 发包人未经验收即擅自使用工程的法律后果

根据我国《建筑法》的相关规定，工程验收合格后方能使用，这不仅是发包人的合同义务，而且是其法定责任。换言之，即使承包人同意发包人使用，发包人在工程未经验收合格前提下的使用仍构成"擅自"使用工程。对发包人未经验收擅自使用的后果，《最高人民法院关于审理建设工程施工合同纠纷案件适用法律问题的解释》（以下简称法释〔2004〕14号）第13条规

定:"建设工程未经竣工验收,发包人擅自使用后,又以使用部分质量不符合约定为由主张权利的,不予支持;但是承包人应当在建设工程的合理使用寿命内对地基基础和主体结构质量承担民事责任。"该规定在实践中产生很大争议,主要是对于发包人未经验收即擅自使用工程后,又以工程质量问题抗辩承包人的工程款给付请求权是否成立?发包人在擅自使用工程后能否向承包人行使修复请求权和损害赔偿请求权?

(1)发包人受领前不履行验收义务的法律后果比较法考察。《奥地利民法典》第2.26.8条规定:如果发包人在建筑物有重大瑕疵的情况下仍然接收了建筑物,则适用法定(质量)保证。这意味着在验收时需要对非重大瑕疵进行检查并通知对方,因为法定(质量)保证制度对于重大瑕疵和非重大瑕疵有所区分。

法国相关法律规定:在工程结束时发包人负有对建筑物进行检查的义务。虽然进行检查是为发包人的利益着想,但是发包人可以不经检查而径行接收建筑物。在实践中发包人会在接收前对建筑物进行检查,因为接收有着非常大的影响:风险的转移以及发包人要求承包人对明显瑕疵负责的不可能性。

《希腊民法典》第692条规定:在发包人接收工程后,承包人不再对瑕疵承担责任,除非在交付时通过适当的调查不能发现瑕疵或者承包人欺骗顾客隐瞒了瑕疵。

《荷兰民法典》第7.758条第(3)款规定:对于在交付时发包人经过检查应当合理发现的瑕疵承包人不予负责。如果发包人毫无保留地接收了建筑物,则丧失对所有非隐藏瑕疵的金钱赔偿以及其他救济权。因此,荷兰相关法律虽然不存在验收的义务,但是不验收会对发包人产生不利影响。

《葡萄牙民法典》第1218条规定:发包人在接收工程前负有进行检查的义务以判断工程是否与合同相符以及是否存在瑕疵。发包人有责任对工程进行验收,不验收则意味着全盘接受。[①]

(2)受领和交付使用的关系。从上述比较法看,各国关于受领前不履行验收义务的法律后果规定大同小异,大部分认为发包人不履行验收义务,将丧

[①] 欧洲民法典研究组、欧盟现行私法研究组编著:《欧洲私法的原则、定义与示范规则:欧洲示范民法典草案》第四卷,于庆生等译,法律出版社2014年版,第456页。

失对非隐蔽性瑕疵的金钱赔偿以及其他救济权。这似乎与我国法释〔2004〕14号第13条规定相一致，但是需注意的是，二者调整的对象并不同，前者是针对"受领"前的验收义务，而后者是针对"交付"前的验收义务。受领与交付在法律上的区别体现在：受领是指发包人接受建筑物的特性和质量；而交付是指承包人将建筑物置于发包人的控制之下。实践中，交付和受领可能合二为一，也可能分为两个阶段，交付的日期即控制转移的日期并不必须是承包人完成所有合同义务的日期，工程的某些部分还未完成的时候也可以进行建筑物控制的交付。因此，欧洲各国和我国对验收义务的履行及其后果其实是不同的：在欧洲各国民法典中，发包人在受领建筑物前必须完成对建筑物的检查验收，否则会导致对非隐蔽瑕疵或非重大瑕疵的救济权丧失，但如果发包人只是实现了建筑物的交付，而并未表示受领建筑的情形下，则并不导致质量瑕疵的救济权丧失；而我国法释〔2004〕14号第13条则认为即使是有保留的交付，只要建筑物在交付使用前未经验收合格，发包人即丧失对非重大瑕疵的金钱赔偿、请求修复等救济权。相较而言，欧洲各国的立法显然更具备法理依据。事实上，很多法院目前在实践中已经突破了该司法解释的规定，判决发包人仍然可以向承包人主张履行非重大工程瑕疵的保修责任，这一突破应当认为更具合理性。

本章小结

在关系合同范式下，合同关系不仅是双方当事人的商品交换关系，而是一种为了实现合同共同目的而形成的一个相互协作的、动态的、有机的关系。合作原理与意思自治原理均应当作为合同法的核心原理，为此，有必要在合同法中赋予当事人合作义务，强调国家通过私法促进私人合作的功能。在具有典型关系属性的建设工程合同中，这一合作义务的功能作用尤为重要，因此，有必要在我国合同法中对涉及双方当事人合作义务的内在规范进行归纳与提升，上升为统领建设工程合同缔结与履行全过程的合作义务，故对合同法总则与分则关系合作义务的修订提出如下建议：

（一）在《合同法》总则中增加关于合作义务的一般条款

《合同法》第60条第2款虽然规定了合作义务的相关内容，即"当事人应当遵循诚实信用原则,根据合同的性质、目的和交易习惯履行通知、协助、保密等义务"。但该规定仍然将合作义务定位于附随义务的范畴,而且"通知、协助、保密"等义务的列举显然远不能涵盖所有的合作义务。建议参照DCFR的规定,在总则的诚实信用条款之后增加规定,"当事人对于合同的履行,在可合理期待范围内,负有相互合作的义务"。通过规定一般条款,既可以提供具体情形下不同合作义务的证成路径,也可以为社会大众提供有机团结的强烈信念,克服市场交易中自利主义和极端个人主义的弊端。

(二)对《合同法》分则建设工程合同章中的合作义务相关规定进行整合

《合同法》分则建设工程合同章虽然对当事人合作义务进行了一定的规定,但是对合作义务的内容列举不够完全,且法律效果亦不统一,建议对双方应承担的合作义务进行整合,作为本章中的主要合同义务,即:

1. 发包人在下列情况中负有协作义务

(1)发包人应当提供符合承包人进场施工条件的施工场地。

(2)发包人应当提供使承包人履行合同所必须由其提供的材料、设备及工具等。

(3)发包人应当依法办理承包人履行合同必须的许可、批准或备案。

(4)发包人应当提供满足承包人履行合同需要的施工图纸及技术资料。

(5)发包人应当在必要的时候提供承包人履行合同必需的指示、同意以及发出通知。

2. 承包人在下列情形中负有警示义务

(1)承包人在履行合同过程中,如发包人提供的材料或指示不当,或因发生其他风险,可能导致建筑物不符合合同要求或造成其他损害的,应当及时向发包人提出警示。

(2)因承包人未履行或未适当履行警示义务造成发包人损害的,应当承担合同义务违反的违约责任;但发包人已经知晓或者应当知晓上述风险的,可以免除或减轻承包人的违约责任。

3. 发包人与承包人在检查、监督及验收程序中的协作义务

(1)发包人可以随时对合同履行进度、质量进行检查,但不得妨碍承包人的正常作业。

（2）隐蔽工程在隐蔽以前，承包人应当通知发包人检查。发包人没有及时检查的，承包人可以顺延工期，并有权主张赔偿损失。

（3）发包人没有充分的检查、监督不能免除或减轻承包人的责任。

（4）建设工程竣工后，发包人应当在合理期间内组织验收。建设工程竣工经验收合格后，方可交付使用；未经验收或者验收不合格的，不得交付使用。发包人拖延验收造成承包人损失的，应当承担不履行协作义务的违约责任。

（5）发包人未经建设工程竣工验收即受领工程的，不得主张承包人承担工程的一般质量瑕疵责任，但是承包人应当对地基基础工程和主体结构质量承担违约责任。但是，如果承包人虽然将工程交付发包人使用，但发包人并未办理验收以及受领工程的，并不导致质量瑕疵违约救济权的丧失，承包人仍应承担交付后的保修责任。

4. 双方当事人均应负担的其他协作义务

（1）双方当事人均应根据合同履行的需要在必要的时间另一方或监理人提供信息和通知。

（2）当合同履行要求双方当事人相互进行协调或协调第三方时，双方当事人均应协调各自的努力。

（3）当合同履行发生争议时，双方当事人均基于诚实信用的原则，配合监理人进行适当协商，来实现对合同内容的调整。

典 型 案 例

1. A 机械公司与 B 建设公司、建行 C 支行建设工程施工合同纠纷案

【裁判要旨】

建设单位未严格执行基本建设程序，及时向施工单位提供地质勘察报告，其向施工单位提供的施工图亦未经过相关部门审批，由此因特殊地质条件而导致的工程质量问题，建设单位应当承担主要责任。施工单位在施工过程中，未能从工程质量安全出发，秉持诚实信用和合作原则，采取积极有效的措施避免损失扩大，对于施工产生的质量后果应当承担一定的责任。

【基本案情】

2007年12月1日，A机械公司就重型钢结构厂房基础工程发出招标邀请，其招标文件载明：本次报价只对钢结构厂房桩基及基础的施工进行报价（图纸内所有项目）；投标方根据招标方提供的厂房基础设计图纸要求及招标文件要求，根据材料市场自主报价，一次包死风险自负。B建设公司投标标价为1510.65万元，预算价1368.98万元。B建设公司投标的土方开挖方案载明了挖土要求、基坑内外排水、基坑挖土的交通组织、挖土方法、基坑开挖注意事项、基坑开挖过程中可能出现的问题及相应处理措施、安全生产措施等。其中基坑开挖注意事项第（1）项为开挖深度应该严格按照基础结构施工图进行；第（5）项为基坑开挖后如发现坑底土质与勘察报告不符，及时向业主、监理及设计单位反映。同年12月15日，B建设公司中标。当日，双方签订了《钢结构厂房桩基及基础工程合同》（以下简称《合同书》），约定了工期、工程内容、承包方式、工程造价、合同履行过程中各方的权利与义务等。A机械公司所提供桩位布置图说明载明：本工程基础设计以连云港市民用设计院有限责任公司对A机械公司一期所做的《岩土工程详细勘察报告》为依据。地基基础设计为乙级，建筑桩基安全等级二级。基坑开挖时应注意对桩身的保护，在桩侧严禁临时堆土。桩基施工时应严格按照《建筑桩基技术规范》执行等。同年12月16日，A机械公司向B建设公司递交岩土勘察报告和现场总平面图各一份。同年12月20日，B建设公司进场施工。12月26日B建设公司致A机械公司工作联系单，主要内容为：因现场地质条件复杂，原自然土为水中所泡淤泥等，现土方量大大超出合同工程量范围，并需解决降水，建议提高室内+0.00标高及场区标高至合理位置，请示设计院增加桩长提高承台，解决排水问题。同年12月27日，建行C支行向A机械公司出具《承包保函》，为B建设公司履行上述合同约定义务承担连带责任保证，担保金额最高不超过260万元，保证期间自2007年12月27日至2008年2月26日。后建行C支行将到期时间延期到2008年3月30日。

2007年12月30日，B建设公司致A机械公司工作联系单，主要内容为：因道路问题运输车辆无法把材料运送到位，请求加快道路修复。2008年2月19日，A机械公司与B建设公司签订《补充协议》一份，约定施工工期延长至2008年3月30日，每延期一天罚款1万元等内容。2月26日，B建设公司致 A 机械公司报告，主要内容为：现土方量大大超出合同工程两量范围，且全是淤泥，请求 A 机械公司拿出措施，否则申请工期顺延。2 月 27 日，B 建设公司致 A 机械公司报告，称由于现场施工道路不合格，二次倒运土方明塌，无法正常施工。2 月 27 日，A 机械公司回复 B 建设公司，主要内容为：双方所订施工合同是竣工验收合格价格，是不变价格，不管地质情况如何，我方均认为施工方在签订合同以前，对建设地点进行了现场勘察，并已了解现场地质情况。关于施工的一切事宜，均由施工方处理，与 A 机械公司无关。2 月 28 日，B 建设公司函告 A 机械公司，主要内容为：（1）我单位是在合同签订后无法打桩的情况下，提出要求后贵公司才给我单位地质勘探报告。（2）我单位签订合同前虽对现场进行了考察，但考察前贵单位已对现场进行了回填，也未曾告诉我单位，在开挖过程中，发现大面积淤泥。（3）我单位投标书中总的土方开挖，回填量才 1 万方，现 A 轴线在还没有开挖完情况下挖出土方就已超出了整个标书的土方量。（4）我单位拿出多种施工方案报批，但贵单位一项也没有批复。（5）贵单位进行开挖试验致开挖的承台又有淤泥坍塌。如再不拿出可行的开挖措施回复我单位，我单位将于 2008 年 3 月 2 日停止一切施工，由贵单位赔偿损失并追加违约责任。3 月 11 日，A 机械公司通知 B 建设公司变更工程量。后监理单位经与 A 机械公司共同商定，同意三类桩处理办法，并称相关费用由 B 建设公司自负。四类桩要提供有设计单位认可的处理意见。3 月 15 日，A 机械公司、B 建设公司和监理单位达成会议纪要，主要内容为：A 轴线除四类桩外，到 19 日上午完成到设计标高 -1.5 米的工程量；B 轴线三、四类桩处理完成后，10 天内完成所有工程量。3 月 19 日，B 建设公司书面报告 A 机械公司和监理单位称，目前出现的三、四类桩已无法正常进行下道工序的施工，要求当日下午共同对三、四类桩出现的原因进行分析和探讨。当日下午，由 A 机械公司、B 建设公司和监理单位、检测单位、设计单位开会并形成纪要，主要内容为：出现三、四类桩问题的原因与地质状况和重型机械碾压有关，要求对地基进行处理。3 月 25 日，B 建设公司书面报告 A 机械公司和监理单位称，因土质问题，无法进行下道工序。3 月 26 日，监理单位致 B 建设公司工作联系单称，A 轴暂停施工，待设计院处理方案出来后再进行施工，其他清理工作继续进行。3 月 28 日，B 建设公司向 A 机械公司和监理单位递交基坑支护方案和大样图。次日，由 B 建设公司、A 机械公司、监理单位共同就支护方案达成会议纪要，主要内容为：A 机械公司图纸已经送审并审批，B 建设公司提出支护方案并送审。3 月 31 日，由 B 建设公司、A 机械公司、监理单位和连云港市建设局、连云港市建设工程质量监督站、连云港市建设工程施工图审查中心、连云港市宇建建设工程鉴定有限责任公司等单位专家共同就基坑支护研究方案，会上 A 机械公司要求 B 建设公司拿出支护方案计算书以便确认。专家确认 B 建设公司的二方案均可行，主要取决于费用和工期。当日，连云港市宇建建设工程鉴定有限责任公司出具《关于 A 机械公司煤化工设备制造厂房基础基坑围护设计方案的论证意见》（以下简称《论证意见》），该论证意见于 4 月 5 日递交 A 机械公司。《论证意见》认为，B 建设公司的两个《设计方案》均可行，并由 A 机械公司择优选择。连云港市宇建建设工程鉴定有限责任公司对设计方案同时作出了深化、完善意见。4 月 6 日，B 建设公司致函 A 机械公司，主要内容为由于 A 机械公司在投标时未提供地质勘探报告，B 建设公司的报价及编制的投标方案均是按正常施工程序进行的，基坑支护不在原施工范围，工期延误是因现场条件不具备等。5 月 21 日，A 机械公司委托，由 A 机械公司和监理公司指定抽检，进行基桩质量检测，江苏省建祥工程检测有限公司就 A 机械公司煤化工厂房（部分）基桩质量出具 2008-X-X17-3 号检测报告报告结论：本工程共进行低应变检测 474 根，其中一类桩 90 根；二类桩 83 根；三类桩 210 根；四类桩 91 根。对于该检测报告结论双方均无异议。5 月 24 日，A 机械公司致函 B 建设公司，要求解除合同，并要求 B 建设公司承担违约责任，赔偿经济损失 575 万元。5 月 26 日，B 建设公司复函要求继续履行合同。

5 月 30 日，A 机械公司以 B 建设公司自身原因导致工程质量问题，未及时采取整改措施，导致工程无法进行，A 机械公司不能按期投产为由，提起诉讼，请求判令：依法确认解除合同通知函有效并解除合同；责令 B 建设公司承担违约责任，赔偿经济损失；责令建行 C 支行承担连带责任，履行担保义务。

B 建设公司提出反诉称：因 A 机械公司无诚意继续履行合同，导致争议工程长期窝工、停工，造成 B 建设公司损失。此外，因地基情况特殊，设计及施工方案必须变更，相应费用远高于双方约定的工程款，而 A 机械公司对此一直不予认可，合同已无法履行。综上，请求判令：解除双方签订的《合同书》，判令 A 机械公司支付工程款及损失。

诉讼中查明：争议工程现尚未取得工程建设许可证、施工许可证。工程图纸现已经过审查，但因未交纳费用，A机械公司尚未取得经过审查的图纸。连云港市建设工程质量监督站对于本案争议工程产生倾斜、断裂，作出连质监（2009）第001号《工程质量鉴定报告》，鉴定分析意见为：（1）本次工程桩倾斜与开裂的施工由以下因素造成：①现场观察：基坑外侧土体受载重车辆的碾压产生沉降、蠕变、滑移，加大了基坑土体压力，这是引起工程桩倾斜变形断裂的主要因素之一。②根据地质报告，其场地地基土的评价为：基坑开挖边坡的安全放坡距离应为21米，同时在没有围护与路基加固措施的情况下，基坑边缘约18米内不能行驶每平米荷重大于4吨的载重汽车与挖土机械设备，而针对本工程而言，恰恰是犯了以上所述的错误。③建设单位与监理单位在该工程施工前，没有按照基本建设的正常施工程序办理施工图审查与质监和安监等手续，致使工程没有进入良性施工状况，监理单位对此没有实行监控，在土建施工单位进行基坑内土方开挖前没有对施工单位编制的土方开挖方案进行审查，同时没有采取有效措施制止土建施工单位在土方开挖方案没经审查就进行开挖与建设单位介入基坑内土方开挖与运输的现象，故对本次桩基倾斜开裂的质量事故也负有一定的责任。（2）鉴定单位到施工现场进行技术踏勘，据施工单位反映：①施工单位在2007年12月26日桩基施工前，提出的施工建议建设单位没有回复。②建设单位在桩基施工与基坑土方开挖前，没有向其提供工程地质报告，同时提供的施工图没有按规定经过连云港市建设工程施工图审查中心审查。③建设单位参与了该工程基坑土方的开挖与运输，干扰了施工单位正常的施工。综上，分析认为，建设单位与监理单位对本次质量事故均有责任。

【法院认为】

一审法院认为：本案双方的争议焦点有三：涉案工程质量出现问题的责任主体；B建设公司在合同履行过程中有无违约行为；涉案工程款数额的认定。具体而言，（1）关于工程质量责任问题。A机械公司在施工图纸未经审查，且在收到B建设公司对于地质状况异常的报告又不予答复的情况下，对此造成的后果应由其自己承担。另，A机械公司在B建设公司基坑开挖过程中，存在干扰其正常施工行为。双方共同选择质量问题鉴定单位，该单位对施工现场进行实地勘察后出具了《工程质量鉴定报告》，A机械公司未能提供证据反驳该报告的，故对该报告的结论予以认可。综上，根据鉴定结论并结合双方的在履行合同中的具体行为，A 机械公司应对桩基施工过程中的质量问题承担责任。(2) 关于 B 建设公司在合同履行过程中是否存在违约行为的问题。B 建设公司作为投标方，制定的投标文件以及工程预算、确定的基坑开挖主要事项均是依据标方 A 机械公司的要求进行；基坑开发后发现的问题也及时通过工作联系单等形式向 A 机械公司报告；A 机械公司和监理单位的对于批质量验收均为合格的验收记录也证明了 A 机械公司在 B 建设公司施工过程中，进行了现场监督质量，同时，庭审中 A 机械公司亦确认 B 建设公司系按图施工。故 B 建设公司并未违反合同约定，不存在违约行为，建行 C 支行有了无需承担保函下责任。(3) 关于工程款数额问题。对于永安造价咨询公司鉴定报告结论，A 机械公司虽不予认可，但未提出实质性的异议。故不予支持。鉴定单位根据图纸设计且参照市场价格对钢材数量和价格作了调整，B 建设公司虽对此提出异议，认为其投入钢材数量比鉴定结论多出 100 余吨且价格应参照 2008 年 3 月市场价，但不能提供证据证明，故法院对该异议不予采信。对于土方单价，鉴定单位在案涉土方量与预算量出现较大出入时，按实计算，并无不当。B 建设公司已完成工程价款为 11 338 644.49 元，停工期间损失 13 856 953.90 元，A 机械公司已付工程款为 772 万元，尚欠 6 136 953.90 元，A 机械公司应当及时支付。

A 机械公司不服，提起上诉称：其一，一审判决认定事实错误。自 2008 年 3 月 31 日起产生的工期延误，应由 B 建设公司负责，B 建设公司理应承担违约责任；《岩土工程详细勘察报告》以及设计图纸不为工期拖延的原因；B 建设公司在合同履行还存在诸如放坡系数不对、没有按照正常的施工程序进行等违约行为；《工程质量鉴定报告》部分内容错误。其二，一审审理程序不当。一审中《工程质量鉴定报告》的鉴定人未到庭接受询问，对《工程造价鉴定报告》A 机械公司不予认可。其三，一审适用法律错误。一审判决 A 机械公司支付 B 建设公司工程款并承担停工损失属于适用法律错误。综上请求依法支持 A 机械公司的诉讼请求，驳回 B 建设公司的反诉请求。

B 建设公司答辩称：其一，工期方面，B 建设公司既无工期延误事实，也不应承担工期延误责任。其二，工程质量方面，工程质量问题并非由 B 建设公司的施工造成。其三，关于工程造价和损失价款、审理程序、适用法律方面，均无异议。综上，请求驳回 A 机械公司上诉。

二审庭审中，为证明设计单位出具的施工图已经过审批，A 机械公司提交了连云港市建设施工图审查中心于 2008 年 4 月 15 日出具的《施工图设计审查意见书》，以及浙江工业大学建筑规划设计研究院于 2009 年 11 月 15 日出具的《意见反馈单》。为此，B 建设公司质证认为，上述两份材料均是在工程质量事故发生后才作出，且意见书中已经提出了设计问题并要求整改，说明施工图审查尚未获得通过。

二审法院认为：本案的争议焦点为，涉案工程产生质量问题的原因和责任；B 建设公司是否应当承担违约责任；工程款与停工损失应当如何认定。具体而言。(1) 关于涉案产生工程质量问题的原因和责任。依据《工程质量鉴定报告》可知，建设单位与施工单位对于工程质量问题均有责任。第一，A 机械公司在该工程施工前没有按照基本建设的正常施工程序办理施工图审查与质监和安监等手续，给工程质量事故的发生造成隐患，A 机械公司应当对此承担责任。从 A 机械公司在二审庭审中提交了连云港市建设施工图审查中心出具的《施工图设计审查意见书》的内容来看，已经发现了特殊地质以及设计方案可能存在的隐患，并提出了整改该求，且该意见出的出日期是在工程质量事故发生之后，显然意见出的出具已于事无补。故 A 机械公司应当对此承担相应的责任。第二，涉案工程所处的地区地质条件特殊，施工过程中放坡不足，建设单位与施工单位均为此担责。B 建设公司在合同签订之时，客观上难以准确判断当地的特殊地质，但施工中已收到岩土勘察报告，对现场情况已有了解并能够作出正确判断，故 B 建设公司理应注意原土方开挖方案可能造成质量隐患，有义务及时向业主、监理及设计单位反映，重新调整土方开挖方案。对于放宽坡度将增加工程造价等问题，双方应当在遵循诚实信用原则的前提下，重新协商确定。但 B 建设公司在提出整改方案，该方案未得到 A 机械公司的采纳后，仍按照原方案施工，其对施工所产生的质量后果应当承担一定的责任。A 机械公司对 B 建设公司提出的调整设计方案的额建议未予以重视并及时回复，亦承担一定的责任。此外，监理单位未按照规定的土方开挖方案进行有效审查，未采取有效措施制止影响工程质量的行为，对该质量事故也应负有一定的责任。但监理单位的责任在本案中应当视为建设单位 A 机械公司的责任，综上，在放坡系数不足的问题上，建设单位 A 机械公司应负主要责任，施工单位 B 建设公司负有次要责任。第三，在本工程中，运土路线只作了简单回填压实，没有做特殊加固处理，是引起工程桩倾斜变形断裂的主要因素之一。A 机械公司在施工中自行组建挖掘机和大型运土车辆进行了基坑开挖，对土体下沉造成一定的影响，且 A 机械公司并未能够提供证据证明 B 建设公司的运土工作不符合施工规范。同时，双方在签订的合同中，仅约定建设单位应当为施工单位提供三通一平条件，而并未具体约定是否包含施工场地内的道路。故根据《合同法》第 61 条的规定，在双方未达成补充协议的情形下，根据工程建设合同的行业惯例，由施工方负责。故本案中施工道路没有加固的责任应由 B 建设公司承担，而重型汽车及挖土机械碾压的主要责任则应由 A 机械公司承担。综上所述，建设单位 A 机械公司应当对本案工程质量问题的发生承担 80% 的责任，施工单位 B 建设公司应当承担 20% 责任。(2) 关于 B 建设公司应否承担违约责任。涉案工程质量问题的根本原因在于当地的特殊地质条件，双方当事人签订合同之时均为充分预见。在合同履行过程中，对于该问题，双方应当本着诚实信用的原则对施工方案以及合同价款进行协商，但双方均未履行自己上述义务，延误了工期，发生了工程质量事务，导致了巨大的损失，故根据双方过错的大小，A 机械公司承担主要责任，B 建设公司承担次要责任。此外，因工程质量问题的发生导致无法按期竣工的主要过错在于 A 机械公司，故 A 机械公司在建设成本之外主张 B 建设公司承担工期违约责任的法律依据并不充分，不予支持。(3) 关于工程款与停工损失的认定。第一，A 机械公司主张的以鉴定已完工程造价或整个工程造价 ×1330 万元固定价的方法不具备合理性，鉴定机构对已完工程按实结算并无不当，应予维持。第二，关于钢筋与钢管、扣件等材料损失及机械损失，均系由于 A 机械公司在一审期间申请诉讼保全而导致的损失，其数额虽是根据 B 建设公司提供的清单计算，但已在诉讼保全期间经一审法院进行过清点，A 机械公司在一审法院采取诉讼保全过程中并未提出异议，故其上诉主张缺乏证据证明，不予支持。第三，关于人工工资损失。鉴定机构根据 B 建设公司提供的工资表为依据计算人工损失，A 机械公司虽提出异议，但未提供充分证据予以推翻该计算方法，故应予以维持。综上，B 建设公司已完工程款及停工期间损失为 13 856 953.90 元，对该损失应由 A 机械公司承担 80% 的责任，其余 20% 应由 B 建设公司自行承担。因此，A 机械公司应当支付 B 建设公司 11 085 563.12 元，现 A 机械公司已付工程款 772 万元，尚欠 3 365 563.12 元，A 机械公司应当支付 B 建设公司。

A 机械公司亦不服，申请再审称：其一，原判决认定事实错误。设计图纸事先未经审查与工程质量问题没有因果关系；B 建设公司提出"增加桩长、提高承台"的方案不符合设计单位的设计要求，且会影响到厂房的基础安全；无证据证实道路是 A 机械公司压坏的；二审认定本案工程放坡系数不足；针对施工通道，B 建设公司实际施工中未采取基坑支护措施，导致本案工程质量问题；二审认定工资时间、数额很不合理。其二，B 建设公司自身原因造成工期延误，应承担违约责任。

再审法院认为：（1）本案工程质量出现问题责任应当如何承担。其一，关于设计图纸事先未经过审查与工程质量问题有无因果关系。因工程质量问题产生原因很大程度是基于当地特殊地质，在基本建设的规定程序中，勘察成果文件是设计工作的基础资料，设计单位根据勘察工作进行地基基础设计，向施工单位提供施工图，施工单位按图施工。而 A 机械公司在招投标过程中并未能提供证据证明曾提供岩土工程详细勘查报告，而是在签订合同的次日才提交，给工程质量事故的发生造成隐患，虽 A 机械公司提交了连云港市建设施工图审查中心出具的《施工图设计审查意见书》，但从《意见书》的内容可知，已经发现了施工地特殊土质以及设计方案中的承台高度可能造成的隐患，并提出了相应的整改要求，且《意见书》的出具日期系工程质量事故已经发生之后。综上，应认定 A 机械公司未进行图纸报审与案涉工程质量事故的发生之间存在因果关系，并承担主要责任。B 建设公司作为施工单位，在建设单位未提交岩土工程详细勘查报告和经过审核的施工图纸情况下，违背基本建设程序、急于报价承揽工程，亦有一定的过错。其二，关于 B 建设公司提出"增加桩长、提高承台"的方案问题。A 机械公司称 B 建设公司提出的该方案不符合设计要求，且影响厂房基础安全，需经重新测算和设计后才能施工，A 机械公司不应因此导致质量问题承担相应责任。为此，根据 B 建设公司致 A 机械公司工作联系单、投标文件的基坑开挖主要事项等内容可知，B 建设公司就工程质量问题已及时履行报告义务，并提出建议。而 A 机械公司未能会同监理单位、设计单位对于 B 建设公司提出的建议、予以充分重视并研究相应措施，故其应对其后的工程质量事故责任承担主要责任。其三，关于重型汽车与挖土机械的碾压责任问题。B 建设公司于 2008 年 2 月 28 日向 A 机械公司发出的工作联系单载明，A机械公司自行组织大型机械现场开挖、大型车辆土方外运导致道路压坏、桩发生倾斜。该联系单中有A机械公司委托的工程监理单位签字，且无证据证明A机械公司曾对该工作联系单中提及的由于A机械公司自行组建挖机和大型运土车辆碾压导致土体下沉后果提出异议。故重型汽车与挖土机械碾压导致土体下沉、基桩倾斜变形断裂的责任应当由A机械公司承担。其四，关于工程放坡系数不足的问题。在不能满足正常放坡系数的情况下，B建设公司作为施工方，没有采取合理的施工方案，未能从工程质量安全出发，进一步向建设单位提出调整开挖方案的要求，而是仍按原方案实施，故B建设公司对于施工产生的质量后果应当承担一定的责任。A机械公司对B建设公司提出的调整设计方案的建议未重视与答复，亦应承担一定的责任。其五，关于基坑支护问题。B建设公司提出有关方案，而A机械公司强调工程造价为包死价，并以B建设公司提出基坑支护方案和费用与建设单位无关，态度消极，应对工程质量出现问题承担主要责任。B建设公司虽发现特殊地质并提出建议，但在A机械公司不予认可之后仍不计后果施工，亦应当承担一定的责任。综上所述，涉案工程质量出现重大问题，建设单位与施工单位均有过错，建设单位A机械公司对本案工程质量问题的发生应承担主要责任，施工单位B建设公司承担次要责任。（2）关于B建设公司应否承担违约责任。由于工程质量问题的发生导致无法按期竣工的主要过错在A机械公司，故A机械公司在建设成本之外主张B建设公司承担工期违约责任的法律依据并不充分，本院不予支持。（3）关于工程款与停工损失应当如何认定。首先，工程造价，因工程尚未竣工，且在工程施工中所采取的措施费数额较大，故仅按施工图鉴定工程造价难以准确测算实际完成工程量占全部工程量的比例，不得以鉴定已完工程造价或按图纸施工造价再乘以合同约定的固定价的方法来计算已完工程量造价。其次，施工现场物料，施工现场钢筋与钢管、扣减等材料损失及机械损失，是A机械公司在一审期间申请诉讼保全而导致的损失，不应予以扣除。其三，工人和管理人员的工资，A机械公司虽对B建设公司单方提供的工资表核算工资提出了异议，但并不能提供充分反证予以推翻，故B建设公司已完工程款及停工期间损失即为13 856 953.90元，对该损失应由A机械公司承70%的责任，其余30%应由B建设公司自行承担。

【裁判结论】

一审法院判决：一、解除 A 机械公司与 B 建设公司于 2007 年 12 月 15 日签订的《合同书》；二、驳回 A 机械公司的其他诉讼请求；三、A 机械公司给付 B 建设公司工程款 6 136 953.90 元及利息；四、驳回 B 建设公司其他诉讼请求。

二审法院判决：一、维持一审判决第一项，即解除 A 机械公司与 B 建设公司于 2007 年 12 月 15 日签订的《合同书》；二、维持一审判决第二项，即驳回 A 机械公司其他诉讼请求；三、维持一审判决第四项，即驳回 B 建设公司其他诉讼请求；四、变更一审判决第三项为：A 机械公司给付 B 建设公司工程款 3 365 563.12 元及利息。

再审法院判决：一、维持二审判决第一项、第二项、第三项；二、变更二审判决第四项为：A 机械公司给付 B 建设公司工程款 1 979 867.73 元及利息。本判决为终审判决。

2. A 工程公司与 B 大学理工学院、C 建筑公司索赔及工程欠款纠纷案

【裁判要旨】

因发包人提供错误的地质报告致使建设工程停工，当事人对停工时间未作约定或未达成协议的，承包人不应盲目等待而放任停工状态的持续以及停工损失的扩大。对于计算由此导致的停工损失所依据的停工时间的确定，也不能简单地以停工状态的自然持续时间为准，而是应根据案件事实综合确定一定的合理期间作为停工时间。

【基本案情】

1998 年 6 月 18 日，B 大学理工学院与 C 建筑公司通过招标方式签订了《建设工程施工合同》，B 大学理工学院将其成教楼、住宅楼发包给 C 建筑公司。C 建筑公司为组织施工，次日将上述工程分包给 A 工程公司，双方签订了《B 大学工程分包合同》，由 A 工程公司执行理工学院与 C 建筑公司签订的合同中的施工义务，C 建筑公司承担管理义务。后 A 工程公司以 C 建筑公司 B 大学项目部的名义到理工学院工地进行施工。D 事务所为该工程的监理单位。1999 年元月，因发现成教楼西半部浇板出现裂缝，D 事务所向 B 大学项目部下发停工整改通知书，随后 C 建筑公司工程管理部向 B 大学项目部下发了停工通知书，至此，成教楼全部停工。围绕成教楼裂缝问题，1998 年元月 24

日，豫中地质勘察工程公司、理工学院土木工程系作出《B大学成教楼、住宅楼岩土工程勘察报告》，结论为："桩端持力层放在粉质粘土五层上"，该五层土的数值是1500Kpa。当年11月18日，机械工业部第四设计研究院给理工学院基建处函件记载："《B大学成人教育大楼基桩检测报告》发现部分桩端极限端阻力与原土质资料相差较大。""若不处理，很可能引起楼房基础沉降不均，建筑物倾斜，开裂等不良后果。"1999年6月26日由洛阳市建委召集勘察、设计、建设、监理、施工单位就成教楼现浇板裂缝原因进行分析讨论，形成《B大学成教楼裂缝原因分析会审纪要》，该纪要第2条："鉴于地质勘探由无资质的理工学院土木工程系勘探，所提供的承载力与桩检报告所反映的地基承载力有一定差异，要求理工学院委托有资质的勘探单位重新勘探。"6月29日又委托豫中地质勘察工程公司进行地质核查勘察，7月1日该公司复函确认原勘察报告符合有关规定。10月下旬理工学院又委托洛阳市规划建筑设计研究院进行补充勘察，11月该研究院作出《B大学成教楼、住宅楼岩土工程勘察报告（补充）》，结论及建议为："该场地第5层粉质粘土的极端阻力标准值 $qp=1300kpa$，第6层粉土与粉质粘土的极端阻力标准值在北部、东部为 $qpk=1200kpa$"，"在西部、南部为750-900kpa"，"对成教楼需进行基础加固"。之后，理工学院又委托原设计单位机械工业部第四设计院对基础机械更改设计。2000年3月13日该研究所依据洛阳市规划建筑设计院的勘察报告对成教楼基础进行了更改设计，在《设计更改通知单》明确更改原因："因甲方（理工学院）所提供的地质报告有误。"

2001年10月，一审法院委托国家建筑工程质量监督检验中心对成教楼裂缝原因进行检验，结论为："裂缝是由于两轴间基础的不均匀沉降引起的。"本案在一审审理过程中，C建筑公司已按更改的基础加固图对基础进行了加固。

该工程从发现裂缝被下令停工至诉前，为分析裂缝原因及专家论证和确定责任等用去了近两年的时间。其中，1999年4月20日，因成教楼出现质量问题，C建筑公司向A工程公司发出停工通知，同月25日，C建筑公司经理吴某某对A工程公司经理杨某某要求"所有人员退场，找可靠人员把所有现场封闭，特别是成教楼，任何人不准进入"，杨某某对此表示"能做到"。1999年8月2日，C建筑公司召开了B大学成教楼、住宅楼复工会议，根据会议纪要显示，C建筑公司要求"分承包方"即A工程公司于8月中旬复工，工期100天，C建筑公司副经理蔡某某并要求"必须保证工期，……如果杨某某再出现什么事，公司将采取强硬态度"。杨某某则表示"一定按公司的要求保质、保量完成，尽快安排人员进场"。但工程并未于1999年8月中旬复工，各方当事人仍因成教楼裂缝问题而就停工、复工未达成一致。C建筑公司和理工学院不能证明在此期间对A工程公司何时复工，人员是否撤场，机械是否搬迁等事项作出处理，也未按"工程停工两个月以上应向主管部门报告"的规定向主管部门报告。

A工程公司从停工起至起诉前止，共计691天，其中停滞机械设备台班费423 873.91元；建筑周转材料损失1 533 693.42元；人工窝工损失93 030元。另，该工程租用洛阳市信昌建筑安装工程公司第六分公司六吨塔式起重机一部，法院已经作出了判决，由A工程公司按每日100元的标准支付赔偿金。C建筑公司委托河南省建筑工程质量检验测试中心1999年第92号、100号《质量检验报告》对成教楼检验的结论证实A工程公司施工中存在部分质量问题。此外，理工学院土木工程系不具有工程勘察资格，无营业执照。

法院另查明：2001年1月20日、1月21日，A工程公司与C建筑公司签订了两份《协议书》，约定"C建筑公司于2000年元月22日支付给A工程公司工程款50万元"，"2月7日前就款项问题理工学院、C建筑公司履约的同时，向C建筑公司腾出成教楼施工现场"。后由于双方均未履行协议，C建筑公司诉至河南省洛阳市西工区人民法院，在西工区人民法院主持下达成调解，西工区人民法院于2001年3月20日作出了民事调解书，明确"被告（即A工程公司）撤出现场"。

A工程公司以理工学院提供的地质报告有误、C建筑公司组织指挥和协调不力，造成A工程公司分包的理工学院成教楼、住宅楼工程停工，造成巨大经济损失，工程款被拖欠为由，提起诉讼，请求判令：C建筑公司、理工学院赔偿因过错给A工程公司造成的经济损失303.5万元；C建筑公司、理工学院立即支付剩余工程款1 252 579.4元。

C建筑公司答辩称：A工程公司要求C建筑公司赔偿其损失不成立。原因有三：其一，在成教楼未发生质量问题时，A工程公司施工进度已违约。其二，A工程公司的施工责任造成工程质量不合格，停工是A工程公司的施工质量不合格造成的，损失应自己承担。其三，停工后A工程公司不积极整改，故无法复工。关于拖欠工程款问题，因该工程未决算、未审计，是否拖欠工程款不能确定，故不存在支付工程款的问题。

理工学院答辩称：其一，A工程公司不为住宅楼、成教楼工程施工合同的主体，其与理工学院无直接利害关系，理工学院不应作为本案被告。其二，A工程公司与C建筑公司签订的分包合同约定的权利义务与理工学院无关。其三，成教楼裂缝产生的直接原因是施工工程质量不合格，因此才导致工程停工，停工损失应由A工程公司自行承担。其四，地质报告的差异与楼板裂缝等质量问题没有直接因果关系。其五，龙公司称理工学院隐瞒真相，没有事实依据。其六，理工学院不欠A工程公司任何工程款。其七，理工学院无任何过错，更没有给A工程公司造成任何损失。

【法院认为】

一审法院认为：理工学院作为成教楼的业主，在施工中出现问题，主要原因在于理工学院在没有勘察资质，没有营业执照的情况下，与他人作出岩土工程勘察报告，该报告有误，导致成教楼裂缝，造成A工程公司停工，应承担停工损失的主要责任。C建筑公司在发现成教楼裂缝后，处理不力，致损失扩大，应承担一定责任。A工程公司在施工中存在部分质量问题，虽然该质量问题不是导致成教楼裂缝的原因，但其工程中的质量问题已对理工学院产生不安影响，工程停工有其不安成分在内，故A工程公司对停工亦应承担一定责任。

理工学院不服，提起上诉称：第一，一审判决事实认定不清。C建筑公司与A工程公司的"分包合同"属整体转包，系无效合同。成教楼出现裂缝是由施工质量问题而造成的。"未向主管部门报告"不能成为理工学院承担责任的理由，A工程公司的损失不是事实，A工程公司从未向C建筑公司及相关部门提出过对人员、设备、材料的清点及索赔，在诉讼中提出索赔请求无事实依据。第二，一审判决认定事实错误。豫中地质勘察工程公司是有资质的公司，该公司与理工学院共同作出的《地质勘察报告》，在1998年10月机械工业部第四设计研究院根据桩基检测结果，对成教楼的设计作了变更，理工学院没有过错。第三，一审判决适用法律错误。本案应为建筑工程施工合同纠纷。综上，请求判令二审法院查明事实，依法改判。

C建筑公司亦不服，提起上诉称：一审判决A工程公司索赔部分事实不清。A 工程公司没有提供索赔的有效证据，索赔程序不合法，且一审判决认定的 691 天的损失是由 A 工程公司自己造成的。C 建筑公司没有过错，不应承担赔偿责任。

A 工程公司针对理工学院的上诉答辩称：第一，故 A 工程公司与 C 建筑公司所订立的合同符合规定。第二，停工原因是理工学院提供的地质勘探报告有误造成的。且针对机械工业部第四设计院两次致函理工学院指出的质量隐患，理工学院对此无动于衷，并继续让 A 工程公司施工，导致主体完工后出现裂缝。第三，A 工程公司的损失有书证、物证及有关生效判决可以证明。

A 工程公司针对 C 建筑公司的上诉答辩称：第一，从 1999 年 4 月 C 建筑公司和理工学院下令停工后，A 工程公司的建筑机械、周转材料、人员一直留在工地。2001 年 1 月 C 建筑公司才与 A 工程公司签订退场付款协议，A 工程公司撤出了成教楼施工现场，但机械、周转材料、人员等仍在工地等待结算。第二，1999 年 4 月发现楼板裂缝，理工学院和 C 建筑公司下令停工，停工后一直在寻找和分析裂缝原因，让 A 工程公司等待结果和准备随时复工，在裂缝原因没有查明情况下，A 工程公司等待根本不可能提出索赔请求。第三，关于停工 691 天，1999 年 8 月 2 日召开了复工会议并形成纪要，该纪要证明了 A 工程公司属停工而绝非撤场。A 工程公司是在 2001 年以后才退出施工现场的，但建筑材料、周转材料、人员仍在工地，因 C 建筑公司未给 A 工程公司结算，造成损失进一步扩大，其应当承担赔偿责任。

二审法院认为：第一，关于分包合同效力问题。本案中，虽然存在总分包合同两个合同，但 C 建筑公司在将其承包的工程分包给 A 工程公司后并未退出承包关系，仍对工程负责，且不存在 C 建筑公司以盈利为目的，将承包的工程分包给其他施工单位，不对工程承担任何技术、质量经济责任的行为。A 工程公司与 C 建筑公司签订工程分包合同后，其与 C 建筑公司共同成为总包合同的当事人，共同对所承建的理工学院成教楼承担责任。理工学院上诉主张 C 建筑公司与 A 工程公司签订的分包合同实为转包合同，违反了法律禁止性规定应无效的理由不能成立，不予支持。第二，关于成教楼裂缝责任应由谁承担及停工损失应如何计算的问题。造成成教楼出现裂缝，停工损失三方当事人均有责任，应依其原因力大小承担相应的责任。专家论证、鉴定结论等均证明 A 工程公司在施工中确实存在质量问题，A 工程公司对自身人员设备停滞所造成的损失，应自负一定的责任。但理工学院成教楼出现裂缝的真正原因是理工学院出具的地质报告有误所导致的地质不均匀沉降，且理工学院并未采取措施。根据一系列检验报告证明，理工学院成教楼的裂缝与理工学院提供的地质报告有误有直接的因果关系，如果属施工质量问题，地质报告及设计不可能一再变更。根据专家的论证和鉴定结论，理工学院在不能提供确凿的证据证明其成教楼裂缝的原因是与地质报告是否有误无直接的因果关系情况下，一审法院依据有关的专家论证及科学的鉴定结论认定理工学院作为业主，应向施工单位提供准确无误的施工图纸和地质报告，因其给施工单位提供的图纸和地质报告有误，导致成教楼裂缝，造成 A 工程公司停工，应承担主要的责任并无不当。但一审法院确定理工学院承担责任的比例和数额不当，应当予以纠正。C 建筑公司对在成教楼出现裂缝之后，在分析认定裂缝原因的过程中 A 工程公司是否还应当继续施工等问题的解决组织协调不力，并对停工后如何避免分包施工单位的损失，没有采取有效的措施，使 A 工程公司人员设备长期停滞在施工现场，由此给 A 工程公司所造成的损失也应承担相应的责任。第三，关于损失计算的依据问题。A 工程公司、C 建筑公司、理工学院对因停工所造成的损失应承担与自身原因相适应的责任。理工学院应承担主要责任，具体承担责任的比例确定为 50%。C 建筑公司对停窝工损失也应承担相应的责任，其承担责任的比例确定为 20%，其余损失由 A 工程公司自负。停工持续一段时间后，A 工程公司自身应当意识到在短期内已经不能复工，自己应立即采取措施避免损失的扩大，其无权就扩大的损失要求赔偿。据此，计算 A 工程公司停工窝工损失的期限，二审法院酌定为 A 工程公司从 1999 年 4 月 16 日停工起 6 个月，此后的停窝工状况，A 工程公司应当采取措施加以改变，故不再计入赔偿损失的期限范围。此外，一审法院未考虑到 A 工程公司在成教楼裂缝查找原因期间，自己应采取必要的措施防止损失的扩大，认定 A 工程公司 691 天的损失依据不足，应予纠正。一审法院收取的其他费用无依据，不应收取。综上，一审判决认定事实基本清楚，处理结果欠妥，应予以改判。

  A 工程公司不服二审判决，申请再审查称：第一，理工学院对停工损失应承担主要责任。第二，停工时间不应计算六个月，一审对停工时间的计算正确。第三，A 工程公司对检测、开工、撤场无主动权，无法预见停工时间的长短，A 工程公司多次请求妥善解决停工问题，对损失的扩大没有任何过错。综上,请求撤销二审判决,维持一审判决。

理工学院答辩称:第一,桩基、地质资料与裂缝无关,造成停工损失的直接责任人是A工程公司。第二,A工程公司恶意扩大损失,未采取积极有效措施。第三,二审判决损失按六个月计算正确,应予维持。

C建筑公司答辩称:第一,二审判决下达后,A工程公司至今未向C建筑公司申请执行,应视为放弃权利。第二,对停工损失,二审判决按六个月计算已充分保护了A工程公司的权益,是正确的,请求维持。

再审法院认为:二审判决认定事实清楚,适用法律及处理结果正确,应予维持。A工程公司的再审申请理由不能成立,予以驳回。

A工程公司仍不服,申请申诉称:请求撤销二审判决和再审判决,依法改判。理由在于:第一,二审判决和再审判决依据该文件将停工时间认定为6个月错误。第二,二审判决和再审判决以该文件作为认定停工时间的依据属于适用法律错误。第三,二审判决和再审判决认定A工程公司没有采取必要措施致使损失扩大错误。第四,二审判决和再审判决对停工损失的责任分担及损失数额的认定明显不公平。

理工学院答辩称:二审判决和再审判决认定事实和适用法律都是正确的,应当驳回A工程公司的申诉请求。

C建筑公司答辩称:A工程公司的申诉理由不成立,应当依法驳回其请求。

申诉法院认为:本案的争议焦点为,理工学院、C建筑公司应当如何承担A工程公司诉请的停工损失。第一,关于停工时间。在1999年4月20日成教楼工程停工后,A工程公司与C建筑公司就停工撤场还是复工问题一直存在争议。成教楼工程停工后,理工学院作为工程的发包方没有就停工、撤场以及是否复工作出明确的指令,C建筑公司对工程是否还由A工程公司继续施工等问题的解决组织协调不力,并且没有采取有效措施避免A工程公司的停工损失,理工学院和C建筑公司对此应承担一定责任。与此同时,A工程公司也未积极采取适当措施要求理工学院和C建筑公司明确停工时间以及是否需要撤出全部人员和机械,而是盲目等待近两年时间,从而放任了停工损失的扩大。故此,虽然成教楼工程实际处于停工状态近两年,但对于计算停工损失的停工时间则应当综合案件事实加以合理确定,二审判决及再审判决综合本案各方当事人的责任大小，参照河南省建设厅《关于记取暂停工程有关损失费用规定的通知》的规定，将 A 工程公司的停工时间计算为从 1999 年 4 月 20 日起的 6 个月，较为合理。A 工程公司认为参照该通知将停工时间认定为 6 个月属于适用法律错误的理由不能成立。二审判决及再审判决据此认定对此后的停窝工，A 工程公司应当采取措施加以改变，不应计入赔偿损失范围并无不当。A 工程公司对其未采取适当措施致使的损失应当自行承担责任，A 工程公司主张不存在怠于采取措施致使损失扩大的理由亦不能成立。第二，关于停工损失的数额。根据上述 A 工程公司停工损失的计算期间的认定结果，本院认定 A 工程公司 6 个月停工损失为 534 162.6 元。租用六吨塔式起重机支付的赔偿金 135 000 元，以每天 100 元，共计 6 个月，合计 18 000 元。以上两部分合计 552 162.6 元。第三，关于停工损失的分担比例。理工学院应承担的损失比例为 70%，C 建筑公司仍按照二审及再审判决确定的 20% 承担损失责任，A 工程公司自负 10%。

【裁判结论】

一审法院判决：一、C 建筑公司赔偿 A 工程公司经济损失 211 855.97 元；二、理工学院赔偿 A 工程公司经济损失 1 694 847.79 元；三、剩余损失 211 855.97 元，由 A 工程公司自负。

二审法院判决：一、撤销一审法院判决；二、理工学院赔偿 A 工程公司经济损失 276 081.3 元；三、C 建筑公司赔偿 A 工程公司经济损失 110 432.52 元；四、驳回 A 工程公司的其他诉讼请求。

再审法院判决：维持二审法院判决。

申诉法院判决：撤销再审法院判决维持二审法院判决第一项、第三项、第四项；撤销二审法院判决第二项；理工学院赔偿 A 工程公司经济损失 86 513.82 元。

第四章　建设工程合同当事人的再交涉义务

引言：问题的提出

工程建设具有的项目周期长、技术复杂、不可预见因素多等特性，孕育了建设工程合同的易变性和不确定性。在这样的长期性合同中，合同关系不再是缔约时一次性生成的静态权利义务关系，而成为动态的合同过程，由此带来了合同调整和再交涉的必要性。例如，建设工程出现材料或人工价格大幅上涨、施工现场条件发生变化而导致施工进度迟延、工程结束后的价格审计中因质量问题而产生争议等情形下，都需要双方就施工进度、价格、争议处理等问题进行再交涉后方能推进合同顺利履行。这种合同履行中的再交涉必须建立在双方当事人高度信任与合作的基础上方有可能实现，而在我国建设工程领域，由于当事人信任与合作意识的严重缺失，使合同的再交涉难以开展，大量合同因当事人就一些细小的履行障碍无法自治协商解决，只能诉诸法院，往往造成工程烂尾，双方损失巨大。

【案例2】2008年4月15日，三福公司与牧羊公司订立《钢结构工程施工合同》，约定由牧羊公司承建三福公司下料车间钢结构工程。

合同签订后，由于关联承包商陕西建工公司承建的基础工程迟延，导致牧羊公司无法按约开工。三福公司与牧羊公司经协商达成备忘录，约定三福公司提前支付部分工程款，牧羊公司在现有施工场地条件下进行分段施工。但由于陕西建工公司再次迟延交付基础工程，导致牧羊公司三次进场进行部分施工后又因现场不具备施工条件而三次撤场。

牧羊公司第二次撤场后，三福公司向其发函称牧羊公司不按照合同约定进场复工，且工程质量存在瑕疵，要求牧羊公司立即复工并对工程进行修复。

牧羊公司拒绝复工，三福公司遂于2009年5月9日通知牧羊公司解除合同。

三福公司于2009年5月15日向法院提起诉讼，要求牧羊公司赔偿因工期迟延和工程质量不合格导致的经济损失2530万元等。牧羊公司亦提起诉讼，要求三福公司赔偿违法解除合同的损失1050万元和支付违约金315万元。

本案经过8年诉讼，先后就工程质量、工程造价等问题进行了6次司法鉴定，方才作出终审判决。江苏省高级人民法院判决认为，建设工程合同具有规模大、金额高、工期长、工艺复杂等特点，且施工过程中难免涉及许多双方在缔约时难以预见的风险和障碍。因此，为保障工程顺利完工，实现订立建设工程合同之目的，双方当事人都应当秉承诚信信用和公平交易的原则，履行相互合作的义务。这一合作义务的内容包括：发包人应为承包人提供符合施工要求的施工场地、施工条件；当施工中出现障碍或风险时，双方应当尽到合理努力相互协调，适当调整施工时间、方法和步骤；出现争端时，双方应当进行诚信磋商，根据公平原则合理分配各自的权利、义务和风险等。本案中，在施工合同订立后，出现了由于前期土建工程迟延导致三福公司无法按期提供符合施工要求的施工场地和工作面的问题。起初，双方尚能通过互相协商达成备忘录，三福公司承诺将原合同中约定的工程进度款支付期限予以提前，牧羊公司也接受了现有的施工场地和工作面限制，开始进场对下料车间进行分段施工。但在施工过程中，由于土建工程时间一再迟延，使牧羊公司施工持续受到影响，牧羊公司不得不三次进场进行部分施工后，又三次退场等待施工条件具备。牧羊公司第三次退场后，双方未能就进场复工的相关事项再次进行诚信而充分的磋商，共同寻求公平合理的解决方案，而是仅站在各自的立场固执地坚持己方的利益诉求，导致合同关系最终破裂，因此，双方均对合同的解除负有一定的责任。[①]

上述案例中，合同履行障碍的发生最初是由于关联承包商迟延交付基础工程导致牧羊公司无法按期开工，双方开始还能通过自愿协商就施工方案达成变更，但在变更履行后再次发生争议，争议内容也从工程进度问题发展到工程质

[①] 三福公司与牧羊公司建设工程合同纠纷案，江苏省高级人民法院（2013）苏民终字第0022号、（2012）苏民终字第0246号判决书。

量争议，此时由于双方都未能就再协商尽到合理努力，最终导致合同无法继续履行，双方均遭受了巨大损失。由此可见，在合同法上亟待研究的课题是：能否通过引入再交涉义务在建设工程合同内嵌入信任合作的机制？再交涉义务是否具备其在合同法上的正当化基础？再交涉义务仅仅适用于情事变更的情形，还是应作为长期合同的一般性义务？再交涉义务的法律构成是什么？本章将从不同理论视角对再交涉义务的正当性基础进行论证后，尝试对再交涉义务的具体法律构成进行讨论。

第一节 建设工程合同再交涉义务的正当化基础

再交涉义务理论最早在 20 世纪 80 年代由德国民法学界提出。根据 1981 年 Horn 在《再交涉义务》一文中给出的定义，再交涉义务是指现存合同的双方当事人为实现经合意方式使合同适应周围状况这一目标进行交涉的义务。[①] 学者 Martinek 则将再交涉义务定义为：现存合同双方当事人所为事后的合同调整以适用变更后的情事，利用形成空间进行协商的义务，并于违反时承担法律责任。[②] 上述定义阐明了再交涉义务的两个核心要素：一是再交涉义务要求合同双方在特定情形下对合同调整进行重新协商，以使合同适应周围状况的变化；二是再交涉义务是法律为合同双方设定的强制性义务，违反该义务将会产生相应的法律责任。这两个要素看起来与古典合同理论的合同拘束力原则和意思自治原则格格不入，正因为此，内田贵称"能否将再交涉义务作为法律义务而正当化，可谓是新合同法理论的试金石之一"。[③] 本节即从不同的分析视角对建设工程合同引入再交涉义务的正当化进行论证。

一、再交涉义务正当化的经济学视角：不完全合同

经济学领域的合同理论分为完全合同理论和不完全合同理论。完全合同理论认为，合同当事人都是理性的经济人，能够预期到未来的各种或然情况，并在合同中准确地描述与交易有关的所有未来可能出现的状况，以及每种状况下

[①] 顾祝轩：《合同本体解释论》，法律出版社 2008 年版，第 285 页。
[②] 杨宏晖：《论情事变更原则下重新协商义务之建构》，载台湾地区《台北大学法学论丛》第 97 期。
[③] ［日］内田贵：《现代契约法的新发展与一般条款》，载《民商法论丛》第 2 卷，法律出版社 1994 年版。

合同各方的权利义务和责任。但是，不完全合同理论认为，这种合同只是"理想型"的合同，现实生活中并不存在。现实的合同都是不完全的，而且，按照科斯的推理，"由于预测的困难，关于商品或劳务供给的合同期限越长，那么对买方来说，明确规定对方该干什么就越不可能，也越不合适"。① 为什么合同是不完全的呢？威廉姆森（Williamson）将合同不完全的原因概括为三类交易成本：（1）预见成本，即当事人由于某种程度的有限理性，不可能预见到所有的或者状态；（2）缔约成本，即使当事人可以预见到或然状态，以一种双方没有争议的语言写入合同也很困难或者成本太高；（3）证实成本，即关于合同的重要信息对双方是可观察的，但对第三方（如法庭）是不可证实的。②

以上是关于合同不完全性的一般解释。合同的不完全性可以从人的有限理性、内容不确定性和交易成本等角度加以说明。在建设工程合同中，由于合同周期长、易受外在环境影响、价格波动幅度大等因素，更增加了合同的不完全性。具体体现在：

1. 缔约人对施工技术的复杂性以及施工环境的多变性预见不足或缺乏相应知识。由于建设工程施工合同涉及的工程技术复杂，加之需要约定的合同事项繁多且履约时间较长，这些都使合同当事人在缔约时难以对未来的履行条件及可能的变化做出全面而准确的预估。例如，在施工合同缔约时没有充分估计到承包商采购的材料价格在合同履行过程中可能的涨跌情况，造成合同未对材料市场价格涨跌后是否调整价格以及如何调整等问题作出规定。正如戈茨（Goetz）所言："因为当事人在事前无法预知可能发生的风险为何，因此就无法在缔约时便将合同中的权利义务关系约定清楚"。有时，即使当事人知道在建设工程合同履行中可能发生的种种风险，但风险发生的概率和程度都是将来的问题，如果在缔约时就必须对其加以评价和判断，反而容易发生判断错误的情形。例如，违约金和损害赔偿金的预定等，虽然数额过大，但当事人一方判断认为风险发生的概率低，便轻易达成合意。

2. 缺乏对需要规范事项精确而完整的语言（不仅指文字，还包括图、表

---

① Goase, Ronald, The Nature of the Firm. Economica. 4（1937），P. 386～405.
② 转引自杨瑞龙、聂辉华：《不完全契约理论：一个综述》，载《经济研究》2006年第2期。

等）表达。合同语言的复杂性源于工程技术的复杂性以及语言组织与意思表达之间协调一致的复杂性。美国学者凯纳普指出："文字都是用来表达人们的思想的符号，但文字作为人们表达思想的工具并且是十分完美的，因为某人使用某个用语可能并未表达其真实的用意，甚至人们使用相同的用语所表达的意思截然不同，对合同来说，同样如此。"① 因此，即使是最精细而详尽的建设工程合同，也同样会因为语言表达本身的复杂性而导致合意的不完全。例如，作为合同一部分的设计文件存在漏项或深度不足，在合同中没有约定质量标准或支付方式等。

在建设工程合同实践中，还常常存在一些可能造成合同意思表达不能确定的情况，主要包括歧义的语言表达、模糊的语言表达等。所谓歧义的语言表达，指可造成合同双方对语言表达的内涵、外延的不一致理解。例如，钻孔灌注桩施工时，泥浆外运每立方米50元。而"泥浆"一词如果不做严格界定，则可能是指钻孔出泥时形成的塑状的泥土和流动性的浆体，也可能只是指钻孔出泥时形成的浆体，而不包括泥的价格。假如业主和承包人在泥浆内涵的认定上各执一词，就面临对"泥浆"含义的解释问题。② 模糊的语言表达即按照此语言表达，履约行为的动作、手段以及时空界限等具有不确定的选择性。例如，合同约定，"等业主委托行政审计机构出具审计报告后，支付承包人工程尾款"，但是结算审计报告出具到支付工程尾款的具体时限并没有在合同中予以明确，承包商取得价款的时间变得不确定，导致争议发生。

3. 事前预测和处理风险的谈判与交易成本过大。不完全合同理论的研究显示，当复杂的程度升高时，撰写完全合同所能达到的效用便越低，所必须支出的成本便越高，而使撰写完全合同变得不符合成本效益法则。③ 例如，在建设工程合同履行中，可能会因各种各样的原因造成合同履行的风险，比如在建设工程施工过程中存在着像地质、灾害、天气、第三人阻挠施工、市场需求等诸多不可知的因素，当事人也许不确定履行成本是多少，或者即使有可能就处理此类意外情况商定合同条件，这是一种看起来通常发生概率很小的可能性，

---

① 转引自王利明：《合同法新问题研究》，中国社会科学出版社2003年版，第105页。
② 徐雷：《基于业主方的施工合同风险识别研究》，知识产权出版社2013年版，第86页。
③ 黄湘榆：《计划赶不上变化？论长期商业契约中之风险控制与漏洞填补——以契约的解释为中心》，台湾地区台湾大学2008年法律学研究所硕士论文。

为此形成一个协议的成本也是十分高昂的。对于当事人而言,与其花费时间和金钱收集信息以促成对合同条款达成合意,不如在履行的过程中根据更多的关于成本的信息来调整计划。基于这种考虑,当事人往往会有意识地将某些事项置于"空白状态",对该事项具体条件的确定则委诸于合同履行中当事人相互之间的交涉。随着双方合同关系的进一步发展,合同当事人会自觉或不自觉地审视彼此之间的合同关系,一旦出现问题或争议就通过协商方式变更合同内容,以继续维持合同关系。①

4. 合同的有关信息难以为第三方(法庭)所精确测量并证实。经济学家在这里用了两个不同的概念,一个是"可观察的"(observable),另一个是在法律意义上"可测定的"(verifiable)。由于建设工程合同履行的技术复杂性,导致技术行为及结果的非稳定性以及不确定性,并且在建设工程项目实施的技术系统中,各技术要素之间存在着相互交织且动态变化的联系。一旦合同发生纠纷诉诸法庭,这种技术复杂性将增加法庭的评估技术难度。例如《中华人民共和国招标投标法》第41条规定:"中标人的投标应当符合下列条件之一:(一)能够最大限度地满足招标文件中规定的各项综合评价标准;(二)能够满足招标文件的实质性要求,并且经评审的投标价格最低;但是投标价格低于成本的除外。"该规定意味着低于成本价的投标报价将被认为违法。但问题的关键是最低的施工成本到底是多少取决于不同施工企业的具体施工方案等多种因素,不同的技术工艺与施工组织、不同的机械与施工设备投入都会对建设成本发生作用。因此,法庭对承包人的报价与承诺的施工内容数量与质量的一致性程度很难作出精确测量与评估。正是在这一意义上,从事建设工程合同司法实务的法官往往无奈地称建设工程合同审判只能是一种"粗糙的正义"。

完全合同理论与不完全合同理论基于对合同现象的不同观察结论提出了不同的解决思路:前者认为合同可以在事前规定各种或然状态下当事人的权利与责任,因此问题的重心就是事后的执行与监督问题;后者则认为合同不可能规定所有或然状态下的权责,因此需要在自然状态发生后通过再谈判来解决,因此重心在于事前对再谈判权利进行机制设计或制度安排。② 由此,不完全合同

---

① 顾祝轩:《合同本体解释论》,法律出版社2008年版,第265页。
② 杨瑞龙、聂辉华:《不完全契约理论:一个综述》,载《经济研究》2006年第2期。

理论为法律上引入再交涉义务提供了交易成本上的解释。

二、再交涉义务正当化的法社会学视角：关系合同规范

麦克尼尔的关系合同理论同样关注到了合同的不完全性，他指出，各种长期合同都有两点不足：一是在合同关系中，对于未来交换的物的计划必然是不完全的；二是由于合同的不完全性和当事人的有限理性，合同关系中即使是当事人共同协商一致的计划经常要随情况的变化而变化。① 鉴于此，与古典合同理论强调初始合意的拘束力不同，麦克尼尔主张对于这种长期合同不能期待一次缔约，终身受用，而是须根据合同履行中的具体情况因时而变，合同各方的权利和义务，事实上处于一种开放式的持续修正状态当中。既然如此，合同签订后的再谈判就是不可避免的。正如威斯康辛大学教授怀特佛德（William Whitford）指出的那样，"与其将一切进行一次性处理，不如将重要的条款委诸交涉，同时容纳多种方式的履行并依次达成合意更有利于当事人"。② 但是，将不完全合同的未尽事宜托付于再谈判机制面临两个困难：一是由于信息的不对称性，缔约的双方总有一方知道的信息多一些，所以存在投机行为。二是专用性投资的危险性。如果合同是完备的，当事人就可以把专用性投资产生的危险性考虑在内，纳入合同内容。但因为合同是不完全的，所以无法预防这些问题。③ 例如在建设工程合同中，承包人大多需先行投入巨额成本，待工程项目完成之后，方能将工程标的物移转给发包人，这些先行投入的成本均构成承包人的"专用性投资"。在承包人投入一定的专用性投资后，定作人便有重新议价的诱因和"敲竹杠"的便利。正是由于缔约各方都有机会主义倾向，都会采取各种策略行业为来谋取自己的利益，因此缔约后双方不可避免会出现拒绝合作、失调、成本高昂的再谈判等危及合同关系持续发展的情况。如何克服不完全合同面临的这些问题，就需要求诸一种治理机制在事后的再谈判中"注入秩序，转移冲突，实现双方共同利益"。④

---

① ［美］麦克尼尔：《新社会契约论》，雷喜宁、潘勤译，中国政法大学出版社 2004 年版，第 22～25 页。
② William C. Whitford, Ian Macneil's contribution to contracts scholarship, Wisconsin Law Review 3 (1985), p546.
③ 周雪光：《组织社会学十讲》，社会科学文献出版社 2003 年版，第 227 页。
④ 转引自聂辉华：《声誉、契约与组织》，中国人民大学出版社 2009 年版，第 22 页。

那么，如何保证这种动态的再谈判机制的可执行性呢？麦克尼尔从构建关系合同法出发，提出了通过合同的内在规范来实现合同的动态调整，他从基本的合同实践中归纳出 9 项内在规范，即角色保全、相互性的促进、计划的执行、同意的实现、弹性、契约团结、连结规范（包括不当得利、信赖利益和期待利益）、权力的设置和限制、与社会本体的协调等。同时，针对个别性合同和关系性合同的特点归纳出不同的规范特点，如个别性合同更强调个别性和现时化；而关系性合同则以保护长期性关系为原则，更强调角色保全、关系维持、冲突协调等规范。在这些内在规范中，契约团结规范为再交涉义务提供了基本的法伦理基础。麦克尼尔的契约团结规范是以强调信任与合作、反对彻底的利己主义为假设前提的。虽然就古典合同理论而言，根据诚实信用原则，当事人之间也负有一定的协助、保护等附随义务，但是这些协助义务只要满足最低的限度即可，违反该义务也不会影响当事人合同目的的实现。但在关系合同理论中，这种合作的程度远远超过附随义务，并已经上升为关系合同法的基本理念和价值导向，对再交涉义务的机制构建、再交涉义务的范围及内容等都起到指引作用。

在契约团结的规范伦理基础上，麦克尼尔又提出了具体适用于长期合同的关系性规范即关系维持规范。在长期合同的履行中，如何从法律的规制角度使合同关系得以维持，不同时期的合同理论提出了不同的解决方案。古典合同理论的解决思路是将未来可能使合同难以维持的风险都现时化到合同缔结时，并通过违约责任等法律制裁强化合意的拘束力。古典合同理论的缺陷是其没有意识到，"长期的商业利益使理性的追求自我利益的当事人非正式地同意对其不利的调整"。[①] 随后，新古典合同理论对古典合同理论进行校正，其主要思路是以法律拟制的发展强制对"合意"作出扩张解释，使这种拟制远远超出了当事人曾经的计划或"合意"。而在关系合同理论看来，这种改进目的是为了回避承认合同制度的关系特征，通过外在干预的技术处置将不存在的意思强加于当事人的"合意"，这种解释的正当性基础始终存在疑问。为了克服新古典合同理论的缺陷，关系合同理论将合同调整的视野从外部干预转向合同内部，主张构建一个以灵活性为核心的开放性协议，在这里，双方当事人的预期包括

---

① Hugh Collins, The law of contracat (Fourth edition), Lexisnexis, 2003, p346.

一个促进合作和灵活性的承诺，即关系维持规范。基于关系维持规范的内在要求，合同的内容不像过去那样规定得详尽，而是搭建了一个治理（governance）的框架，一个有关如何解决合同中出现问题的权威结构。这样，合同双方的关系在履行过程中可以根据新情况随时调整。而对于调整的具体规则，还需结合麦克尼尔所提出的角色规范、弹性规范、相互性等进行法解释学上的提升。

三、再交涉义务正当化的程序论视角：交涉促进规范

不论是经济学上的不完全合同理论，还是法社会学上的关系合同理论，都不再将合同视为"一锤子买卖"，而是需要根据外在环境的变化对合同内容不断进行调整的动态过程。这种过程的观点势必要求对于无法事先确定的合同行为采取事后评价的标准，即与缔结合同时当事人的意志相分离的"评价规范"——它一般表现为程序要件的充足和促进交涉的规则。因此，合同的程序化处理也正在成为强有力的学术潮流。① 自 20 世纪 80 年代起，在德、日两国民法学界，以"论证""交涉"等概念作为基点，出现了针对合同法体系再构筑的新的法学理论，即交涉法学理论。交涉法学理论在程序化理念基础上，将哈贝马斯的协商理论引入合同法，提出了合同法范式应当从强制命令范式向协商范式转变，认为合同法不再完全是为法官提供解决当事人间合同纠纷的裁判规范，而是帮助当事人经由交涉、合意，自主地解决纷争的"促进交涉规范群"。② 交涉法学理论的基本观点包括以下几种：

第一，交涉法学理论将"合意"视为持续不断地对话和交涉的动态过程。传统合同理论严格区分合同的缔结与履行阶段，双方当事人的债权债务完全因缔约行为而建立，如果合同不成立，则双方不负担任何债权债务。但是，当人们将目光投向合同实务时，就会发现在绝大多数场合下，尤其是像建设工程合同这样的长期合同中，并不存在固定的、一成不变的合同文本；在进入合同履行阶段，当事人也很少基于缔约时的合意而机械地实施履行行为，而是边履行边修改合同条款。发包人与承包人在工地现场基于工程质量管控、施工作业面协调、工程进度协调、合同漏洞填补等因素，几乎每天都需要通过书面或口头

---

① 季卫东：《关系契约论的启示（代译序）》，载［美］麦克尼尔：《新社会契约论》，雷喜宁、潘勤译，中国政法大学出版社 2004 年版。
② 顾祝轩：《合同本体解释论》，法律出版社 2008 年版，第 269 页。

方式进行各种各样的沟通、来往与互动，对合同条款进行细化、补充或调整。可见，在实务中，当事人并非严格按照先"缔结"合同，后"履行"合同这一固定顺序，而是通过彼此交涉、协作，持续地实施包括缔约和履行在内的共同的意思决定。鉴于此，交涉法学理论不再像传统合同理论那样主张依照缔约时被语言定式化的规范去规制合同行为，而是明确承认当事人缔约时形成的合同规则具有"天生"的不确定性，进而提出"法律过程论"的观点，将合同关系本身视为"对话""交涉"以及"相互关联的过程"，强调"对话""交涉"在形成动态合意中的实践意义。

第二，交涉法学理论认为合同法规范应当着重提供合作的治理机制而不是法律的制裁。传统合同着墨于合同的强制力，通过明确的规则、妥当的制裁对不守信用、破坏合作的行为进行及时而有效的制裁，为交易安全提供必要的制度保障。但是，这种强制力保障的前提是合同规则的确定性，而在建设工程合同这样的不完全合同中，过于信赖法律制裁的后果往往使双方关系难以维系，不利于双方利益的维护。因此，交涉法学理论更加强调合同的制度安排功能而不是法律强制力的后盾作用，注重向参与合同各方提供一种协商式的合作框架和机制。换言之，合同法不再被理解为唯一能够规范当事人间合同关系的文本，而是为当事人提供"游戏规则"，使合同双方在遇到履行障碍或发生争议时可以根据被初的治理原则透过沟通协商，建立互信合作并共同解决问题获得双赢的机会。正如 Smith 认为，关系合同是不用依赖第三方（如：法律的强制力、法院）执行，具有自我履约机制的一种长期关系。基于以上法律功能的转变，交涉法学强调合同法主要功能在于为当事人交易活动提供某种制度性框架，基于法律强制力实施救济反而成为民法次要功能，其结果使合同法中运用国家强制力这样的刚性层面逐渐后退，法律强制力仅仅成为间接地促进和实现合意的外部保障，并且只能发挥附属的辅助性功能。[①] 此种"法律过程化"的理念为直接课于当事人再交涉义务提供了条件。

第三，交涉法学理论强调从程序上保障当事人之间交涉与对话的有效性。交涉促进理论将合同法从强制范式转变到协商范式，试图将现代合同法的功能理解为促进合同当事人的自我执行和自我规制，从而通过交涉促进规范使私法

[①] 顾祝轩：《合同本体解释论》，法律出版社 2008 年版，第 253 页。

自治获得再生。但问题是，在长期合同发生履行纠纷的情况下，当事人通常也会先行在审判程序之外协商寻求解决，而没有必要特别设立交涉促进规范；而如果协商解决出现困难，当事人自会谋求通过审判明确法律规范并作出处理，在此情况下，强制当事人负担再交涉义务往往徒劳无益。① 对此批评，交涉法学理论的回应是，合同法协商范式主要是通过替当事人设定合同义务的方式，赋予当事人理想的交涉场所并保证交涉程序的公正，这才是交涉促进理论的关键核心。②

那么，如何才能在合同当事人间形成理想的交涉场所呢？交涉法学理论认为，至少需要满足以下三个方面的条件：一是双方当事人须以诚相待，不借助权力实施不当干涉。如果缺乏这一条件，当事人间理性对话将无法展开。二是当事人间的交涉能力必须均等。例如，当出现一方当事人滥用优越的经济地位时，否则可能导致不公平的交涉结果。三是必须向双方当事人提供充分的信息，并且确保当事人间实施沟通的手段，以促成合意的形成。

在对应上述三个条件的基础上，合同法的协商范式对当事人义务进行了重新诠释，主张在一般条款即诚信原则基础上构建再交涉义务的交涉规范群。如对应当事人须在再交涉中以诚相待的条件，设定诚信磋商义务，即当事人一旦进入再交涉阶段，必须理性而诚实地商讨所有事项，不得无故中断交涉或者拖延交涉；应对当事人间交涉能力均等化的条件，设定协作义务，即当事人在再交涉期间应当继续维持合同的正常履行，防止"敲竹杠"行为；应对当事人信息对称的条件，设定信息披露义务、说明义务等，保障当事人间实施顺畅的沟通。③ 合同法的协商范式正是通过设立这些规范义务，为当事人交易活动提供制度性沟通框架，来找回私法自治的空间，并排除司法对合同内容的直接干预，从而缓和法律干涉主义与私法自治之间的紧张关系。

四、再交涉义务正当化的法解释学视角：关系合同内在规范的提升

内田贵基于对日本适用诚信原则的 500 多件合同法判例的考察发现，自

---

① ［日］内田贵：《现代契约法的新发展与一般条款》，载《民商法论丛》（第 2 卷），法律出版社 1994 年版。
② 顾祝轩：《合同本体解释论》，法律出版社 2008 年版，第 276 页。
③ 顾祝轩：《合同本体解释论》，法律出版社 2008 年版，第 277 页。

1960年以来，日本判例出现了"合同责任扩大"的新潮流，其中包括在继续性交易中确认当事人的再交涉义务。如有判例指出："在投入巨额资金的继续性交易的合同中，即使在当事人间不存在更改约定的买卖价格为内容的明文约定时，由一方当事人寻求改变价格，另一方当事人应当诚实地参与交涉，认为其事实为不得已的场合，应尽量满足其要求。"另外，在适用情事变更原则的合同解除判例中，通常设定了于解除之前为变更合同而进行的法律义务。① 与交涉法学理论不同的是，内田贵并未将再交涉义务定位于协商范式下的交涉促进规范，而是从法解释学出发，基于对日本合同法实践的观察提出了"合同法二元性理论"，认为再交涉义务系对麦克尼尔所谓的关系合同内在规范的实在法提升。应当看到，内田贵的"合同法二元性理论"与"交涉法学理论"存在共通之处，即都认为再交涉义务的来源是对诚信原则一般条款的灵活应用，但二者对再交涉义务的正当化理论基础以及诠释路径有所不同，具体体现在以下几点：

第一，内田贵理论对再协商义务的正当化路径是从法解释学视野出发，更多着眼于对再交涉义务的规范解释，主张再交涉义务是共同体内部的生活规范向实体法层面的抽象提升；而交涉法学理论则是从合同纠纷解决的程序视野出发，更多着眼于再交涉机制框架的构建。内田贵认为，在日本民众的法意识中，一直存在着一种共同体意识，即我妻荣在其著作中的论述，"不能把债权人和债务人之间看作是单纯的形式上的权利义务的对立，而是可以看作由诚信原则支配的一个共同体"。只不过在近代日本合同法研究中，学者们将这一传统的法意识作为前现代化的一个弊端，认为需要通过近代的古典合同理论加以克服，而内田贵反其道而行之，认为这恰恰是存在于生活世界的共有价值观，需要克服的反而是与生活世界相悖离的近代合同法所体现的以货币为唯一向度的市场伦理规范。

第二，内田贵理论中的再交涉义务不是要件——效果式的法律规则，而是给适用者留下较大的裁量余地的标准形式。对于再交涉义务在具体案件中的内容和程度，需要由法官详细认定有关该合同的事实，寻求对该案件真正具有具

---

① ［日］内田贵：《现代契约法的新发展与一般条款》，载《民商法论丛》（第2卷），法律出版社1994年版。

体妥当性的解决来下判断。在此形成的判断基准是暧昧的，难于以严格的要件、效果来规则化。与其说法官适用已给的规范来下决定，毋宁说详细该案件事实关系来寻求当事人及该交易关系有牵连的人们所共有的内在规范，并通过诚信原则的适用对此内在规范进行提升，形成实在法规范。与古典合同法不同的是，这种被提升的内在合同规范既不是给付义务的附随物，也不是法官恣意判断的产物，而是在关系合同模式下形成的经诚信原则抽象度较低的新合同原理。这些合同原理采取了给适用留有广阔裁量余地的"标准"的形式，必须在个别案件的事实关系中加以具体化。①

第三，再交涉义务的具体化须通过诉讼过程中的"认同"而不是"争论"加以实现。由于再交涉义务是极具弹性化和灵活性的标准形式，而不是古典合同法中的明确规则，那么怎样才能正确发现存在于具体案件中的内在规范，防止自由裁量的恣意性呢？山本显治的交涉法学理论引入了哈贝马斯的"语言交流的合理性"理论，将合同交涉过程（包括从合同缔结前到纠纷解决）看成语言交流的行为，把合同法功能从确定裁判规范转向到促进交涉规范，并认为交涉促进规范担负着从制度上形成"争论的讨论会"的功能，通过为当事人设定理想的交涉场所和交涉条件，使围绕合同双方当事人的多样要求、期待相互磨合，充分争论，得出妥当的结论。但内田贵认为，这种以法庭辩论为模式的争论理论并不符合日本民众的法意识，也很难通过这种争议形成明确、妥当的社会规范。他主张内在规范的发现应当通过对共同体规范的"认同"来实现，换言之，"认同"不是通过争论，而是在于与主体的"关系"之中，通过对方的言行达到的。那么，在纠纷解决上如何理想地达到"认同"呢？内田贵主张，共同体所共有的规范并不是埃尔利希所云的"活法"，不是简单地通过观察而发现，而是通过"解释"共同体成员的各种各样的表达，经历伽达默尔所云的"视界融合"而形成，它是交易社会的生活世界与法官所属的法共同体世界的融合。这样，内田贵从法解释学的视角，完成了将关系合同理论的内在规范向实在法的提升，为再交涉义务的规范意识加以实定化提供了弹性的适用路径。

综上，从再交涉义务的理论源考可以看出，再交涉义务是关系合同模型下

---

① ［日］内田贵：《现代契约法的新发展与一般条款》，载《民商法论丛》（第2卷），法律出版社1994年版。

发展出的新合同规范，具有坚实的理论支撑和正当性基础。其中，不完全合同理论和关系合同理论分别从经济学视角和社会学视角分析了再交涉义务的现实基础，交涉法学理论和关系合同规范提升理论分别从程序论视角和解释论视角为再交涉义务规范提供了正当化理论基础。应当指出的是，交涉法学理论和内田贵的关系合同规范提升理论之间虽然存在诸多差别，但二者也在很多方面具有共通性。例如，作为交涉法学理论来源的哈贝马斯的协商理论提出"生活世界"概念，指出存在于生活世界之中的规范与以货币为媒介的经济分系统论理（市场论理）之间相互矛盾（即所谓的"经济分系统带来生活世界的殖民地化"），而内田贵亦将该理论应用于关系合同法规范的提升，指出关系合同法相对于古典合同法的变动，可以归结为与经济分系统，向生活世界理论回复的动向；在再交涉义务的具体内容上也趋于接近，如都包括诚信磋商义务、信息披露义务等。结合这些不同理论的分析方法和正确观点，对于再协商义务的规范构建具有重要的意义。

第二节 再交涉义务的比较法考察

现代合同法的发展方向之一是法源的多元化和相对化，尤其是对于建设工程合同这类专业性、技术性和跨国性都很强的合同类型，合同法一般规定的功能越来越边缘化，各种国际组织起草的国际模范合同法以及行业组织起草的示范合同文本具有越来越大的影响力，也逐渐成为建设工程合同交易规范的重要组成部分。因此，本节主要基于这三类法源进行再协商义务的比较法考察。

一、外国法中的再交涉义务

（一）德国民法上的再交涉义务

《德国民法典》中并没有关于再交涉义务的规定。Horn 在 1981 年向德国司法部提交的《合同持续期间》鉴定意见书中，提出新设再交涉义务的主张，试图对有关持续性债务关系和长期合同实施定型化规范。但该提案中关于再交涉义务的规定在德国债务法修正委员会 1991 年向司法部正式提交的最终报告书中被删除了。Horn 提案中的再交涉义务条款包括以下两项内容：（1）当合同基于行为基础之丧失或者因重大事由而导致持续性债权关系面临被解除之际，双方当事人在相当的期限内可以通过合意变更合同或者直接请求法院变更合同。法院应规定适当的再交涉期间并在该期间届满前对事件不作判决。(2) 当不存在再交涉的可能性,或者对另一方当事人而言再交涉为期待不能时,不得请求实施再交涉。

虽然,Horn 提出的再交涉义务条款并未在《德国民法典》修正时被采纳,但是在德国民法的个别制度中,仍然可以发现许多以再交涉义务作为前提的内容。对此,Horn 列举了以下几项制度:(1) 再交涉条款。Horn 指出,在持续性合同中常常存在再交涉条款。合同当事人依据以上条款,当出现特定的情事时,可以就合同中约定的个别条款相互进行磋商,承担以合意方式调整合同内容的义务。Horn 认为,虽然这样的再交涉条款在绝大多数场合并没有明确使用"再交涉"这一用语,但是常常以某种形式表达了双方当事人欲通过合意来调整合同内容的旨趣。(2) 艰难情事条款。在长期合同中(例如涉及巨轮的承建、大型工程建设以及地下资源的开掘等内容的合同),艰难情事条款是合同当事人经常采用的一种条款,目的是为了应对合同给付因后发生的诸情事而陷入重大困难,为此,经常会出现双方对合同内容实施调整的情形。①

(二) 意大利民法上的再交涉义务

《意大利民法典》第 1467 条规定了适用情事变更原则时的再交涉义务,(1) 在继续履行、定期履行或者延期履行之契约,如果当事人一方之给付因发生特别及不可预见之情事致其履行困难者,该当事人得依 1458 条规定解除契约。(2) 如果突然发生的负担属于契约规定之正常风险者,不得请求解除契约。(3) 受解除契约请求之当事人得为避免解除而提议对契约条件为公平之变更。② 依此,受解除契约请求的对方当事人可以协商变更契约条件来避免契约被解除的命运。当然,意大利与德国民法典在情事变更制度的法律效果上有很大区别。在德国法上,情事变更情形下有契约调整与契约解除的两个法律效果,而意大利法坚持契约解除为情事变更的唯一效果,因此,对方当事人的再协商权利实际上是作为契约解除效果的一种缓冲装置。

(三) 日本民法上的再交涉义务

《日本民法典》与德国民法一样,并没有关于再交涉义务的明文规定,但

---

① 顾祝轩:《合同本体解释论》,法律出版社 2008 年版,第 286 页。
② 参考《意大利民法典》,费安玲、丁玫译,中国政法大学出版社 1997 年版,第 386 页。

是在继续性交易的相关判例中,出现了认定当事人负有以某种方式变更契约条件的交涉义务。如在判决认定,"在投入巨额资金的继续性交易的契约中,即使在当事人间不存在更改约定的买卖价格为内容的明文约定时,由一方当事人寻求改变价格,另一方当事人应该诚实地参与交涉,认为其事实为不得已的场合,应尽量满足其要求"(大阪高判昭 54.2.23 金商 580 号 34 页)。另外,当判断是否确认连续性契约的解除时,有的判例考虑到了当事人是否诚实地进行交涉(东京地判昭 49.9.12 判时 772 号 71 页,家具批发贩卖交易案例)。还有,在承认基于情事变更原则的契约解除的判例中,通常设定了于解除之前为变更契约而进行的再交涉义务。① 作为法律上的个别性制度,在日本还可以举出地租房租增减请求权制度(租地租房法 11.32 条)。在 2.3 项规定:"关于(地租等的)增额(减额)在当事人间没有达成协议时",这是将明确再交涉义务作为前提的。②

二、国际示范合同法中的再交涉义务

尽管 Horn 关于再交涉义务的立案提案未能通过,但是再交涉义务的吸引力却未稍减。甚至从整个欧洲范围来看,在被认为是商事习惯成文化之成果的《国际商事合同通则》(PICC)、《欧洲合同法原则》(PECL)和《欧洲示范民法典草案》(DCFR)这三部立法案中,围绕情事变更大胆地采用有关再交涉义务的规定已成为一种时代潮流。

(一)PICC 中的再交涉义务

PICC 第 6.2.3 条规定:

1. 若出现艰难情况,处于不利地位的当事人有权请求重新协商。但请求的提出,必须即时且说明理由。

2. 请求重新协商并不能使处于不利地位的当事人有权停止履行。

3. 无法于合理期间达成协议的,任何一方当事人均可向法院提起诉讼。

4. 如果法院认定存在艰难情事时,只要合理,法院可以:

---

① [日]内田贵:《现代契约法的新发展与一般条款》,载《民商法论丛》(第 2 卷),法律出版社 1994 年版。

② [日]五十岚清:《情事变更·合同调整·再交涉义务——情事变更原则效果再考》(第 15 卷),载《民商法论丛》,法律出版社 2000 年版。

（1）于确定的期日并依确定的条件解除契约，或者（2）调整契约内容以回复契约均衡。

（二）PECL 中的再交涉义务

PECL 第 6.111 条规定：

1. 因履行费用增加或当事人履约价值减少，即使在履行负担增大时，当事人仍必须履行债务。

2. 但是，因情事变更导致合同履行负担过重且满足以下条件时，双方当事人负有以调整合同或者解除合同为目的的交涉义务：

（1）情事变更发生在合同缔结之后，或在合同缔结时已经发生但双方当事人不知道且不可能知道时；

（2）情事变更的可能性在缔约时无法预见时；

（3）依据契约，情事变更的风险并非受不利益的当事人所应承担的。

3. 如果双方当事人在合理期间内不能达成合意，法院可以：

（1）按法院确定的期日及条件解除合同；或者

（2）调整合同，以使因情事变更而产生的损失及利益得在双方当事人间公平合理地分配；

（3）在任何一种情形，法院得对一方当事人违反诚实信用与公平交易而拒绝协商或恶意终止协商而给他方当事人造成的损害判予赔偿。

（三）DCFR 中的再交涉义务

DCFR 第 3 编第 1.110 条规定：

1. 债务应予履行，即使因履行成本的增加或对待给付的价值减少，而使履行变更更困难的，亦同。

2. 但是，若契约或单方法律行为之债务的履行，因例外的情事变更而变得困难，致使债务履行原债务将构成显失公平的，法院可以：

（1）变更债务以使其在新情事下实现公平合理；或者

（2）依法院确定的日期及条件以终止债务。

3. 第二项仅在符合以下条件时方能适用：

（1）情事变更发生于债务成立之后的；

（2）债务人于债务成立时无法预见及无法被合理期待可预见该情事变更

的可能或规模；

（3）债务人不应承担该情事变更的风险；

（4）债务人已试图通过协商方式，基于合理且依诚信原则，就规范该债务的条款达成合理且公平的调整。

（四）三项法案的异同点

比较以上三项法案，在内容上既有相似之处也存在不同点。三项法案的共通点体现在：第一，二者皆承认再交涉义务是情事变更原则的第一次效力；只有当交涉无法达成合意时，作为第二次效力，法院才可以解除合同或者变更合同；第二，两法案仅针对情形变更情形规定了再交涉义务，而未规定在其他可能引起合同变更或解除情形下的再交涉义务。但是三法案也存在两点重要差异。首先，PECL 针对违反再交涉义务明文规定了法律制裁（损害赔偿）；PICC 则只规定再交涉义务，而没有规定违反该义务的法律制裁措施；而 DCFR 并未将重新协商明定为义务，而是作为主张情事变更原则的一项前提要件。其次，针对再交涉义务的具体内容，PICC 作出了若干列举规定，要求双方当事人必须承担以下两项义务：（1）无正当理由不得拖延再交涉请求，尤其是遭受不利方当事人须在声称已经出现艰难情事后尽快提出再交涉请求；（2）遭受不利方当事人必须提出实施再交涉请求的依据，以便让对方更好地判断要求再交涉是否正当。同时，遭受不利方当事人请求再交涉以及在交涉过程中双方当事人的行为，须遵守诚实信用原则（第 1.7 条）及协作义务（第 5.3 条）。因此，遭受不利方当事人不得出于单纯的战略目的而利用再交涉这一手段，并且一旦请求再交涉，双方当事人须以合作的态度实施交涉，不得妨碍交涉且须提供必要的信息。而 PECL 和 DCFR 均没有作出类似规定，而是全面委之于诸如诚实信用原则等合同一般义务之中。[①]

三、FIDIC 工程合同中的再交涉义务

国际咨询工程师联合会（FIDIC）系列建设工程合同范本因其高质量的编制水平，不仅成为国际上具有主导性的建设工程合同规范，而且为很多国家立法和判例借鉴。1987 年 FIDIC 出版了第四版红皮书，对此前的第三版合同范

---

① 顾祝轩：《合同本体解释论》，法律出版社 2008 年版，第 300 页。

本作出了大幅度的修改，其中一个重要创新在于其在很多条款中都引入了一个新的术语："适当协商"。该术语出现在以下条款中：6.4、12.2、27.1、30.3、36.5、37.4、38.2、39.2、40.2、42.2、44.1、44.3、46.1、49.4、50.1、52.1、52.2、52.3、53.5、64.1、65.5、65.8、69.4 及 70.2。这些条款对工程师增加了一项义务，即要求工程师在对相关问题作出决定前应当首先与业主和承包商协商，然后根据具体环境和条款对于究竟什么行动最合适做出决定。

1999 年 FIDIC 再次对红皮书进行了修改。与红皮书第四版相比较，1999 年版 FIDIC 红皮书除保留了上述针对具体工程变更、工期变更等问题的"适当协商"条款外，还特别在第 3.5 条对工程师与业主、承包商共同协商的义务进行了概括性的规定："每当本合同规定工程师应按照本条对任何事项进行商定或者决定时，工程师应与各方协商尽量达成协议。如果达不成协议，工程师应对有关情况给予应有的考虑，按照合同作出公正的决定。工程师应将每一项商定或决定，连同依据的细节通知双方。各方均应遵守该协议或决定，除非且直到按照第 20 条'索赔、争端和仲裁'规定做出了修改。"

2006 年，FIDIC 对红皮书再次进行了修改和重新编制，其中第 3.5 条基本予以了保留，只是对工程师应当做出协议或决定并通知双方当事人的期限限定为收到相应索赔或请求起 28 天内。

从 FIDIC 对红皮书的前后修改趋势看，其对于合同变更情况下的再交涉义务越来越重视，相关规则设计也越来越明确、具体。当然，FIDIC 红皮书中规定的再交涉义务与 PECL 等国际组织合同法模范法案中的再交涉义务相比，有三点显著的区别：一是依据 FIDIC 红皮书，参与合同再协商的不仅有双方当事人，还包括工程师；二是工程师的角色在再协商机制中处于核心地位，其享有独立的权利、承担独立的义务，如果工程师和双方当事人协商达不成一致，工程师有权公正地根据合同和具体情况拿出决定。这两个特点体现了建设工程行业的特殊规律和商业惯例，即由于一个建设项目的业主对于其面对的复杂的技术、商务以及法律事务都是外行，因此有必要引入作为专家的工程师确保业主合同目的的实现；三是适用再交涉义务的情形远远超出情事变更原则的适用情形，在合同变更、解除等条款中都存在重新协商的规定。

四、我国合同法中的再交涉义务

(一) 法律和司法解释规定

我国《合同法》虽然没有明文规定再交涉义务，但是在既有法律规定中已经存在若干能够促使当事人在缔约后根据周围环境的变化，相互实施交涉的相关的合同规范。例如依据《合同法》第61条的规定，合同生效后，当事人就质量、价款或者报酬、履行地点等内容没有按照约定或者约定不明确的，可以协议补充；不能达成补充协议的，按照合同有关条款或者交易习惯确定。《合同法》第77条规定：当事人协商一致，可以变更合同。虽然这些规定只是倡导性条款，并非强制性义务，与直接规定"再交涉义务"不可同日而语，但可以看出我国合同法并没有完全采纳那种将合同拘束力完全定位于缔约时的古典合同理论，而是将当事人通过交涉、协商方式解决问题的合作机制注入了合同法体系内部。从比较法上考察，尽管大陆法系国家在合同法理论上普遍认可合同变更的概念，但在成文法并没有协商变更或经补充协议进行合同解释的规定。因此，这也体现了我国合同法尊重生活世界的法意识传统、注重协商与合作机制的特质，并为再交涉义务的引入创造了契机。

此后，最高人民法院先后在两个司法文件中提出了再交涉制度：第一，在《最高人民法院关于审理涉及农村土地承包纠纷案件适用法律问题的解释》（法释〔2005〕6号）第16条中规定："因承包方不收取流转价款或者向对方支付费用的约定产生纠纷，当事人协商变更无法达成一致，且继续履行又显失公平的，人民法院可以根据发生变更的客观情况，按照公平原则处理。"第二，在《最高人民法院关于当前形势下审理民商事合同纠纷案件若干问题的指导意见》（法发〔2009〕40号）中规定："适用情事变更原则并非简单地豁免债务人的义务而使债权人承受不得后果，而是要充分注意利益均衡，公平合理地调整双方利益关系。在诉讼过程中，人民法院要积极引导当事人重新协商，改订合同；重新协商不成的，争取调解解决。"在这两个文件中，最高人民法院明确将重新协商确定为适用情事变更原则对合同内容进行调整前的前置性程序。

(二) 我国2013年版建设工程施工合同（示范文本）中的再交涉义务

我国住建部和国家工商总局于2013年新推出的《建设工程施工合同（示

范文本)》，充分借鉴 1999 年 FIDIC 版红皮书，规定了监理工程师与合同双方当事人就合同变更的协商机制。2013 年版示范文本第 4.4 条规定："当事人进行商定或者确定时，总监理工程师应当会同合同当事人尽量通过协商达成一致，不能达成一致的，由总监理工程师按照合同约定审慎做出公正的确定（第一款）。总监理工程师应将确定以书面形式通知发包人和承包人，并附详细依据。合同当事人对总监理工程师的确定没有异议的，按照总监理工程师的确定执行。任何一方合同当事人有异议，按照第 20 条'争议解决'约定处理。争议解决前，合同当事人暂按总监理工程师的确定执行；争议解决后，争议解决的结果与总监理工程师的确定不一致的，按照争议解决的结果执行，由此造成的损失由责任人承担（第二款）。"

除了上述概括性条款，2013 年版示范文本还规定了适用再交涉义务的五种具体情形：

1. 情事变更

在我国 2013 年版示范文本中，情事变更的规定包括发现化石或文物、遭遇不利物质条件、异常恶劣的气候条件、市场价格波动、法律变化和不可抗力等六个方面。

（1）第 1.9 条化石、文物：在施工现场发掘的所有文物、古迹以及具有地质研究或考古价值的其他遗迹、化石、钱币或物品属于国家所有。一旦发现上述文物，承包人应采取合理有效的保护措施，防止任何人员移动或损坏上述物品，并立即报告有关政府行政管理部门，同时通知监理人。发包人、监理人和承包人应按有关政府行政管理部门要求采取妥善的保护措施，由此增加的费用和（或）延误的工期由发包人承担。

（2）第 7.6 条不利物质条件：不利物质条件是指有经验的承包人在施工现场遇到的不可预见的自然物质条件、非自然的物质障碍和污染物，包括地表以下物质条件和水文条件以及专用合同条款约定的其他情形，但不包括气候条件。根据第 7.6 条规定，承包人遇到不利物质条件时，应采取克服不得物质条件的合理措施继续施工，并及时通知发包人和监理人。通知应载明不利物质条件的内容以及承包人认为不可预见的理由。监理人经发包人同意后应当及时发出指示，指示构成变更的，按第 10 条"变更"约定执行。承包人因合理措施而增加的费用和（或）延误的工期由发包人承担。

(3) 第 7.7 条异常恶劣的气候条件：异常恶劣的气候条件是指在施工过程中遇到的，有经验的承包人在签订合同时不可预见的，对合同履行造成实质性影响的，但尚未构成不可抗力事件的恶劣气候条件。合同当事人可以在专用合同条款中约定异常恶劣条件的具体情形。根据第 7.7 条规定，承包人应采取克服异常恶劣的气候条件的合理措施继续施工，并及时通知发包人和监理人。监理人经发包人同意后应当及时发出指示，指示构成变更的，按第 10 条"变更"约定执行。承包人因合理措施而增加的费用和（或）延误的工期由发包人承担。

(4) 第 11.2 法律变化引起的调整规定：因法律变化引起的合同价格和工期调整，合同当事人无法达成一致的，由总监理工程师按第 4.4 款"商定或确定"的约定处理。

(5) 第 17 条不可抗力。根据第 17 条的规定，不可抗力是指合同当事人在签订合同时不可预见，在合同履行过程中不可避免且不能克服的自然灾害和社会性突发事件，如地震、海啸、瘟疫、骚乱、戒严、暴动、战争和专用合同条款中约定的其他情形。不可抗力发生后，合同当事人对是否属于不抗力及其损失的意见不一致的，由监理人按第 4.4 款"商定或确定"的约定处理。发生争议时，按第 20 条"争议解决"的约定处理。第 17.4 条因不可抗力解除合同后，由双方当事人按照第 4.4 款"商定或确定"商定或确定发包人应支付的款项。

2. 合同变更

合同变更的情形和范围规定在 2013 年版示范文本第 10.1 条，具体包括合同履行中发生的工程范围、工期、费用和工程质量标准改变。导致工程变更的原因主要包括两个方面：一是依据情事变更、不可抗力等客观事由发生合同变更；二是基于主观事由，或者虽然属于客观情事的变更但尚不构成情事变更和不可抗力的情形下，依业主单方指示或承包人合理化建议而发生的合同变更。

2013 年版示范文本第 10.1 条归纳了工程变更的范围：（1）增加或减少合同中任何工作，或追加额外的工作；（2）取消合同中任何工作，但转由他人实施的工作除外；（3）改变合同中任何工作的质量标准或其他特性；（4）改变工程的基线、标高、位置和尺寸；（5）改变工程的时间安排或实施顺序。合同变更引起的再交涉义务适用于三种情形：一是承包人对发包人的单方变更指示有异议，认为不能执行的，可以就此提出再交涉请求；二是承包人提出合理化建议的，可以就施工内容提出再交涉请求；三是因以上两种情形发生工程变更引起合同价款变更的，承包人可以就实施该变更对合同价格和工期的影响以及变更估价提出再交涉请求。第10.4.1条变更估价原则规定：（工程）变更导致实际完成的变更工程量与已标价工程量清单或预算书中列明的该项目工程量的变化幅度超过15%的，或已标价工程量清单或预算书中无相同项目及类似项目单价的，按照合理的成本与利润构成的原则，由合同当事人按照第4.4款"商定或确定"确定变更工作的单价。第10.6条变更引起的工期调整规定：因变更引起工期变化的，合同当事人均可要求调整合同工期，由合同当事人按照第4.4款"商定或确定"并参考工程所在地的工期定额标准确定增减工期天数。

3. 工程质量等履约争议

由于建设工程施工的技术很复杂，专业性强，当事人在施工过程中经常会在施工工艺、材料、工程设备质量检查以及隐蔽工程检查过程中对工程质量是否合格产生争议，此时如果不及时解决争议，一方面会造成工期拖延，另一方面会由于隐蔽工程被覆盖后难以回复，导致损失扩大。为此，2013年版示范文本第5.5条规定了工程质量争议发生后的再交涉程序：合同当事人对工程质量有争议的，由双方协商确定的工程质量检测机构鉴定，由此产生的费用及因此造成的损失，由责任方承担。合同当事人均有责任的，由双方根据责任分担。合同当事人无法达成一致的，按照第4.4款"商定或确定"执行。此外，第8.7.3项和第12.4.6项还对发包人使用替代材料和工程设备后的价格确定问题，以及实际进度与施工进度计划不一致时，对支付分解表的修改问题等规定了再协商程序适用第4.4款"商定或确定"。

4. 竣工结算争议

建设工程竣工后的结算涉及工程量的计量、合同价格的计算和调整、进度款的支付确认等，并且不同价格形式合同的结算方法也不同，具有相当的专业性和复杂性，因此，建设工程合同也只能对工程竣工后价款结算的程序进出框架性约定，而无法直接约定明确的合同价格。2013年版示范文本第14条对于竣工结算规定了承包人提出竣工结算申请、发包人竣工结算审核及异议程序等进行了规定，其实就是双方当事人就工程价款进行重新协商的过程。

5. 合同解除后的清算

2013年版示范文本第16.2.4条确定了合同解除后当事人仍应当就合同解除后的清算以及款项的支付等履行再交涉义务。即：因承包人原因导致合同解除后，按第4.4款"商定或确定"商定或确定承包人实际完成工作对应的合同价款，以及承包人已提供的材料、工程设备、施工设备和临时工程等的价值。但是，2013年版示范文本在权利义务的设置上有所欠缺，即未在因发包人违约导致合同解除的规定中设定再交涉义务，应为合同漏洞。在合同解除上，应可类推第16.2.4条的规定认定当事人在此情形下亦有再交涉义务。

（三）小结

从合同法及相关司法解释可以看出，我国已经对再交涉义务进行了实在法上的某些提升，形成了再交涉义务的制度雏形，但存在的问题是这些规定目前只能视为倡导性规范，而没有强制性。如司法解释规定人民法院在适用情事变更原则时要积极引导当事人重新协商，但对于当事人拒绝进行重新协商的法律后果并未作出规定。此外，再交涉义务的功能应当主要在于为当事人创造协商的理想环境和场所，对此合同法与司法解释亦未涉及。

2013年版示范文本虽然借鉴FIDIC红皮书，扩大了再交涉义务的适用范围，不再局限于情事变更情形，并对再交涉义务的具体流程、规则进行了规定。但是，这里的再交涉义务的法律性质为何？是否属于强制性规范？如果违反会产生何种法律后果？这些问题均未形成理论上的共识和立法上的认可，导致实践中的效果不彰。

第三节　建设工程合同中再交涉义务的法律构成

前文论证了再交涉义务的正当性基础，但是在法律体系上，对该义务的性质以及具体法律构成仍需进一步讨论，否则，再交涉就只是一个与法律无关的社会规范而已，正如一些学者所言，当事人为解决争议，本来就会自行试图去协商，无需法律明文规定。因此，再交涉义务的性质及其法律构成，决定了其能否成为一项"法律义务"，以及如何确定其适用范围和具体内容。

一、再交涉义务的性质

(一) 再交涉义务应为真正义务

关于再交涉义务的性质属于真正义务还是不真正义务,在理论上仍处于初步探索阶段,远未达成共识。一些德国学者认为再交涉义务与合同的真正义务相比,其效力较弱,因此不将称其为 Pflicht(义务),而称其为 Obliegenheit(负担)。因为在不履行再交涉义务时,相对方不得因此而请求损害赔偿,其结果只是不履行该负担的人须承担以下不利后果:调整或解除合同的权限丧失或发生变化。① 但是,依德国学者 Horn 和 Nelle 的观点,均认为再交涉义务属于真正义务,就其违反应负赔偿责任。Horn 认为,当事人违反再交涉义务的,相对人取得损害赔偿请求权,即构成民法上的积极侵害债权。其赔偿范围主要包括以下两项:第一,因双方当事人拒绝交涉或迟延交涉导致合同调整失败的,因此而产生的损害;第二,虽然合同内容得到了调整,但是再交涉义务已陷入迟延状态时,因迟延交涉而产生的损害。Nelle 主张,违反再交涉义务,相对方可取得履行请求权、变更合同请求权、合同解除权和损害赔偿请求权。② 值得注意的是,尽管 Horn 和 Nelle 主张再交涉义务是真正义务,但其同时指出这些制裁手段并不是法律所追求的首要目的,而只是一种威慑力,促使双方当事人首先通过交涉并以合意的方式解决纠纷。

国际合同法模范法案关于再协商义务的定位亦有不同。如 PECL 第 6.111 条第 3 项采纳了真正义务的观点,其为缔约当事人强加了一项义务,即为调整或结束合同进行协商;对拒绝协商或违反诚信原则而中断协商所造成的损失负担损害赔偿责任;只有当协商失败时,法院才有权变更或终止合同。而 PICC 及 DCFR 则将再交涉义务定位于不真正义务,并未加强给当事人一个进行协商的义务,而是要求当事人基于诚实信用,努力通过谈判实现一个公平合理的合同调整。换言之,这两个草案只是将再交涉义务作为调整或解除合同前的程序性义务,对于不履行再交涉义务的,当事人不可请求法院调整或解除合同,但并不承担损害赔偿责任。日本学者能见善久也认为,对违反再交涉义务不应当

---

① 孙美兰.《情事变动与契约理论》,法律出版社 2004 年版,第 190 页。
② Norbert Horn, Neuverhandlungspflicht, AcP181 (1981), S. 285ff.

课予任何制裁，因为本来只要对方当事人回应再交涉即可，并不是要通过交涉强制地达成合意。至于在对方当事人恶意拒绝回应再交涉的场合，可以作为法院在命令合同解除、调整之际加以考虑的情况。①

依传统民法理论，真正义务与不真正义务的区分标准通常在于：一是义务的主体不同。不真正义务学说上称为对己义务，义务人为债权人，其违反不使债权人因此对债务人负损害赔偿责任，只是会发生失权效力，使债权人自身遭受权利减损或丧失的不利后果，如违反再交涉义务的当事人不得请求法院调整或解除合同。二是义务的强度与效果不同，对真正义务前者的违反可导致责任的发生，而不真正义务的强度较弱，相对人通常不得请求履行，而其违反也不发生损害赔偿责任。批评真正义务说的观点大多认为，再交涉义务的功能是促进私法自治，强调通过自愿协商达到合同调整和关系维持的目的，如果强制赋予再交涉义务的法律制裁，将会损害私法自治；此外，即使强制课予当事人再交涉义务及相应的法律制裁，这一技术方案也会产生不必要的复杂而且难以执行。② 对此，笔者认为，再交涉义务作为一项新的合同义务，应定位于真正义务。理由是：首先，关于义务主体问题，再交涉义务并非单方义务，而是双方义务，在合同出现调整的必要时，需要双方当事人基于诚信原则进行公平协商，友好合作，方能实现互利共赢的合同目的，因此，再交涉义务应由双方当事人共同负担，而不是仅仅附加于债权人一方的义务。其次，关于义务的强度与效果，取决于法政策学上的考量。诚然，设立再交涉义务的目的通过程序化的机制促进当事人自主交涉，但是这种程序性机制如果没有法律强制力的后盾很难保证其实效性。正如麦克尼尔指出，"法律作为一种很少主动地利用、而常常是被动地利用的候补制度，其功能就是要告诉社会，在指导人们行为的巨大的深层次的并且无处不在的习惯和社会习俗的海洋中，什么才是最重要的东西，这对于维持社会团结心理的关系尤其重大。"③ 基于这样的政策考量，应当将再交涉义务作为强制性的义务，赋予当事人以履行请求权和损害赔偿请求

---

① ［日］能见善久：《履行障碍：日本法改正的课题与方向》，载《履行障碍法研究》，法律出版社2006年版，第72页。

② 欧洲民法典研究组、欧盟现行私法研究组编著：《欧洲私法的原则、定义与示范规则：欧洲示范民法典草案》，于庆生等译，法律出版社2014年版，第10页。

③ ［美］麦克尼尔：《新社会契约论》，雷喜宁、潘勤译，中国政法大学出版社2004年版，第86页。

权。当然，这种制裁手段并不以实际行使为目的，而仅仅是解决问题的一种制度性威慑，促使当事人尽量在不借助法院强制力的前提下，通过合意的方式解决纠纷。

（二）再交涉义务属于框架性义务

再交涉义务的主要功能是，为促进私人相互间的自主交易活动提供基本的框架和指针，因此，再交涉义务是对规范交涉过程中诸项义务的总体称呼，是由各种义务组成的规范义务群。从这一意义上讲，再交涉义务属于一项相当于"框架义务"的概念。再交涉义务作为一种框架义务的特点体现在：（1）再交涉义务具有作为实体义务和程序义务的双重属性。在前者，再交涉义务被理解为变更既有的义务程式或请求权内容为目的的义务；在后者，再交涉义务被理解为规范交涉过程的程序机制，也是实施合同调整和解释等法律强制性救济手段之前必须经历的程序性要件。① （2）从实体义务角度看，再交涉义务内容具有"天生"的不确定性，通常只能依个案予以具体化。基于内田贵对关系合同性质的解释，再交涉义务系内在规范于各个合同关系中，并不适于预先作出"要件－效力"式的规则加以明确化，而是有待合同关系的动态展开，并且在纠纷发生的场合下，考虑合同关系的全过程来判决具体的再交涉义务内容，如交涉中的信息披露义务、告知义务、说明义务等。（3）从程序义务角度看，当事人之间的再交涉关系在合同法协商范式下，被理解为"协商""对话"的动态关系，核心内容是如何为当事人搭建"理想的交涉场所"，保障双方当事人具有平等的交涉机会，从而尽量去尊重当事人的主体性，为当事人自主调整合同关系提供程序保障。

（三）再交涉义务属于手段义务

再交涉义务的制度功能是为了通过当事人的自主交涉机制更充分地体现私法自治，排除司法对合同关系的外部干预；但与此同时，这种自主交涉机制又必须通过向当事人强加再交涉义务的方式来保障，在这一意义上，再交涉义务不是体现了私法自治，反而是限制了私法自治。既是对私法自治的限制，依据比例原则，就应当采取最和缓有效的方式，因此对"再交涉义务"在法律上

---

① 顾祝轩：《合同本体解释论》，法律出版社 2008 年版，第 292 页。

的标准就不应当定得太高，不能要求当事人必须达成调整合同的合意，否则，就变成了强制缔约，有违私法自治的基本原则。再者，"再交涉义务"的设立目的主要在于创造一个"合意的机会"（Einigungschance），目的是促进当事人通过积极有效的协商以达成问题的解决，至于合意最终是否能够达成，仍应给当事人保留形成空间，即不能将它理解为一种"结果义务"，而只能理解为"手段义务"，只要当事人符合诚信地进行了重新协商，即符合要求。当然，手段义务并不意味着当事人只需在形式上作出协商的意思表示姿态即可，而是要以诚实信用的基本原则恰当、合理地从事相关的再交涉行为，如同意进入协商程序、准备协商、及时参与、提出调整方案、回应调整方案、提供必要资讯、符合诚信原则地进行协商等。①

二、再交涉义务的适用范围与发生要件

从 PICC、PECL 等国际合同法法案看，均将再交涉义务限定于情事变更领域。但是，从我国 2013 年版建设工程合同示范文本、FIDIC 红皮书等模式合同内容看，建设工程合同关系中适用再交涉机制的场合非常广泛，几乎涵盖了建设工程合同的整个履行过程中的变更和解除情形。那么，是否在所有适用再交涉机制的场合下，当事人都必须负担再交涉义务，还是仅适用于情事变更领域？如果是前者，再交涉义务似乎流于泛化，缺少义务性规范的品格；如果是后者，再交涉义务的适用场合似乎又过于狭窄，与建设工程合同关系的再协商机制现实需求不相适应。究竟如何界定再交涉义务的成立要件，确定合同当事人在何时应负担再交涉义务，是再交涉义务制度中需要研究的前提性问题。

从目前学者的研究看，大多承认一般性再交涉义务的观点，而没有将再交涉义务仅仅局限于情事变更领域。如 Horn 认为，从现行德国法规范（尤其是判例及特别法）中已经存在再交涉义务，并分别设定在行为基础的丧失、持续性债权关系的解除及合同调整条款和补充这三个领域，从民法解释论角度主张应承认一般的再交涉义务。Nelle 认为，再交涉义务是指现存合同的一方当事人就合同的调整、补充或变更经由合意与另一方当事人实施沟通的义务。

---

① 杨宏晖：《论情事变更原则下重新协商义务之建构》，载台湾地区《台北大学法学论丛》第 97 期。

Nelle 运用奥地利学者维尔伯格（Willburg）首先提出的动态系统论对再交涉义务的成立要件进行了分析，他认为再交涉义务的成立要件包括以下两项：一是必要性，即请求再交涉的当事人是否存在实施再交涉的必要；二是容忍可能性，即对方当事人是否能够容忍再交涉的要求。当两个要件同时具备时，再交涉义务才能成立。在判断有无再交涉的"必要性"和"容忍可能性"时，应当考虑以下诸要素的强度与协动而确定：

1. 判断再交涉"必要性"的考虑要素包括：（1）该合同具有存续利益；（2）合同变更请求权不明确或不存在；（3）调整合同内容的作业较为复杂即合同内容复杂；（4）当事人自主交涉较其他交涉方式更具迅速、低廉与和谐的特点。例如，诸如自然资源开采合同、特许经营合同等具有复合属性的长期合同，如果当事人已经投入巨额成本的，即属于存在再交涉必要性的典型事例。

2. 判断再交涉"容忍可能性"的考虑要素包括：（1）接受再交涉的对方当事人就即将被调整的合同内容掌握着重要信息；（2）对方当事人已经开始合同交涉的准备工作；（3）围绕合同交涉产生的风险较小。在这里，所谓交涉的风险，是指针对要求调整合同被拒绝的风险、迟延调整合同的风险、基于交涉反而使自己获得不利益合同内容的风险以及基于交涉反而进一步扩大纷争的风险等。当存在以上要素时，就会朝着提高再交涉容忍可能性的方向发生作用。[①]

笔者认为，再交涉义务作为一项独立的合同法义务，其适用场合不应仅仅局限于情事变更。再交涉义务的主要目的是促进和保障当事人通过自主交涉，实现关系性合同中合同履行的灵活性和持续性，因此，合同履行中只要出现可能引起变更或调整、解除的情形，且存在再交涉"必要性"和"容忍可能性"的，在进入讼争之前，都应当通过再交涉义务的履行，尽量鼓励和促成双方当事人对合同调整达成合意。尤其是在建设工程合同履行中，经常因现场情况差异、自然灾害、通常事变或发包人变更指示等因素，造成工期迟延或费用增加，而此时又往往由于发包人和承包人对于风险归属的认定与合同解释的立场不同而产生分歧与争议。这些工程争议如不能及时解决，往往可能影响工程的

---

① 顾祝轩：《合同本体解释论》，法律出版社 2008 年版，第 294 页。

顺利进行，造成工程停顿，双方均不得不承担巨大损失。这决定了建设工程合同本身具有框架性特征，且带有明显的"法律过程性"导向，换言之，建设工程合同必须为当事人在工程施工中随时可能出现的各种争议提供重新磋商的理想场所和条件。因此，在建设工程合同履行过程中，不仅在情事变更情形下，而且在合同变更、违约争议、竣工结算、合同解除清算等情形下当事人都应履行再交涉义务，由此也可见再交涉义务在建设工程合同的重要性。至于当事人之间是否存在再交涉的"必要性"和"容忍可能性"，应当根据具体合同中所呈现出关系性的强度以及履行障碍的性质，考量多重要素进行综合判断，在此，维尔伯格（Willburg）提出的动态系统论可作为分析具体合同中再交涉的"必要性"和"容忍可能性"的有力工具。

三、建设工程合同中再交涉义务的主体

在建设工程合同的再交涉关系中，再交涉主体不仅包括发包人和承包人双方，由发包人委托的工程师或监理人也在其中担任重要的角色。国际上许多建设工程合同示范文本都有关于工程师或监理人组织双方再协商的条款规定，如1999年版FIDIC红皮书中将这一职责赋予了工程师，在我国2013年版示范文本中则赋予了总监理工程师。

（一）工程师或监理人参与再协商程序的必要性

在整个FIDIC合同体系中，工程师具有非常重要的地位与作用，甚至可以说，整个FIDIC合同范本的中心思想就是任命一位受到信赖的独立工程师来负责设计和监理。① 这与建设工程合同的关系性特征有紧密关系，由于建设工程合同的专用性投资、信息不对称等特性，在长期而复杂的交易过程中，如何防止当事人的投机行为，市场往往无法扮演好一个好的监控机制角色，而古典合同法又不重视关系的维持，此时势必要有另一种监控机制出现。麦克尼尔的关系合同理论并不青睐法院的帮忙（因为法院的解决方式可能会是直接切断关系），而会转而寻求仲裁、独立专家等诉讼外的方式加以解决。② 在建设工程

---

① ［英］尼尔·G·巴尼：《FIDIC系列工程合同范本——编制原理与应用指南》，张水波等译，中国建筑工业出版社2008年版，第110页。
② 黄湘榆：《计划赶不上变化？论长期商业契约中之风险控制与漏洞填补——以契约的解释为中心》，台湾地区台湾大学2008年法律学研究所硕士论文。

合同履行过程中，需要引入中立第三方工程师或监理人的原因在于：（1）交易标的的非标准化。每个工程都是定制的，且涉及特殊投资，所以此种交易不可能依赖市场提供监控机制。（2）交易信息的不对称性，发包人对于承包人的施工方法、质量等，通常缺乏相应的履约管理能力。因此，业主为了确保合同标的能够按照其设计构想、品质及功能实施完成，需要通过工程师或监理人负责监督承包人是否依约履行及按图施工。（3）交易的公共属性。建设工程往往涉及公共安全和国家资金的合理利用，如根据我国《建筑法》和《建设工程监理范围和规模标准规定》等规定，对于国家重点建设工程、大中型公用事业工程等六类工程项目实施强制监理。

（二）工程师和监理人的角色定位

工程师和监理人在建设工程合同再交涉程序中的角色定位是一个非常值得研究的问题。根据麦克尼尔的关系合同理论，角色在关系合同中涉及三个方面的问题，即一致性、冲突和复杂性。对工程师和监理人而言，是基于其和发包人之间的委托合同介入到建设工程合同的履行中，负担监督建设工程合同的履约管理，这决定了其角色的双重性：一方面，工程师和监理人必须在发包人同意的前提下，作为发包人的代理人在委托合同的规则范围内活动；另一方面，工程师和监理人作为监督与管理建设工程合同履行的专家，又被当作证明人或裁定人，对工程争议具有一定的决定权。在这两个角色之间显然存在着不可避免的内在冲突。而且，根据1999年版FIDIC红皮书，工程师的角色更为复杂，其同时可能承担着设计师、发包人代理、监理、证书签发人、裁决人或准仲裁员的身份，以及在合同中的各种责任和权力，包括主动的、被动的以及限制性的。①

对关系合同中处处存在的角色冲突与复杂性问题，麦克尼尔和依托布纳提出了不同的解决方案。麦克尼尔提出了有限秩序原则和角色保全规范。所谓有限秩序原则，即在承认因角色冲突而产生争议必然性的前提下，容许争议协商在确定其范围与强度的界限之内，通过斗争和妥协得到解决的原则。② 而角色

---

① ［英］尼尔·G·巴尼:《FIDIC系列工程合同范本——编制原理与应用指南》，张水波等译，中国建筑工业出版社2008年版，第115页。
② ［美］麦克尼尔:《新社会契约论》，雷喜宁、潘勤译，中国政法大学出版社2004年版，第40页。

保全规范则是指不仅要尊重最大限度实现个人利益的自利性角色要求，而且要维持和强化角色的内在一致性，维系角色要完成其作为信赖和期待的基础的社会功能。① 依托布纳则是从经济系统对法律系统的"干扰"，以及由此而产生的法律系统的"自我指涉、自我规制"的角度，提出私法不能仅仅定位于满足经济需要，对"自我规制"的规制必须同时保护那些非经济性价值。比如工程师和监理人，法律不应将工程师和监理人的身份降低为一种经济活动者，而是必须通过规范形成义务，对工程师和监理人的其他职业价值予以保护和约束，维护工程师和监理人职业的职业标准不被破坏。这也可以说是"自省法"与自生的经济自组织的单纯法律之间最为重要的区别。②

麦克尼尔和依托布纳的上述观点虽然各自视角有异，但不论是角色保全规范还是自省法理论，都强调维护工程师和监理人的职业角色定位，在其职业独立性和维护发包人利益之间保持适当的平衡。这种努力也清晰地体现在从FIDIC 红皮书第四版到 1999 年版红皮书的改变中。在红皮书第四版中，工程师的角色定位更接近于一个准仲裁人，其第 2.6 款要求工程师行为公正，"凡按照合同规范要求工程师自行作出决定、意见或同意的，他应在合同条款规定内，并兼顾所有条件的情况下，做出公正的处理"。但是，1999 年版红皮书对工程师的角色定位作出了重大改变，体现了对工程师的两种角色加以平衡的理念。1999 年版红皮书 3.1 款规定："当工程师履行合同规定的或合同暗含的义务，或行使受益人权利时，都应视为在为业主工作。"第 3.5 款规定："每当本合同规定工程师应按照本条对任何事项进行商定或者决定时，工程师应与各方协商尽量达成协议。如果达不成协议，工程师应对有关情况给予应有的考虑，按照合同作出公平的决定。工程师应将每一项商定或决定，连同依据的细节通知双方。各方均应遵守该协议或决定，除非且直到按照第 20 条'索赔、争端和仲裁'规定做出了修改。"从 1999 年版红皮书的上述规定可以看出，由于工程师任何时间都是业主的代理人，意味着红皮书第四版将业主定位为准仲裁人的规定不再适用；与此同时，1999 年版红皮书仍然有限制地保留了工程师的决定权，但要求工程师要与双方当事人充分协商后方能作出决定。

---

① ［美］麦克尼尔：《新社会契约论》，雷喜宁、潘勤译，中国政法大学出版社 2004 年版，第 60 页。
② 参见［德］托依布纳、［中］顾祝轩：《对谈依托布纳：私法的社会学启蒙》，载《交大法学》2013 年第 1 期。

在我国 2013 年版示范文本中，第 4.4 款"商定或确定"的规定基本从 1999 年版红皮书移植而来，监理人的定位也大体与 1999 年版红皮书一致。但在实践中，监理人的功能尚未得到应有的体现，远未达到 FIDIC 合同中工程师的功能作用，这也影响了 2013 年版示范文本第 4.4 款再协商机制的实践效果，使其看上去似乎是一个"中看不中用"的条款。为什么对合同示范文本的移植会发生这样"南橘北枳"的结果？其原因也与关系合同理论中角色冲突的平衡有关，对于工程师和监理人的角色冲突问题，所能采取的平衡手段主要包括两个方面：一方面通过法律或行业协会章程规范工程师或监理人的职业道德准则，如 1996 年 FIDIC 章程和细则规定了有关咨询工程师的三个原则，即职业地位、独立性和能力，要求工程师以诚信公正的方式来提供服务；另一方面，通过声誉机制来约束工程师的行为，例如 FIDIC 的章程与细则对取得其咨询工程师会员资格的职业道德标准和专业能力等进行了明确规定，以此保证其咨询工程师的信誉度。但是在我国市场经济中，尤其在诚信缺失严重的建筑业领域，监理人的定位受到经济目的的严重扭曲，导致监理人的信誉不高，无法在建设工程合同各方之间建立信任和权威性，而这又进一步削弱了工程监理这一职业的社会声誉和功能发挥。但这是如何通过平衡角色冲突机制提升监理人信誉度的问题，并不能因噎废食，否定引入监理人参与再协商程序的制度价值。

四、再交涉义务的内容

再交涉义务的制度功能是在合同双方之间创造一种商讨和沟通机制，通过为当事人提供理想的对话状态和交涉场所，使各方能够进行充分的意见表达与相互论辩，保证再交涉过程的公正性和再交涉合意的正当性。从这一宗旨出发，协商范式下的再交涉义务更强调为当事人提供适合对话沟通的制度性框架，在此框架之下衍生出具体的协商义务内容。这些具体义务可以来源于法律规定与合同约定，亦可基于诚实信用原则而产生，主要包括以下内容：

1. 再交涉的提出义务，即因情事变更或其他原因希望调整合同的当事人，必须在合理期间内依据一定的理由提出合同的再交涉。建设工程合同中，负有提出再交涉义务的当事人大多是承包人，如 2013 年版示范合同文本规定承包人应在知道或应当知道索赔事件发生后 28 天内，向监理人递交索赔意向通知书，并说明发生索赔事件的事由；承包人未在前述28天内发出索赔意向通知书的，丧失要求追加付款和（或）延长工期的权利。

2. 回应再交涉的义务，即对一方当事人提出的再交涉，相对方除有正当理由外，有回应再交涉的义务。根据2013年版示范合同文本，监理人应在收到承包人的索赔报告后14天内完成审查并报送发包人。监理人对索赔报告存在异议的，有权要求承包人提交全部原始记录副本；发包人应在监理人收到索赔报告或有关索赔的进一步证明材料后的28天内，由监理人向承包人出具经发包人签认的索赔处理结果。发包人逾期答复的，则视为认可承包人的索赔要求。

3. 诚信（公平）交涉的义务，即双方一旦进入再交涉阶段，必须理性且充分地商讨所有事项，遵循诚实信用的原则尽到各自的努力追求合意的达成。首先，在再交涉过程中，双方可能会存在各种各样的分歧和问题，在正式形成合意之前，双方应当尽可能地持续交涉，比如对相对方的提案不服的话，应当及时提出具体的替代提案。其次，双方均应承担必要的信息披露和说明义务，并承担解答、提示等方面的说明义务，以保障当事人间交涉地位的平等和沟通的顺畅。例如，在第三章所引海擎公司案中，承包人中兴公司就现场地质差异向发包人海擎公司提出警示，并提出增加桩长、提高承台的设计修改建议，但海擎公司未予采纳，中兴公司遂按照原方案继续施工。最高法院认为，中兴公司在修改设计的建议拒绝后，应当从工程质量安全出发，及时提出替代性方案即修改土方开挖方案，而中兴公司未提出替代性方案仍按原方案施工，导致工程出现质量事故，故中兴公司应承担相应的赔偿责任。

4. 其他禁止性义务，即通过再交涉过程中禁止性义务的再分类，使诚信交涉的内容更加明确，如禁止欺诈、胁迫及提供不准确的信息；禁止扩大纷争；禁止无正当理由中断交涉、拖延交涉、阻碍交涉等。一方违反上述义务时，应当承担由此产生的不利益。例如前述海擎公司案中，海擎公司明知地质情况变化必然导致施工方案更改和工程款增加，而其坚持按照原合同执行拖延交涉，由此导致损失扩大的责任应由其自行承担。

五、违反建设工程合同再交涉义务的法律后果

再交涉义务是手段性债务，即只要当事人诚信地回应再交涉，并不要求双

方通过交涉强制地达成合意。因此，原则上即使经过再交涉不成功，也不应对当事人施以不利的法律后果，但是，如果当事人恶意地不履行该手段债务，仍应予以一定的法律制裁，否则，将会使再交涉义务沦为道德规范的宣示，而不成其为一项法律义务。笔者认为，违反再交涉义务可以产生以下法律后果：

1. 自行承担不利益后果

再交涉义务要求合同当事人应当依诚信原则进行协商。对于违反再交涉义务的一方当事人所应承担的最直接的法律后果，是由其自己承担因违反再交涉义务给自己造成的不利益后果。如我国 2013 年版示范文本的 19.1 款规定："承包人认为有权得到追加付款和（或）延长工期的，应在知道或应当知道索赔事件发生后 28 天内，向监理人递交索赔意向通知书，并说明发生索赔事件的事由；承包人未在前述 28 天内发出索赔意向通知书的，丧失要求追加付款和（或）延长工期的权利。"19.2 款规定："发包人应在监理人收到索赔报告或有关索赔的进一步证明材料后的 28 天内，由监理人向承包人出具经发包人签认的索赔处理结果。发包人逾期答复的，则视为认可承包人的索赔要求。"上述两款分别规定了承包人和发包人无正当理由迟延再交涉或拒绝再交涉所应承担的法律后果。当然，实践中对上述规定期限产生的争议是，超过合同约定的 28 天是否一定使产生失权后果？该 28 天是否属于除斥期间？笔者认为，28天的规定应为示范文本对当事人如何履行再交涉义务的程序性规定，不能绝对将其视为除斥期间或一定产生失权后果，而是要根据比例原则，综合考虑双方合同的整体约定、在 28 天内迟延或拒绝再交涉是否有正当理由、索赔内容的利益关系是否巨大等因素进行综合解释和判断。

2. 履行请求权

通常认为，一方当事人并没有要求对方当事人就合同再交涉作出协作的履行请求，因为这并不是一项给付义务，无法诉请履行，而且在协商失败时，最终仍会由法院作出调整或解除合同的判决，故赋予当事人再交涉请求权亦无实益。但是，可以承认一方当事人要求对方当事人提供涉及合同调整的重要信息的履行请求权。[1]

---

[1] 顾祝轩：《合同本体解释论》，法律出版社 2008 年版，第 294 页。

3. 变更或解除合同请求权

围绕对情事变更或其他原因造成显失公平合同的救济，当出现双方当事人交涉不成的，应综合考虑合同约定内容、履行中的具体状况以及当事人是否基于诚信原则进行了交涉等因素，进行利益权衡后确定是否应当强制性对合同进行调整或解除：第一，双方当事人已经履行了交涉义务，但出现交涉未果的场合。在此种情形下，如果因情事变更或其他原因导致按原有合同执行显失公平的，一方当事人可依据《合同法》第54条第2项请求法院变更合同内容或撤销合同。第二，因一方恶意违反交涉义务，导致交涉不成的场合。在此种情形下，对于希望维持原合同的当事人违反再交涉义务时，如无正当理由拒绝对方的再交涉提议，或无诚意交涉时，法院可以基于当事人请求对合同进行强制性调整或解除。对于希望调整原合同的当事人违反诚意交涉的义务，法院可以驳回其调整或解除合同的请求。

4. 损害赔偿请求权

PECL肯定了因违反再交涉义务可发生损害赔偿责任，其第6.111条第3款后段规定："在任何一种情形，法院可以对因一方当事人悖于诚实信用与公平交易之拒绝磋商或者终止磋商而遭受的损失判予损害赔偿"。笔者赞成这一做法，因为尽管再交涉义务更强调程序协商与合意，而不是法律制裁，但是为了实现促进交涉的规范目的，对于违反再交涉义务的行为施以一定的法律后果仍是必要的，因此，当一方当事人违反再交涉义务，使相对方受到损害时，相对方可以请求赔偿损害。在德国，其根据为积极侵害债权。在日本，则解释为违反附随义务。① 需要进一步研究的是损害赔偿请求权的范围是什么？是否由于未诚信交涉导致的一切损失或扩大的损失都由违反义务方承担？笔者认为，要根据合同约定、双方违反再交涉义务的恶意程度、损害内容等综合考量，原则上，只有在因违反再交涉义务如恶意拒绝或延长交涉，导致相对方损害明显扩大时，才可例外地承认损害赔偿请求权。

5. 中止履行抗辩权

在情事变更情形下，当一方当事人拒绝进行再交涉时，相对方是否有权拒

---

① ［日］五十岚清：《情事变更·合同调整·再交涉义务——情事变更原则效果再考》，载《民商法论丛》（第15卷）。

绝履行合同？PICC 原则上否定再交涉可产生中止履行抗辩权，其在第 6.2.3 条第 2 款规定："重新谈判的要求本身并不能使处于不利地位的当事人有权停止履约。"否定再交涉可产生中止履行抗辩权的理由主要在于，是否构成情事变更本身具有不确定性，且属于合同履行的例外情形，如果允许一方当事人以情事变更为由随时提起再交涉并赋予其中止履行抗辩权，可能产生滥用救济手段的风险。因此，停止履行原则上不能支持，只是在很特例的情况下才可以被是正当的。例如，A 和 B 为建筑一工厂订立合同，工厂将建在 X 国。在订立合同后该国施行新的安全法规，新法规要求使用另外的设备装置，由此导致合同双方均衡的根本改变，极大地增加了 A 的履行负担。这种情况下，A 有权要求重新谈判，并可以停止履行，因为它需要时间去执行新安全法规；而且，只要对相应的价格修改没有达成协议，它也可以停止对该设备装置的支付。① 但也有学者对再交涉义务违反后的另一方当事人中止履行权抱肯定态度，例如我国台湾地区学者孙森焱认为，"继续合同履行期间，因情事变更，商品价格高涨，出卖人欲调高售价，买受人相应不理时，应认出卖人得拒绝继续为给付。"韩世远教授亦认为，"在发生情事变更之后，受不利益的当事人在主动要求变更或解除合同之后，对方往往是受利益者，或者是期待获得，多不愿同意对方的提议。这时，从理论上应当承担情事变更场合受不利影响当事人的中止履行抗辩权"。②

笔者认为，再交涉义务违反能否产生中止履行抗辩权，不能简单地持肯定或否定观点，而是要根据案件具体情况，综合双方当事人的合同约定、履约中的各种社会关系和当事人之间的个别状况等加以分析确定。并且，考虑到建设工程合同的特性，为防止当事人因再交涉随时中断履行，应引导双方当事人经工程师或监理人确定程序暂时搁置争议，使合同顺利履行。如根据 2013 年版合同示范文本的规定，如果当事人进行再交涉不能达成一致的，由总监理工程师按照合同约定作出公正的确定。如果总监理工程师已经履行其专业审慎的注意义务作出确定，则双方当事人原则上都应当按照总监理工程师确定的解决方案执行，而不享有中止履行抗辩权；但如果总监理工程师未提出解决方案，或

---

① 参见 PICC 第 6.2.3 条的注释 4。
② 韩世远：《履行障碍法的体系》，法律出版社 2006 年版，第 58 页。

提出的解决方案明显偏袒业主损害承包人利益的，则承包人可行使中止履行抗辩权。

本章小结

将再交涉义务作为长期合同变更请求权和调整请求权行使之前必须完成的程序性要件，是将长期合同实践中形成的内在规范，提升为合同法上行为规范和裁判规范的必然要求，也已成为国际上合同法立法以及合同示范文本广泛采纳的新潮流。与普通合同相比，在具有强烈关系属性的建设工程合同中，再交涉义务的适用场合更为广泛，其不仅适用于情事变更场合，而且适用于因业主变更、承包人提出合理化建议等导致执行原合同显失公平的场合。在未来建设工程合同分则修订中，建议增加下列关于再交涉义务的条款：

1. 当建设工程合同因情事变更或因重大事由导致合同关系面临变更或解除之际，双方当事人应当在合理期限内通过重新协商合意变更合同。

2. 在重新协商期间，双方当事人应当基于诚信交涉义务履行必要的信息披露义务、告知义务和说明义务；禁止欺诈、胁迫或提供不准确的信息；禁止无正当理由中断、阻碍或拖延交涉。

3. 在前款情形，当双方当事人之间没有就合同的再交涉达成合意的场合，法院可以根据当事人的请求，判决变更或解除合同。

4. 当事人因恶意拒绝或拖延再交涉，导致相对方损失明显扩大的，相对方可以主张损害赔偿请求权。

典型案例

A 船舶公司与 B 工程公司建设工程施工合同纠纷案

【裁判要旨】

施工合同订立后，发包方未能按合同约定交付土建基础及场地导致施工方多次窝工和退场。在此情况下，双方当事人应当基于诚实信用与合作原则，尽到合理努力并相互协调，适当调整施工时间、方法和步骤。但在施工方第三次退场后，双方未能就进场复工的相关事项再次进行诚信而充分的再交涉，共同寻求公平合理的解决方案，而是仅站在各自的立场固执地坚持己方的利益诉求，导致合同关系最终破裂，因此，双方均对合同的解除负有一定的责任。

【基本案情】

2008年4月15日，A船舶公司与B工程公司订立施工合同，约定由B工程公司为A船舶公司承建下料车间及配套库钢结构工程，开工日期为2008年4月18日，竣工日期为2008年9月16日，合同总价款3998万元。同时还约定了工程质量、工程款的付款方式和时间等内容。2008年9月20日，双方又补签了一份备忘录，载明："截至本备忘录生效之日，发包人已向承包人支付了合同总价40%的工程款，即1599.2万元。就剩余工程款的付款方式和时间，双方经协商，达成如下备忘录：一、本备忘录生效之日起7日内，发包人付至合同总价的50%；二、下料车间主钢架37-24轴安装结束，发包人付至合同总价的60%……。"合同签订后，A船舶公司依约给付了部分工程款，B工程公司亦组织施工人员进场施工。2008年9月30日，配套库工程施工结束。2008年11月21日，经四方组织验收合格，配套库已投入使用。

在下料车间的施工过程中，因负责承建A船舶公司土建基础工程的C公司未能及时提供符合B工程公司施工条件的基础工程，致B工程公司出现多次停工。B工程公司因无法施工先后三次撤离施工现场。第三次撤场后未再复工。施工期间，A船舶公司曾多次向B工程公司提出B工程公司施工的工程存在部分质量问题，要求B工程公司予以整改。

因B工程公司于2009年4月3日撤场后未再按A船舶公司的要求进场复工，A船舶公司遂于2009年4月30日发给B工程公司一份《通知》，要求B工程公司进场复工并对施工工程中所存在的质量问题按要求迅速整改到位，若B工程公司未进场复工、整改，则视为B工程公司以自己的行为不履行合同义务，双方于2008年4月15日签订的施工合同即行解除。因B工程公司接此通知后仍未复工，A船舶公司又于2009年5月9日发给B工程公司一份《清算通知》，明确施工合同即行解除。

一审法院另查明：第一，关于工期延误的有关事实。A船舶公司的桩基基础工程是由C公司承建，按合同约定，C公司应于2008年10月18日前向A船舶公司交付符合条件的基础工程，但C公司直至同年10月18日仅完成了全部工程量的一小部分。之后，A船舶公司解除了与C公司签订的施工合同。该判决因此判定C公司违约，并承担相应的违约责任。承担违约责任的期间为自

2008年8月10日至2009年4月底。第二，关于案涉工程（下料车间）是否存在质量问题的相关事实。A船舶公司在诉讼之前曾委托泰州市房产管理局就涉案工程下料车间的建筑质量进行鉴定。经委托，南工大技术公司对下料车间厂房进行了结构检测。检测结论为：抽检的未安装的钢梁中有部分钢梁拉伸性能、弯曲性能不合格；抽检钢柱中有4根钢柱的焊缝不满足规范要求；部分高强螺栓存在锈蚀现象，节点板最大间隙为2.5mm；抽检吊车梁截面高度与设计图纸不符；7根钢柱垂直度不满足规范要求。该报告建议对钢梁材料力学性能及化学元素分析增加抽检数量。泰州市房产管理局为此出具鉴定报告，经现场随机抽样，5根待安装的屋面梁中有4根屋面梁拉伸、冷弯性能不符合《低合金高强度结构钢》GB/T1591-94第5.4.1条表2的规定；吊车梁实测截面高度与设计截面高度偏差不符合相关的国家标准；对现场随机抽取的焊缝进行超声波探伤检测，抽样检查的焊缝数不合格率为13.8%，大于规定的5%，该批验收为不合格；钢柱安装偏差不符合规范要求；干漆膜厚度的平均值小于设计要求。泰州市高港区安全生产监督管理局于2010年3月25日向A船舶公司作出（泰高）安监管强措字第（01）号《强制措施决定书》，认定：A船舶公司新建下料车间钢结构厂房钢柱歪斜以及部分钢结构存在锈蚀（现场检查）的安全隐患，据此责令停止建设并聘请相关机构进行鉴定、整改。整改后须经其验收方可恢复施工。2010年8月，A船舶公司委托泰州市产品质量监督检验所对两块钢板质量进行检验，检验结果：屈服强度合格、抗拉强度合格、断后伸长率合格、弯曲试验不合格。后经A船舶公司申请，法院委托东南鉴定公司就下料车间钢结构工程的材料质量、涂层、安装结构进行鉴定。该公司接受委托后，于2009年12月8日制定了《鉴定工作计划》，法院有关审判人员及东南鉴定公司的有关鉴定人员于当日至涉案现场对待鉴定的厂房进行取样，A船舶公司建议样品为未曾安装的材质，B工程公司表示同意。2010年1月22日，东南鉴定公司出具了《鉴定报告》，载明：高强螺栓松动、未拧紧存在安全隐患。屋面圆钢交叉支撑没有拉紧，对厂房的整体性有不利影响等一系列问题，并建议应当进行整改处理。对于该《鉴定报告》，A船舶公司提出异议，鉴定结论不能证明B工程公司施工的钢结构工程不存在质量问题，请求重新鉴定。B工程公司质证认为，鉴定结论能够证明B工程公司施工的钢结构工程没有质量问题。后因A船舶公司原因，一审法院按照相关规定，于2012年7月

16日终结了鉴定程序。第三，关于涉案工程的钢材质量问题。涉案工程监理方为D监理公司，其派驻了监理工程师负责对B工程公司所购钢材进行验收、检验。B工程公司所购钢材及螺栓样品的拉伸、冷弯及螺栓连接摩擦面的抗滑移系数等主要指标均经检测合格。第四，关于涉案工程造价的事实。经A船舶公司申请，法院依法委托建行泰州分行造价中心对涉案的工程造价进行鉴定。鉴定意见载明：已完工部分的工程造价为1504.010 447万元。B工程公司认为该鉴定意见不客观、A船舶公司则认可该鉴定意见。第五，关于整改方案和整改费用的事实。经A船舶公司申请，法院依法委托建研公司对涉案工程的维修加固方案进行了鉴定。鉴定报告根据东南鉴定公司出具的鉴定结果、设计资料、图纸及相关规范标准，对下料车间目前存在的相关质量问题逐一出具了相应的维修、加固方案。经纬公司根据上述维修、加固方案，出具了《工程造价咨询报告书》，载明整改费用为54 672.96元。

A船舶公司以B工程公司应当返还其超付的工程款、B工程公司应当赔偿工程质量损失为由，提起诉讼，请求判令B工程公司返还A船舶公司超付的工程款200万元；承担工程质量造成的损失80万元。

审理过程中，A船舶公司变更诉讼请求为B工程公司返还超付的工程款500万元；B工程公司赔偿A船舶公司的经济损失2530万元。因诉讼标的额超过了该院受理范围，B工程公司提出管辖权异议。泰州中院发出指定管辖的通知，决定由其对该案进行审理。

【法院认为】

一审法院认定：A船舶公司与B工程公司于2008年4月15日签订的施工合同是双方当事人的真实意思表示，应认定为有效。B工程公司多次向A船舶公司发函来看，双方签订的施工合同已经解除，经评估，B工程公司实际完成的工程造价为1504.010 447万元，因B工程公司已从A船舶公司处取得了工程款1999万元，因此，多支付的494.989 553万元，B工程公司应予返还。故A船舶公司的第一项诉讼请求，符合法律规定，应予支持。另，本案的争议焦点为：由B工程公司承建的A船舶公司下料车间的钢结构工程所采用的钢材是否符合国家规范；已施工部分的钢结构工程是否存在质量问题及应如何处理；A船舶公司主张的2530万元损失是否应由B工程公司承担。关于争议焦点一，第一，根据双方签订的施工合同的约定，"双方对工程质量有争议，由双方同意的工程质量检测机构鉴定"的约定，南工大技术公司所作的《检测报告》、泰州市产品质量监督检验所的《检验报告》的产生，不符合双方当事人的约定。第二，从南工大技术公司的《检测报告》本身来看，亦得不出 B 工程公司施工的下料车间的钢结构工程质量不合格的结论。且泰州市产品质量监督检验所的《检验报告》亦是在 B 工程公司不知情的情况下产生的，该《检验报告》反映检材是 A 船舶公司一方"委托送样检验"，因而检材来源不明。泰州市高港区安全生产监督管理局向 A 船舶公司发出的《强制措施决定书》没有直接判定钢结构厂房不合格。同时，即便采信南工大技术公司的检测结论，也无法达到 A 船舶公司要求确认钢结构厂房质量不合格的要求。第三，东南鉴定公司的所有鉴定工作均是经过双方同意的。因此，东南鉴定公司的《鉴定报告》是依法、依规定程序产生的，应当具有法律效力。第四，因 A 船舶公司主动放弃了重新鉴定的申请，故采纳东南鉴定公司的《鉴定报告》对涉案厂房质量的认定。该《鉴定报告》认定涉案钢材的材质符合国家规范。东南鉴定公司的《鉴定报告》以及经纬公司的《工程造价咨询报告书》均是根据 A 船舶公司的申请，由法院依法委托进行的，鉴定结论亦经双方当事人质证，应为合法有效，故予以采纳。维修、整改费用 54 672.96 元应由 B 工程公司承担。第五，从 A 船舶公司与 B 工程公司在施工合同中明确约定以及送检过程、抽样检测、四方验收合格等内容与过程来看，A 船舶公司再提出钢材质保书原件的问题，并以此要求法院直接判决 B 工程公司败诉，无事实和法律依据，故不予采信。关于争议焦点二，A 船舶公司在其诉 C 公司建设工程施工合同纠纷一案中也向法院提交了该 2530 万元损失的证据材料。泰州中院就该案作出的民事判决中认定 C 公司违约，由 C 公司承担 A 船舶公司所主张的损失。对于 A 船舶公司所主张的 2530 万元损失，该判决经审核，认定了其中确已发生的 1514.2803 万元，其余的 1017.6237 万元未予认定。该判决送达给双方当事人后，A 船舶公司未上诉。对于已认定的 1514.2803 万元，在本案中不再作认定。因证据不足、无法认定确已发生的 353.3090 万元，剩余的 664.3147 万元中，有 532.5402 万元的损失因产生在 2008 年 7 月 18 日之前，而此时，双方约定的施工期限尚未届满，不应认定为 B 工程公司违约的责任期间，故该部分损失亦不应当由 B 工程公司承担。最后剩余的 131.7745 万元的损失，发生在 2009 年 11 月份，即双方在施工合同的履行中，B 工程公司拒不到场复工,已明显构成违约,致 A 船舶公司合同目的无法实现,A 船舶公司因此所产生的该部分外协加工损失 131.7745 万元应由 B 工程公司予以赔偿。综上所述,福公司认为 B 工程公司施工的下料车间的钢结构工程不合格的诉讼请求因缺乏事实和法律依据,不予支持。鉴于双方的施工合同业已解除,B 工程公司应返还 A 船舶公司超付的工程款,并支付已施工部分工程的整改、维修费用,同时还应赔偿 A 船舶公司的部分损失。

A 船舶公司不服,提起上诉称:应当因涉案工程未完工且存在严重质量问题,A 船舶公司只能将本可自行生产的产品委托外加工,产生 2530 万余元损失。一审法院仅判决 B 工程公司赔偿损失 131 万余元,对其余部分不予支持错误。第二,一审认定钢材材质合格没有事实依据。第三,一审认定的维修、整改费用 54 672.96 元不符合实际。A 船舶公司申请对下料车间工程质量进行重新鉴定。综上,对一审判决依法予以改判。

针对 A 船舶公司的上诉,B 工程公司答辩称:第一,B 工程公司在涉案合同履行中不存在工期延误,不应承担赔偿 A 船舶公司损失的责任。第二,A 船舶公司关于质量鉴定程序违法的主张不能成立。第三,整改费用系法院委托鉴定机构作出的鉴定意见,具有法律效力。A 船舶公司不按施工工序进行施工所扩大的损失应自行承担。综上,A 船舶公司的上诉理由不能成立,请求驳回其上诉。

B 工程公司亦提起上诉称:第一,一审认定事实不清。一审认定已完工程量为 1504.010 447 万元错误,B 工程公司为 A 船舶公司预制的钢构件应包括在工程造价范围内;A 船舶公司是合同违约方,其于 2009 年 4 月通知单方解除合同构成根本违约;一审关于 A 船舶公司存在外协加工损失的认定错误;因土建部分违约交付不能,即使 B 工程公司全部施工人员在现场也不可能完全履行涉案合同,故一审推定 A 船舶公司损失是因 B 工程公司工程逾期所造成,显属错误。第二,本案应适用最高人民法院《关于审理建设工程施工合同纠纷案件适用法律问题的解释》第 8 条的规定确认合同能否解除。第三,一审法院审理本案程序违法。超诉讼请求审理案件,违反不告不理原则;严重超期限审理案件;司法鉴定程序违法;超期限变更诉讼请求。综上,请求撤销一审判决并依法改判支持 B 工程公司关于损失的赔偿。

针对 B 工程公司的上诉,A 船舶公司答辩称:第一,B 工程公司关于一审对于工程价款、合同履行义务及违约事实等查清的主张不能成立。B工程公司关于预制钢构件700多万元应计入工程价款的主张不能成立；B工程公司不复工，构成根本违约；B工程公司拒不复工构成根本违约，A船舶公司只能依法依约解除合同，下料车间未完工，下料车间的工作无法委托外协单位做，便把下料车间的工作移至分段车间，把分段车间的工作委托外协单位加工，由此造成的损失应当由B工程公司承担。第二，一审认定A船舶公司解除合同合法正确，B工程公司关于一审适用法律错误的主张不能成立。第三、B工程公司提出的一审程序违法的理由亦不能成立。综上，B工程公司的上诉理由不能成立，请求驳回其上诉，支持A船舶公司的上诉请求。

围绕合同解除前双方往来磋商的事实，二审期间，A船舶公司将以下证据作为新证据提交：（一）2008年9月18日B工程公司致A船舶公司的函，其中载明：B工程公司就涉案工程总投入已占工程总造价80%以上，而至今A船舶公司只支付了40%的预付款。因项目进度严重滞后，同时下料车间安装需要分段进行，B工程公司提请A船舶公司先行支付30%的进度款。A船舶公司提交该证据的目的，是为了证明因受B工程公司欺骗，误以为B工程公司投入已达80%，才于2008年9月20日和B工程公司达成付款备忘录，承诺提前支付工程进度款。（二）《工作联系单》《监理工程师联系单》《项目施工春节备忘录》第三十七次工地例会，证明工程现场有工作面，场地影响并不导致B工程公司无法施工，其多次要求B工程公司施工。（三）2009年4月27日的《监理工程师通知单》载明"表面的油漆涂装未按图纸施工，须立即整改；部分焊缝不合格，请立即派员工返修"，证明B工程公司尚未达到备忘录约定的工程进度款付款条件。B工程公司对上述部分证据予以认可，但认为上述证据不能证明施工现场已具备施工条件，也不能证明工程未达到付款条件。其余证据，虽B工程公司不予认可真实性，本院结合本案查明事实，对此部分证据的真实性予以确认。另，B工程公司为证明其对A船舶公司解除合同已提出异议，并提交了相应的特快专递单，故法院对上述函件的真实性予以确认。

关于涉案工程是否存在质量问题。经A船舶公司申请，二审法院依法委托宝冶公司对涉案工程重新进行质量鉴定。宝冶公司经鉴定作出了司法鉴定单项报告书、司法鉴定报告Ⅰ、司法鉴定报告Ⅱ。鉴定意见为：主控项目中焊缝、涂层厚度、钢材化学成分及钢材力学性能不符合《钢结构工程施工质量验收规范》GB50205-2001的要求。一般项目中钢柱的轴线距离与柱距、钢柱垂直度、钢柱及屋面梁截面尺寸、屋面梁挠度、高强度螺栓不符合《钢结构工程施工质量验收规范》GB50205-2001的要求。根据《工业建筑可靠性鉴定标准》GB50144-2008，涉案工程安全性和正常使用性均评为C级，影响整体安全性和正常使用性，按国家现行标准《工业建筑可靠性鉴定标准》的要求应采取措施。经质证，双方当事人对宝冶公司的上述鉴定意见均无异议。

关于A船舶公司诉称的2530万元外协加工损失的相关事实。A船舶公司提交的2531.9041万元外协加工损失的证据材料，与A船舶公司诉C公司的上述案件中提交的证据材料一致。

二审法院认为：本案的争议焦点为：合同解除的原因和违约责任问题；涉案工程的质量问题如何处理；A船舶公司主张返还超付工程款及利息是否有事实和法律依据；A船舶公司主张的损失赔偿能否予以支持；一审程序是否违法。具体而言，第一，关于合同解除的原因和违约责任问题。综合审查双方当事人的诉辩主张及本案的相关证据，在施工合同订立后，出现了由于前期土建工程迟延导致A船舶公司无法按期提供符合钢结构施工要求的施工场地和工作面的问题。在B工程公司第三次退场后，双方未能就进场复工的相关事项再次进行诚信而充分的磋商，共同寻求公平合理的解决方案，而是仅站在各自的立场固执地坚持己方的利益诉求，导致合同关系最终破裂，因此，双方均对合同的解除负有一定的责任。总体而言，A船舶公司应对合同解除负有主要责任，B工程公司负有次要责任。理由为：（1）A船舶公司未能向B工程公司提供符合施工要求的工作场地和工作条件。（2）A船舶公司未按照备忘录约定按期支付工程进度款。（3）B工程公司就焊缝质量等问题未与A船舶公司及时进行协商和整改，也应对合同解除负有一定的责任。综上，依据最高人民法院《关于审理建设工程施工合同纠纷案件适用法律问题的解释》第8条对发包人行使合同解除权的条件来看，合同履行中双方都存在一些违约行为，A船舶公司未能提供符合施工要求的工作场地和工作条件，没有按照备忘录约定按期支付工程进度款，B工程公司对于焊缝等质量问题未与A船舶公司进行诚信磋商并及时整改，但总体看，A船舶公司2009年5月9日发函解除合同时，尚不符合上述司法解释规定的法定情形，故对其单方解除行为的效力本院依法不予支持。但由于建设工程施工合同具有履行期限长、信赖程度高、不适于强制履行等特点，且在本案中双方信任关系已经破裂，合同目的已无法实现；在A船舶公司单方解除合同后不久，B工程公司即起诉A船舶公司主张损害赔偿，而并不要求继续履行涉案施工合同，故本院认定双方当事人的建设工程施工合同于B工程公司起诉之日即2009年6月15日解除。对于解除后的法律责任承担，应当根据双方当事人的诉讼主张以及合同履行过程中的违约责任依法认定。第二，涉案工程的质量问题如何处理。涉案工程仍应先进行修复。但A船舶公司在本案中明确表示拒绝接受B工程公司对涉案工程进行返修，故B工程公司就涉案工程质量整改应向A船舶公司支付的修复费用总计为1361647.48元。第三，A船舶公司主张返还超付的工程款以及利息是否有事实和法律依据。B工程公司施工的工程造价应为1499.975 247万元，A船舶公司已付1999万元，故B工程公司应将A船舶公司超付的工程款499.024 753万元予以返还。B工程公司所称其为A船舶公司定制的尚未运至工程现场的钢构件也应当计入工程造价中。但双方的合同关系已于2009年6月15日解除，B工程公司主张的库存涉讼钢构件在合同解除时尚未运至工程现场交付A船舶公司，应当作为合同解除后的损失予以处理，而不应作为工程造价的组成部分。此外，因A船舶公司支付1999万元系根据合同约定支付的工程进度款，在本院确定工程造价之前，B工程公司占有该工程进度款具有合同依据，故对A船舶公司返还超付款项利息的主张不予支持。第四，A船舶公司主张赔偿损失是否有事实和法律依据。A船舶公司主张的外协加工损失，相关案件生效判决中已经确认的1514.2803万元，且判决已认定该损失由C公司承担且已执行到位，A船舶公司在本案中重复主张，于法无据，且该损失与B工程公司的违约行为并无关联。对中A船舶公司未提供充分证据的353.3090万元，因A船舶公司在本案中仍未提供充分证据证明该损失确已发生，本院亦不予支持。对于发生在C公司逾期违约责任期间之外的664.3147万元损失，其中2008年7月18日和2008年6月5日的两份外协加工合同均发生在B工程公司下料车间钢结构进场安装之前，与B工程公司施工行为显然没有因果关系，故对该两份外协加工合同产生的损失不予支持。A船舶公司为了避免更大的损失只能委托他人代为加工船舶部分零部件，由此所产生的合理期间的外协加工损失应当由

B工程公司承担。第五，一审法院是否存在程序违法。（1）关于超诉讼请求审理案件的问题。在对当事人诉讼请求进行审查时，不可避免需要首先审查双方的合同关系是否已经解除、合同解除前及解除后的违约责任应由何方当事人承担等问题，然后才能确定当事人的诉讼请求是否成立，因此一审法院并未超出诉讼请求范围进行审理。（2）关于审理期限的问题。本案涉及的鉴定较多，导致审理期限较长，而审限扣除均经过了合法审批手续，并不存在超审限办案的情况。（3）关于超期限变更诉讼请求问题。在法庭辩论结束前，A船舶公司变更诉讼请求并不违反法律规定。（4）关于司法鉴定程序问题。一审法院的鉴定程序存在瑕疵，本院二审决定对涉案工程质量启动重新鉴定，但为节约诉讼时间，不再发回重审。综上所述，A船舶公司与B工程公司签订的施工合同合法有效，双方均应遵循诚实信用原则，相互合作，履行各自的权利与义务。但在合同履行过程中，由于双方未能充分履行合作义务，均存在一定的违约行为，导致双方丧失基本信赖，合同关系破裂。尽管A船舶公司单方通知B工程公司解除合同时，尚不具备最高人民法院《关于审理建设工程施工合同纠纷案件适用法律问题的解释》第8条规定的发包人行使单方解除权的条件，但由于双方信任关系已破裂，合同无法继续履行，且B工程公司亦不主张继续履行，故本院认定双方合同于2009年6月15日解除。同时，虽然A船舶公司通知B工程公司解除合同时尚无充分证据证明B工程公司施工的工程质量违反合同约定，但是经过本院委托鉴定机构作出的工程质量鉴定意见，B工程公司施工的钢结构工程确实存在严重的质量问题。B工程公司应就其质量违约行为对A船舶公司承担相应的法律责任，包括赔偿工程修复费用、因质量问题造成无法按时交付工程而导致的合理期间的外协加工损失等。综上，A船舶公司的部分上诉请求成立，予以支持；B工程公司的上诉请求不能成立，本院不予支持。

【裁判结论】

一审法院判决：B工程公司返还A船舶公司多付的工程款494.989 553万元；B工程公司承担A船舶公司因整改、维修下料车间所产生的费用54 672.96元；B工程公司赔偿A船舶公司的经济损失131.7745万元；上述一、二、三项，B工程公司应于判决生效后三十日内履行完毕；驳回A船舶公司的其他诉讼请求。

二审法院判决：撤销一审法院判决；B 工程公司返还 A 船舶公司超付的工程款 4 990 247.53 元；B 工程公司赔偿 A 船舶公司下料车间修复费用 1 361 647.48元；B 工程公司赔偿 A 船舶公司经济损失 1 317 745 元；驳回 A 船舶公司的其他诉讼请求。

第五章　建设工程合同中情事变更原则的适用

引言：问题的提出

在古典合同理论范式中，情事变更原则一直被视为合同严守原则的例外，盖因基于私法自治的观念，系以当事人自主决定为核心，认为只有当事人自身最知道自己的合同利益所在，如果让当事人以外的其他人，如法官，过度介入合同关系，难免造成对合同的不当干预，也会引发对法官恣意裁量的疑虑。因此，尽管情事变更原则在合同法理论中早已确立，但其与合同严守原则之间始终存在难以协调的紧张关系，司法实务对情事变更原则的适用也一直非常谨慎。

【案例3】2002年11月25日，武汉绕城公路建设指挥部（简称武汉绕城）对武汉绕城东北段一期工程的15、16合同段进行公开招标。招标文件第2篇投标须知资料表和修改表中载明："本合同在施工工期内不进行价格调整，投标人在报价时应将此因素考虑在内""对于其他需要投标人自己购买的材料，所发生的一切费用均应包括在投标人的报价之中""投标人应考虑自备电源，以便急用。此项费用应已包括在投标人的投标报价之中，业主将不另行支付。"

2003年1月13日，武汉绕城与中标人中铁十八局二公司（简称中铁十八局）签订施工合同。合同中约定：（1）本合同在施工期间不进行价格调整。承包人应在投标时考虑这一因素。（2）施工用电投标人自行考虑，但一定要自备发电机，以便急用。

自中铁十八局2003年1月23日进场施工至2003年10月31日市电送至工地期间，由于无电源提供，中铁十八局全部采用自行发电来提供工程所需。中铁十八局因此向武汉绕城发出《关于确定施工发电问题的函》。2004年6月8日，武汉绕城发出批复，决定对中铁十八局自发电补偿6 571 003元。

在工程施工期间，湖北省建设厅于2004年2月25日下发《关于钢材、水泥结算价格调整的指导性意见》，载明："去年7月份以来，我省钢材、水泥价格持续大幅度上涨"，并对钢材和水泥价格调整提出指导意见："合同明确不能调整钢材、水泥价格的，其价差不予计算"。7月15日，湖北省交通厅下发《关于对在建高速公路项目主要材料涨价实施价格补贴的意见》，针对2002年末以来全国建材价格持续大幅度上涨的情况，要求各有关单位根据风险共担、合理补偿的原则，对2002年10月至2003年12月在建的高速公路土建主体工程的水泥、钢筋、钢绞线等主要材料涨价幅度大于5%的实施补贴，由建设单位和施工单位（供应商）根据项目实际情况，确定各自分担比例适当补贴。

工程完工后，双方当事人因工程款结算争议形成诉讼。诉讼中，对本案能否适用情事变更原则，一、二审法院作出了不同的判决。湖北省高级人民法院一审判决认为，合同中不调价的约定是建立在合同协议时的合同基础之上的，以能够实现双方当事人的合同目的为前提，建材价格在一定幅度内的合理的波动为正常的交易风险。但在合同履行过程中，建材大幅度涨价，其涨价幅度按照鄂交基〔2004〕314号文的表述是："超过了施工单位的承受能力"。这说明在合同履行期间，作为合同基础环境因素的建材价格因素发生了根本性的变化，而这种变化超出了合同当事人所能预测的范围，按原合同履行将对中铁十八局产生显失公平的后果，导致中铁十八局的合同目的无法实现。故应根据情事变更原则，由武汉绕城对中铁十八局的材料差价给予适当补偿。鄂交基〔2004〕314号文虽是政府指导性文件，非强制适用，但该文件一方面确定了施工期间建材价格大幅上涨的事实，另一方面也对价格上涨确立了风险共担的原则和对涨价幅度大于5%的给予补贴的补贴范围，具有合理性，应参照适用。据此经计算工程材料差价为10 370 846.10元。对这一增加的建设成本，双方均无过错，应由双方按公平原则分担，由中铁十八局负担20%，武汉绕城负担80%。

最高人民法院二审判决则认为，根据作为当事人《施工承包合同》组成部分的《合同通用条款》第70.1条约定，除非合同专用条款另有约定，凡是合同预期工期 24 个月以上者，在合同执行期间，由于材料的价格涨落因素应对合同价格进行调整。而在案涉工程《招标文件项目专用本》"投标须知修改表"第 11.6 条约定，本合同在施工工期内不进行价格调整，投标人在报价时应将此因素考虑在内。从以上条款应当认定，当事人在合同中已经明确排除了因材料上涨而进行合同价款调整的可能。此外，情事变更原则的功能主要是为了消除由于订立合同时的基础情事发生重大变更所导致的当事人权利义务的显失平衡。而中铁十八局因材料价格上涨导致的差价损失幅度尚难达到情事变更原则所要消除的当事人之间权利义务显失平衡的严重程度。因此一审法院该项判决应予撤销。①

据笔者对中国裁判文书网中对"情事变更"一词进行的检索，当事人就情事变更的适用存在法律争议的案例共有 3481 件，而其中建设工程合同纠纷多达 2005 件，占到前者的 58%；而法院在审理建设工程合同案件时明确支持当事人的情事变更主张的判决却仅有 6 件。② 最高人民法院对建设工程合同案件中适用情事变更原则的态度更加谨慎，除了一起由于国家政策调整导致工程建设目的不能实现的案例外，尚无一起案例因物价上涨支持当事人的情事变更适用请求，从上述武汉绕城案中即可看出最高人民法院对建设工程合同中情事变更原则适用的保守态度。为什么在我国建设工程合同纠纷司法实务中，当事人主张情事变更的比例和法院支持情事变更的比例存在较大反差？在建设工程合同纠纷中情事变更原则的适用与其他合同相比有什么独特之处？法院何时才能介入建设工程合同对合同进行调整，介入的尺度又如何把握？本章即拟从关系合同理论的视角对情事变更原则适用于建设工程合同出现的解释困境进行分析，提出重构情事变更原则的适用原理和弹性化治理机制，作为回应建设工程合同履行弹性化需求的应对策略。

第一节 古典合同范式下的情事变更原则

一、情事变更原则的历史考察

情事变更的思想自罗马法以来，历经德国普通法时代、普鲁士一般邦法、

---

① 最高人民法院（2007）民一终字第 81 号民事判决书。
② 检索日期截止到 2017 年 8 月 12 日。

原本一直有之。但自古典合同理论兴起之后，基于理性主义和形式主义思想，注重合同严守原则，不允许法院以不可预见的事变为由干预合同，介入私人事务，遂在合同法中排除了情事变更条款。直到 1921 年，德国厄尔特曼教授为解决第一次世界大战社会生活剧变引发货币贬值问题，提出了行为基础理论。依厄尔特曼的解说，所谓"行为基础"，是指交易行为缔结之际所表现出来的，且当时相对人明知这种前提观念的重要性而未作反对表示的一方当事人的前提观念（预想），或者多方当事人共通的前提观念，是行为意思得以构筑其上的、对于特定情事的存在或者发生所具有的前提观念。因行为基础有瑕疵（自始欠缺或嗣后丧失）而受不利益的当事人，具有消灭合同关系的权利。[①]

行为基础理论提出后随即为帝国法院判例所采纳引入判决，并为德国联邦最高法院接受而成为德国民法上的习惯法。但直到 2002 年，德国债法现代化法修正时，始在《德国民法典》第 313 条明文增订情事事更原则，即：(1) 已成为合同基础的情事在合同订立后发生重大变更，而假使双方当事人预见到这一变更就不会订立合同或会以其他内容订立合同的，可以请求调整合同；但以在考虑到个案的全部情况，特别是约定或法定的风险分配的情况下，维持原合同对于一方是不可苛求的为限。(2) 已成为合同基础的重要观念表明为错误的，视同情事的变更。(3) 合同的调整为不可能或对于一方是不可苛求的，遭受损失的一方可以解除合同。就继续性债务关系而言，以通知终止权代替解除权。值得注意的是，在以往的学说中，有客观交易基础和主观交易基础的区分，而新法第 313 条第 1 款和第 2 款的区别并不在于此，而只在于交易基础的障碍是由于动态还是静态的原因，即在合同订立后，情事是否发生了变化。[②]

英美法上，解决情事变更问题的法律原则称为"合同落空（frustration of contract）"。英美法上对合同严守的强调原本尤甚于大陆法系，1647 年的 Paradine v. Jane 判例所肯定的规则是将合同义务视为绝对义务，这一规则直到 19 世纪中叶才被确立现代合同落空原理基础的 Taylor v. Caldwell 判例修正。1903 年 Krell v. Herry 判例最终确立了"合同落空"原则，至今已形成完善的合同

---

① 韩世远：《合同法总论》，法律出版社 2008 年版，第 439 页。
② 参见齐晓琨：《德国新、旧债法比较研究》，法律出版社 2007 年版，第 171 页。

落空制度，解决因客观原因造成的合同不能履行和履行显失公平问题。需要指出的是，合同落空适用的范围比大陆法的情事变更原则更广泛，通常构成合同落空的原因是：(1) 非因当事人过失而致标的物灭失；(2) 因战争爆发使合同的履行成为非法；(3) 政府颁布禁令，禁止履行合同；(4) 合同签订后，情况发生根本性变化，致使合同失去基础。实际上，英美法上的合同落空原则包括了大陆法上的不可抗力和情事变更。①

我国自实施改革开放政策后，随着市场经济的建立与发展，同样面临如货币异常贬值、因政策调整致物价波动或合同难以履行等情况，为适应此变化，出现了在个案中适用情事变更原则的案例。在"武汉市煤气公司诉重庆检测仪表厂煤气表装配线技术转让合同、煤气表散件购销合同违约纠纷案"中，最高人民法院在对湖北高级人民法院所作的请示答复中已经承认了情事变更原则。但是，《合同法》出台时还是将草案中的情事变更条文删除了，其中一个重要的原因是考虑到情事变更与商业风险的区分困难。从我国法治的发展看，当时的立法选择有其合理性，毕竟市场经济体制刚提出不久，意思自治、合同严守的观念尚处于培育阶段，《合同法》的主要任务是旗帜鲜明地坚持和宣示这一基本导向。但是，司法实践中关于情事变更原则的探索并未止步，2002年，最高人民法院《合同法解释（二）》第 26 条正式确立了情事变更制度，该条规定："合同成立以后客观情况发生了当事人在订立合同时无法预见的、非不可抗力造成的不属于商业风险的重大变化，继续履行合同对于一方当事人明显不公平或者不能实现合同目的，当事人请求人民法院变更或者解除合同的，人民法院应当根据公平原则，并结合案件的实际情况确定是否变更或者解除"。

二、情事变更原则的构成要件

在古典合同理论范式下，情事变更原则是指作为法律效力发生原因的法律要件基础或环境情事，因不可归责于当事人的事由，导致非缔约时可得预料的变更，若继续维持合同原有效力有悖于诚实信用原则（显失公平）时，则应允许变更合同内容或者解除合同的规范。② 理论通说认为，适用情事原则需具

---

① 韩世远：《合同法总论》，法律出版社 2008 年版，第 441 页。
② 韩世远：《合同法总论》，法律出版社 2008 年版，第 436 页。

备以下构成要件:

(一) 需有"情事"的变更

所谓"情事"的变更,是指构成合同成立基础或环境的一切客观事实发生了异常变动,该要件包括以下几层含义:

1. 必须是客观情况发生了变化

客观情况,指不为缔约当事人所掌控的客观现象。构成情事变更的客观情况,可能是经济性因素,例如通货膨胀、物价上涨、能源危机等,也可能是非经济性因素,例如,天灾、第三人之妨碍行为、政策变更、罢工等客观事实,不包括主观事实,盖若当事人主观上于行为时已认识到该事实的存在,或将该事实存在或继续明确约定为法律行为生效之要件,则应属条件的问题,而非情事变更。①

2. 变更的客观情况原本是缔结合同的基础

变更的客观情况即"情事",应当是构成合同赖以成立的环境或基础的客观事实,如对合同产生重要影响的政治、经济、法律上的各种客观情况。并且,变更的客观情况必须是缔结合同的交易基础而不是合同的内容,因为一旦被纳入合同内容,则意味着该情事变化已为当事人所预见,且已成为合同拘束力的一部分,自然不再有情事变更原则的适用余地。

3. 客观情况的变化需达到"重大"的程度

客观情况发生重大变化,并不是要求客观情况本身前后必须发生重大变迁,而是强调客观情况的变化必须达到使合同内容严重失衡或目的不达的程度。其典型事例是因通货膨胀或国家政策调整造成给付与对待给付之间的严重不均衡。②

(二) 情事变更非缔约时所得预见

情事变更应属于双方当事人于订立合同时所无法预见的客观情况变化。如果是可预见的变动,不会构成情事变更的请求权基础,因为在当事人已预见到变更的情事可能对其产生不利影响时,意味着其已经于缔约时承接了该风险。

---

① 林诚二:《民法理论与问题研究》,中国政法大学出版社 2000 年版,第 22 页。
② 黄立:《台湾工程承揽契约中情事变更之适用问题》,载《工程上的民法问题研究——第一届海峡两岸工程法学研讨会实录与论文集》,东南大学出版社 2010 年版。

只有非为当事人在订约时可合理预见到的情况变化，才存在不应由一方当事人完全承担该风险的正义诉求，成立突破原有合意的正当性依据。

理论上存在争议的问题是，发生于订约之前的情事是否可构成情事变更？一般来说，合同成立之前发生的事件或存在的客观情况，即推定已被理性的缔约当事人考虑了与它相关的利弊风险，故不可能构成情事变更。但是，如果情事变更的发生时点在缔约前，且为双方当事人所不知的客观事实（如建设工程合同缔结后发现地质条件的异常），在《德国民法典》上属于第313条第2项规范的范围，也属于情事变更。而在我国《合同法解释（二）》规定的情事变更制度中，并未将此种情形涵盖在内，其理由是认为缔约前的情事变更，属于共同的动机错误，应当通过重大误解加以解决，而不适用情事变更。

（三）事件的发生不可归责于双方

情事变更的发生，必须是因不可归责于双方当事人的事由引起的。如果系因可归责于当事人的事由造成的，则有主观过错的当事人应承担由此而产生的风险，不得以情事变更为由来请求免除自己的过错责任。关于"不可归责之事由"的种类，可分为不可抗力（绝对事变）和通常事变（相对事变），前者如天灾、战争、政变；后者如第三人所造成之损害。绝对事变的发生有情事变更原则之适用，自无疑问，因其在法律上已无其他救济途径，不适用该原则，将会产生不公平的结果。但是对于相对事变，即因合同以外第三人之行为所导致的通常事变，当事人能否主张情事变更原则，则存在争议。否定说认为，情事变更原则旨在排除不公平之结果，且必在法律上另无救济方法时，始有其适用，而通常事实则得依向该第三人请求损害赔偿等救济方法，而谋取救济，故没有适用情事变更原则之必要。[1] 肯定说则认为，若因合同当事人以外第三人之行为所致之通常事变，例如建设工程合同履行中界面厂商迟延、土地征收机关迟延等，不论第三人为政府机关或其他自然人、法人，如果承包人的施工成本因之大增，依原合同价款显失公平者，且该通常事实系合同缔结当时双方所

---

[1] 吴从周：《情事变更在台湾工程契约之适用情况——以嘉义市市政中心新建大楼工程款高速案（物价涨跌型）相关判决为例》，载2016年苏州大学第四届《比较民商法与判例研究两岸学术研讨会论文集》。

无法预见的,仍应认为承包人可以主张情事变更原则而请求调整合同价款。①

(四) 合同依其原有效果显失公平

所谓"依其原有效果显失公平",指作为缔约基础的情事发生重大变动,无法期待当事人履行合同上义务,若强求当事人严守合同内容将明显违反公平与正义之结果,因此需通盘考量当事人利益状态来调整合同内容。② 显失公平通常表现在两个方面:

1. 不可期待性。合同缔结后发生情事的重大变更,且使依照原合同履行已无法达到当事人可期待的程度时,始有必要调整其给付关系。不可期待性一方面与前文所述"不可预见性"直接相关,如情事虽有重大变更,但在当事人可预见及合理评估范围内,则仍难称其结果为当事人不可期待;另一方面亦与合同性质相关,假如合同目的本身为追求经济风险之利益时,如期货、证券、外汇等交易,当事人均应明知其合同性质上即为不确定,仍冒险为该投机射倖交易,应由当事人自行承担其风险,而无情事变更原则之适用。

2. 对价严重失衡。如情事变更虽属不可预见,情事变更之结果,亦使得合同的履行对于当事人一方成为不可期待,此时仍应考量当事人双方之利益是否因对价严重失衡而显失公平,其具体判断通常在于给付与对待给付间的对价关系失去相当性。例如原材料价格暴涨,以致于承包人的工程成本骤增。

(五) 不利方当事人未承接情事变更所致风险

如果不利方当事人向对方做出过绝对承诺,表示其无论出现何种意外情事变更都将履行合同义务,这表明该方当事人自愿承担合同履行中的风险。此时,即使发生意外情事依原合同履行显失公平,不利方也要依照约定履行;或者虽然合同中没有明确承诺,但有其他情况表明不利方当事人已承接了意外情事所带来的风险,也不能适用情事变更规则。换言之,当事人是否已自愿承担意外情事带来的风险,不仅可以从合同的明示条款,也可从缔约时的客观环

---

① 黄立:《台湾工程承揽契约中情事变更之适用问题》,载《工程上的民法问题研究——第一届海峡两岸工程法学研讨会实录与论文集》,东南大学出版社2010年版。

② 吴从周:《情事变更在台湾工程契约之适用情况——以嘉义市市政中心新建大楼工程款高速案(物价涨跌型)相关判决为例》,载2016年苏州大学第四届《比较民商法与判例研究两岸学术研讨会论文集》。

境、行业惯例等方面予以认定。①

三、情事变更与不可抗力

如何区分情事变更与不可抗力一直是情事变更问题研究的重点。有学者认为，不可抗力是因，情事变更是果，二者是因果关系。这种说法某种程度上是对的。不过仅以"因"和"果"来描述二者之间的关系，可能还是太过笼统。

不可抗力和情事变更的关系，考虑到我们平时说的"情事变更"的德文含义是"交易基础的丧失"，实际上就是不可抗力和交易基础丧失的关系。我们可以把交易基础理解为一组支撑建筑物（合同关系）的柱子，而不可抗力是一种冲击这些柱子的外力，不可抗力可能把全部柱子折断，也可能折断其中某一根，也可能对柱子不产生根本性的影响。即，不可抗力可以导致交易基础的丧失，也可能不对交易基础发生任何影响。简言之，不可抗力是可以导致情事变更的一种原因，但未必是唯一的原因。

在讨论不可抗力与情事变更的关系时，还可以参照国际商事合同通则和欧洲合同法原则的规定。国际商事合同通则第 6.2 章中规定了履行困难（hardship）制度。并规定当事人在履行困难时，可以主张变更合同，或者请法院作出变更或解除合同的裁决（第 6.2.3 条）。这样的规定，实际上和情事变更原则是一致的。对比该章第 6.2.2 条履行困难和第 7.1.7 条关于不可抗力的规定，履行困难在构成要件上的要求比不可抗力在程度上要轻一些，在法律后果上前者是变更和解除，后者是免除履行责任。②

综上，在古典合同理论范式中，情事变更原则具有以下特征：第一，情事变更原则被视为合同拘束力原则的例外，属于对合同严守原则的突破，因此其适用受到严格的控制。即当合同中约定的给付与对待给付的均衡关系因来自合同外的风险，即客观情事变化而被严重打破时，才赋予当事人变更或解消原先约定的债权债务关系的权利。第二，情事变更与商业风险泾渭分明。商业风险属于合同射程内的当事人可预见到的固有风险；而情事变更中，所变更的情事，只是影响合同成立的外在基础和环境，而非合同内容，故情事变更属于合

---

① 孙美兰：《情事变更与契约理论》，法律出版社 2004 年版，第 293 页。
② ［德］卡斯腾·海尔斯特尔、［中］许德风：《情事变更原则研究》，载《中外法学》2004 年第 4 期。

同射程之外的意外风险。一旦合同对风险有预见的可能性，就排除了情事变更原则的适用。第三，情事变更与不可抗力泾渭分明。二者都是脱离合同内容对合同权利义务关系进行重新的界定，但前者着眼于对权利义务的调整与重新分配；而后者着眼于对合同履行不能的损失责任划定责任边界。后者是强制性规范，当事人不可在合同中约定排除适用；前者是任意性规范，当事人可以在合同中约定意外风险的承担。第四、情事变更与合同解释泾渭分明。情事变更着眼于不可预见，因此不可能包含在合同的射程之内，也就不存在对合同意思的解释。

第二节 情事变更原则在建设工程合同实务中的适用困境

建设工程合同中，涉及情事变更适用的纠纷类型主要可以分为两种类型：一类是物价涨跌型，即因建设工程合同中的原材料、人工、机械等物价波动而引起的情事变更争议；另一类是工期迟延型，即因异常气候变化、异常地质变化、政府行为、民众抗争等原因造成工期迟延而引起的情事变更争议。[①] 理论与实务界对建设工程合同情事变更研究聚焦的一个核心和难点问题是：如果合同已经约定了采固定价结算工程款，甚或还约定排除因物价波动、国家政策调整、气候变化等事由调整工程造价的概括性条款，此时是否仍有适用情事变更原则之余地？还有的合同约定，当发生异常气候变化、异常地质变化、政府行为、民众抗争等原因造成工期迟延时，工期可以顺延，但是合同价格不予调整，对于这种约定，能否排除情事变更原则的适用？这些争议的核心都在于：当建设工程合同约定了风险分配条款时，情事变更原则还能否适用？

一、理论学说

（一）否定说

一般来说，建设工程合同有三种价款确定模式，即成本加酬金、固定单价

[①] 吴从周：《情事变更在台湾工程契约之适用情况——以嘉义市市政中心新建大楼工程款高速案（物价涨跌型）相关判决为例》，载 2016 年苏州大学第四届《比较民商法与判例研究两岸学术研讨会论文集》。

和固定总价合同。有观点认为,这三种价款确定方式均不适用情事变更原则。① 理由是:成本加酬金方式本身即弹性化的价款约定,工程价款需待工程竣工后根据工程量、原材料和人工价格变化等变动情况进行按实结算,因此,如果发生当事人预料之外的客观意外风险,只需根据变动后的情况结算工程造价,不需要适用情事变更原则;对于固定单价和固定总价合同,当事人不顾可能存在的履行困难情形而约定了固定报酬,意味着他们已经对风险作出了默示的分配,将履行困难的风险定了价并计入了报酬,即价格上涨的风险由承包人承担,价格下降的风险由发包人承担,因此,在合同约定固定价的前提下,也不应再适用情事变更原则。而如果当事人在采用固定价的同时,还以概括性条款明确排除了价格调整可能,则更加明确地显示双方缔约时对履行中的物价波动等情形已有充分预见且在约定合同价款时考虑了风险分配与负担因素,更不存在情事变更的适用余地。例如,德国的一个案例中,一家建筑公司承担一项工程,双方约定了固定的工程费。事后,建筑公司的工人要求增加工资,经过谈判,建筑公司和工会达成了增加工人工资的协议。建筑公司要求发包人增加承揽费。法院认为,当初约定固定的工程费,就意味着建筑公司自己应承担可能存在的工人工资提高的风险。②

(二) 肯定说

另一种观点则认为,上述三种价款确定模式均有适用情事变更原则的余地。首先,成本加酬金模式本身即可视为当事人对情事变更条款的框架性约定,这种约定是当事人对情事变更的预先安排,应认定为有效。至于采用固定单价和固定总价的建设工程合同,即使合同中存在着排除情事变更的条款(如当事人约定所谓的"不变条款",即双方约定无论发生何种情况,合同价格都不再调整),仍然不应作绝对化的处理。因为尽管通常而言,对于当事人基于意思自由达成的合意应当予以尊重,但也不能过分夸大这种"合意"的

---

① 参见田宪刚、李相华:《建设工程施工合同不适用情事变更制度》,载《山东省青年管理干部学院学报》2009 年第 3 期。该文中对建设工程施工合同的分类系根据 1999 年版建设工程施工合同示范文本,即分为四种价款模式:成本加酬金、可调价、固定单价和固定总价合同。其中,成本加酬金方式和可调价模式均属按实结算的开放性合同,故本文将可调价合同归并入成本加酬金模式。

② [德] 卡斯滕·海尔斯特尔、[中] 许德风:《情事变更原则研究》,载《中外法学》2004 年第 4 期。

作用，事实上，由于当事人之间的信息不对称性和某些合同的长期性，不能要求当事人对所有可能都有所预见并作出相应约定。① 如德国工程实务界普遍参考适用的规范《建筑工程招标与合同规则》（简称 VOB）第 7 条第 1 项明确指出，在固定总价合同下，《德国民法典》第 313 条交易基础障碍制度也可以适用。当然，由于固定总价合同的约定体现了双方分担价格风险的认知，因此，固定总价合同中只能在极其例外的情况下始得考虑。具体而言，当实际的履行与双方作出合同约定时的预想发生巨大的偏差，以至于继续坚持总价的约定对于一方当事人而言是不可苛求的，可应遭受不利益一方当事人的请求考虑增减给付而保障双方的平衡。②

二、我国大陆实务观点

在笔者检索的建设工程合同纠纷案件中，法院支持适用情事变更原则调整或解除合同共有 6 件。其中共涉及四种案型：一是因政策调整导致合同目的无法实现（1 件）；③ 二是因地质条件差异（1 件）；④ 三是因政府行为导致合同目的无法实现（1 件）；⑤ 四是因合同履行期间原材料、人工价格上涨而支持适用情事变更（3 件）。⑥ 通过检索发现，大多数建设工程案件均系对固定价合同履行中发生物价上涨能否适用情事变更原则发生争议，但最终获得支持的是极少数，尤其最高人民法院迄今为止尚未明确支持过一起。为讨论方便，下文主要针对物价上涨型案例对我国大陆关于此问题的实务观点整理如下：

（一）肯定说

在固定价工程合同中，又存在两种情形：一是仅有固定价约定，而对风险负担没有约定或约定不明的；二是不但有固定价约定，而且明确约定风险由承包人负担，即存在情事变更排除条款的。肯定说对这两种情形的支持理由有所不同：

---

① ［德］卡斯腾·海尔斯特尔、［中］许德风：《情事变更原则研究》，载《中外法学》2004 年第 4 期。
② 黄喆：《情事变更原则在建设工程合同中的适用》，载《法律科学》2013 年第 5 期。
③ 最高人民法院（2015）民提字第 39 号民事判决书。
④ 最高人民法院（2011）民申字第 50 号民事裁定书。
⑤ 重庆市第一中级人民法院（2013）渝一中法民终字第 05471 号民事判决书。
⑥ 陕西省高级人民法院（2008）陕民一终字第 152 号民事判决书；江西省高级人民法院（2014）赣民一终字第 22 号民事判决书；湖南省许昌市人民法院（2014）许民初字第 006 号民事判决书。

1. 认为虽是固定价合同，但未约定风险范围和风险费用的，可适用情事变更原则。如（2014）皖民四终字第00278号铜陵市诚兴建筑安装有限责任公司与安徽贵池工业园管委会案中，安徽省高级人民法院判决认为：合同虽然约定按1100元单价总包干（含因工程设计变更增、减的费用），但对于材料价格波动如何处理并未作出约定。根据行业惯例，施工期间出现非正常市场风险范围内的材料涨价，作为发包人的贵池工业园也应当调整工程价款。

又如（2014）赣民一终字第22号江西省剑杰建设工程有限公司、江西友尔房地产开发有限公司案中，江西省高级人民法院认为，江西省建设厅《关于加强建设工程建筑材料价格动态管理工作的通知》[赣建办（2008）27号]第1条第2项规定：施工合同采用固定价的工程，但合同未约定风险费用额度的，材料价格在约定价格上升或下降幅度10%以内（含10%）的不计算材料价差，超过10%的超出部分应予调整。由于双方当事人在合同中未明确风险费用额度，对风险负担问题约定不明，故发包人应当承担本案工程中增加超过10%的材差、人工费用。

再如北京市高级人民法院制定的《关于审理建设工程施工合同纠纷案件若干疑难问题的解答》① 第12条规定，建设工程施工合同约定工程价款实行固定价结算，在实际履行过程中，钢材、木材、水泥、混凝土等对工程造价影响较大的主要建筑材料价格发生重大变化，超出了正常市场风险的范围，合同对建材价格变动风险负担有约定的，原则上依照其约定处理；没有约定或约定不明，该当事人要求调整工程价款的，可在市场风险范围和幅度之外酌情予以支持；具体数额可以委托鉴定机构参照工地建设行政主管部门关于处理建材差价问题的意见予以确定。

2. 认为虽有固定价约定，且约定了风险负担范围的，但如果物价波动超出正常交易风险和承包人承受能力的，仍可适用情事变更原则。如在前述武汉绕城与中铁十八局一案中，湖北省高级人民法院即认为合同中不调价的约定是建立在合同协议时的合同基础之上的，以能够实现双方当事人的合同目的为前提，建材价格在一定幅度内的合理的波动为正常的交易风险。但在合同履行过

---

① 各高级人民法院制定的关于法律适用的规范性文件虽然不具有法律效力，不能在裁判文书中加以引用，但其作为各地审判经验的总结，事实上对于指导各地的审判实践起到相当的作用，也是研究"现实中的法"的重要参考。

程中，建材大幅度涨价，其涨价幅度按照鄂交基〔2004〕314号文的表述是"超过了施工单位的承受能力"，这说明在合同履行期间，作为合同基础环境因素的建材价格因素发生了根本性的变化，而这种变化超出了合同当事人所能预测的范围，按原合同履行将对二公司产生显失公平的后果，导致二公司的合同目的无法实现。① 还有更为激进的观点认为，作为工程合同组成部分的《招标文件》由于是交通局预先拟定的不可协商修改的格式合同，且与《公路工程国内招标文件范本》内容有冲突之处，此时应作出不利于格式条款提供一方的解释，适用情事变更原则，对承包人的材料价差调整款予以支持。②

（二）否定说

对于上述两种争议情形，否定说的理由均与肯定说针锋相对：

1. 否定说认为只要系固定价计价模式，即可视为承包人已默示承担风险，则无情事变更原则之适用余地。如在（2014）民申字第1101号案中，当事人主张，由于西藏3.14事件和汶川5.12地震导致涉案工程人工材料费涨幅远远超过了商业活动固有风险和申请人的承受能力，是双方缔约时无法预见的风险，应适用情事变更。最高人民法院则认为，施工合同价款采包工包料固定合同价款方式确定，合同价款中的风险范围包括人工工资和运费材料涨价，因此不适用情事变更原则。（2013）民申字第571号案中，当事人主张，施工期间多次发生国家有关部门出台政策调整人工费、汶川5.12地震劳动力紧缺等情事变更因素，应调整增加人工费劳务单价。最高人民法院同样认为，当事人约定的工程款是固定单价，无法对人工费进行调整。

2. 否定说认为如当事人不仅约定了固定价模式，且对风险负担作出明确约定的，则更应当排除情事变更原则之适用。如前述武汉绕城与中铁十八局一案中，湖北省高级人民法院一审认为应当根据情事变更原则对承包人给予适当补偿，而最高人民法院二审判决则认为，根据作为当事人合同组成部分的《合同通用条款》第70.1条约定，除非合同专用条款另有约定，凡是合同逾期工期24个月以上者，在合同执行期间，由于材料的价格涨落因素应对合同价格进行调整。而在案涉工程《招标文件项目专用本》"投标须知修改表"第

---

① 最高人民法院（2007）民一终字第81号民事判决书。
② 湖南省许昌市人民法院（2014）许民初字第006号民事判决书。

11.6条约定，本合同在施工工期内不进行价格调整，投标人在报价时应将此因素考虑在内。从以上条款应当认定，当事人在合同中已经明确排除了因材料上涨而进行合同价款调整的可能。此外，情事变更原则的功能主要是为了消除由于订立合同时的基础情事发生重大变更所导致的当事人权利义务的显失平衡。而二公司因材料价格上涨导致的差价损失幅度尚难达到情事变更原则所要消除的当事人之间权利义务显失平衡的严重程度。因此最高人民法院对湖北省高级人民法院的一审判决予以改判。

从笔者检索到的上述案例看，凡是对于当事人因物价上涨而主张情事变更的情形，最高人民法院无一例外采取了否定的态度，这体现了最高人民法院对情事变更原则在建设工程合同案件中的适用采取相当谨慎的态度，甚至对于当事人因地震等不可抗力情形主张的情事变更，最高人民法院也坚持了这一保守倾向。

三、我国台湾地区实务观点

在我国台湾地区，对于约定合同调整排除条款的固定价建设工程合同能否适用情事变更问题同样长期存在争议。

（一）肯定说

肯定说的观点认为，情事变更原则属于强制性规范，即使固定价合同中约定了排除情事变更条款，法院仍得依职权审查其是否属定型化约款以及排除情事变更原则的适用是否正当，具体理由是：

1. 排除约定因违反强行规定而无效。如台湾地区"高等法院台南分院"2007年度建上字9号民事判决谓："系争工程契约第6条第3款之约定，为被上诉人单方面所预先订立之定型化约款，形式上契约双方当事人均可能适用，然物价可能只涨不跌，在此情形该条款显然仅单方面限制承揽人一方行使单价或赔偿损失之权利，亦即使定作人强加物价波动风险于承揽人一方，显失公平，揆诸民法第247条之1之规定，上开条款之约定应属无效。"

2. 排除约定无碍法院依职权适用情事变更原则。如台湾地区"高等法院台南分院"2008年度建上更（一）字第3号判决谓："情事变更原则即系契约成立后，调和契约双方权利义务之私法上原则，纵当事人于契约成立时，明示不适用情事变更原则者，此项契约条文仍无拘束法院依职权适用情事变更原则，而为公平分配风险承担及不可预见之法律效力。"

3. 对排除情事变更约定的效力原则上应尊重当事人的意思自治，但例外应以情事变更有无可预见性为界限，如情事变更超过了可预见性界限，法院不应受该约定的拘束。如我国台湾地区"最高法院"2013年度台上字929号判决即谓："惟按当事人为避开情事变更原则之适用，于契约中对于日后之风险预作排除请求增加给付之约定者，倘综合当事人之真意、契约之内容及目的、社会经济情况、一般观念及其他客观情事，认该风险事故之发生及风险变动之范围，为当事人于订约时所能预料，当事人固不得再根据情事变更原则，请求增加给付。惟该项风险之发生及变动之范围，若非客观情事之常态发展，且已逾当事人于订约时所认知之基础或环境，而显难有预见之可能性时，本于诚信原则对契约规整之机能，自仍应许当事人依情事变更原则调整契约之效力，不受契约原订排除契约条款之拘束，庶符情事变更原则所蕴涵之公平理念。"

又如该院2014年度台上字1110号判决谓："系争契约书第40.1条虽有契约价金不因施工机具、设备与材料、临时设施或其他设备、人力、搬运、消耗品及原料（包括金属）、或其他依契约为执行、完成本工作所需之物品或服务之建造或采购（不限于此）之价格或成本变动而调整或上升之约定，然该约定仅限于一定合理范围内之风险，倘超出合理范围以外之不可预测风险，则非该条约定规范之范畴，仍有情事变更原则之适用。两造于系争工程履约期间，因营建物料价格上涨，经申请工程会调整，作成系争调解成立书，被上诉人亦据以办理第一次物调款，为原审认定之事实。果尔，系争契约成立后，确曾发生非缔约当时两造所得预料物料价格上涨之情形，则倘嗣后进货之物料与订约时之物料仍有重大变化，而超出一般合理预测范围，能否谓上诉人不得请求第二、三批物价调整，即非无疑。"[①] 2012年度台上字813号裁决谓："工程契约书虽有本工程无物价调整工程款之规定，投标厂商乙方同意于投标总价中自行估列施工期间物价波动，乙方同意不要求加价补贴、赔偿、展延工期、

---

① 上述我国台湾地区案例均引自吴从周：《情事变更在台湾工程契约之适用情况——以嘉义市市政中心新建大楼工程款高速案（物价涨跌型）相关判决为例》，载2016年苏州大学第四届《比较民商法与判例研究两岸学术研讨会论文集》；郑冠宇：《情事变更原则》，载龙卫球、王文杰主编：《两岸民商法前沿——民商法理论与方法论》，中国法制出版社2015年版。

停工、或据以要求解除或终止契约之规定，但若超出合理范围以外之不可预测风险，则非该条项约定规范之范畴，仍有情事变更原则之适用。"2012 年度台上字第 1110 号判决谓："当事人于签契约时固有就一般物价上涨之合理范围内之风险约定，不得因此更改契约价金，然实际上如有超出合理范围以外之不可预测风险，则应认非该合理风险约定规范之范畴，仍有情事变更原则之适用，不得以缔约人工作经验丰富，应可预见物价上涨为由，否定其物价调整之请求。"

（二）否定说

否定说的理由主要从尊重合同自由与私法自治的论证出发，认为可预见的风险并非缔约基础，当事人应可自行进行风险评估以作为是否缔约及价款给付内容的考量，属于当事人基于合同约定合理承担其应当承担的风险，并无情事变更原则适用的余地。如我国台湾地区"最高法院"2013 年度台上字 231 号判决称："惟情事变更原则，旨在规范契约成立后有于订约当时不可预料之情事发生时，经由法院裁量以公平分配契约当事人间之风险及不可预见之损失。倘于契约成立时，就契约履行中有发生情事之可能性，为当事人所能预料者，当事人本得自行风险评估以作为是否缔约及其给付内容（如材料、价金等）之考量，自不得于契约成立后，始以该原可预料情事之实际发生，再依据情事变更原则，请求增加给付。"

又如该院 2011 年度台上字第 1347 号判决："系争契约第 7 条第 3 项记载：工程延期：履约期间，有下列非可归责于乙方（即被上诉人）情形，而需展延工期者，乙方应于事实发生后 5 日内，以书面向甲方（即上诉人）工程司提出申请等语。则两造签约时既就工期延长约定处理方式，得否仍谓两造无法预料工期之延展，而认延展期间发生营造总指数上涨情事，应适用情事变更原则，尚非无疑。且系争契约第 4 条第 7 项记载：本工程不依物价指数调整变动办理契约价金之调整，承商（即被上诉人）应自行将可能之物价波动因素纳入标价考量等语。两造已预见缔约后工程进行期间将发生物价变动情事，被上诉人并将之纳入标价考量后，始与上诉人签订系争契约，明确约定不依物价指数调整工程款。果尔，上诉人抗辩被上诉人已抛弃营建材料物价订约后上涨而得请求增加给付之权利云云，似非全然无据。原审就此未详加审究，遽以上开约定未排除情事变更原则，认被上诉人得依物价指数请求调增给付工程款，不无可议。"

四、对争议观点的评述

经过上述整理与比较可以发现，对于固定价合同，尤其是对风险分配已有约定的固定价合同是否适用情事变更原则，不论在理论还是实务界均存在重大分歧。持否定说的观点多基于意思自治原则，认为法院应当尊重当事人约定，以维护当事人间的法确定性。而持肯定说的观点则认为，当事人纵使存在固定价甚至有排除情事变更条款的约定，但基于情事变更原本即建立在诚信原则之下对意思自治原则的制约与衡平，法院自应有主动介入合同关系、适用情事变更原则的权利。

本文认为，上述两种观点本质上都是遵循古典合同范式的解释路径，只是否定说更强调合同严守原则，将情事变更原则视为意思自治和形式主义的异端严加警惕与限制；而肯定说则正视社会现实，对情事变更原则的适用持相对开放的态度。但是不论否定说还是肯定说都存在以下解释的困难：就否定说而言，片面地坚持形式而抽象的意思自治与合同严守原则与复杂的建设工程合同运行现实相去甚远，无法适应社会发展之需要。在现实交易中，即使是建设工程合同当事人也未将合同严守视为不可逾越的禁区，例如在前述武汉绕城案中，合同除了约定"本合同在施工期间不进行价格调整。承包人应在投标时考虑这一因素"外，还有一条关于电费的约定"投标人应考虑自备电源，以便急用。此项费用应已包括在投标人的投标报价之中，业主将不另行支付"。而事实上，在实际履行期间，由于投标人自备电源使用时间过长，经双方协商，武汉绕城工程建设指挥部案批复决定对二公司自发电补偿。湖北省高级人民法院和最高人民法院在一、二审判决均对此均予以认可。可见，在建设工程合同实际履行中，即使是固定价合同，当事人随着工程的实际进展情况动态地调整和变更固定价合同约定的情况亦比比皆是。在日本理论界，这曾经被视为当事人缺乏契约意识的前现代表现，如日本学者川岛武宜认为，日本传统封建社会时期的承包合同关系中，双方当事人的义务并不具有明确限度的定量；即使有大致的定量，但它首先是可以经常按当时的情况而变化的。① 而内田贵认为这恰恰是符合现代关系合同理论内在规范要求的行为，笔者深以为然。这种当事人的实际履行与法律意识相背离的二元化倾向，实际上体现了固定价合同作为对合同未来规划的现时化方案，往往不能适应工程合同的实际履行需要，而不得不随着客观情势变化作出灵活的调整。既然这种调整由当事人自行协商进行是正当的，那么，在当事人无法协商一致时且存在利益明显失衡的状况时，情事变更原则的适用就不能不说有其必要性和妥当性了。

就肯定说而言，虽然肯定了法院对固定价建设工程合同有主动介入和适用情事变更的权力，但是从解释论角度，也明显存在以下逻辑上难以解释的悖论：首先，情事变更原则的构成要件是"作为合同基础环境的客观情事发生了当事人在缔约时不可预见的重大变化"。而在固定价合同中，尤其是存在排除因物价波动等而调整合同价格约定时，物价波动等风险显已成为合同的标的，而不是合同的缔约基础，此时还能适用情事变更原则吗？其次，当物价波动等客观风险已经作为交易标的被纳入合同条款时，就难以认定物价波动属于当事人"不可预见"，则"不可预见"是否还能成为情事变更原则的成立要件？

可见，依古典合同范式解释固定价合同适用情事变更原则问题，不论采肯定说或否定说，都存在难以解释的困境。对于建设工程合同适用情事变更原则的问题，尚需从关系合同理论的视角出发，另辟解决问题的蹊径。

第三节 建设工程合同中情事变更原则适用的理论反思与重构

一、关系合同理论对情事变更原则的挑战

从上述建设工程合同司法实务中适用情事变更的争议可以看出，传统的情事变更原则构成要件在分析和解决建设工程合同这类典型的关系型合同时出现了困难，主要体现在：

（一）交易基础与合同内容的区分相对化

依传统合同理论，情事变更原则的适用前提是缔约基础发生改变，即合同

---

① [日] 川岛武宜：《现代化与法》，王志安等译，中国政法大学出版社1994年版，第111页。

履行中发生当事人在缔约当时无法预见的客观情况变化。这里的客观情况变化要求必须是交易赖以成立的外在于合同的客观基础与环境，而不能是合同的内容。合同的交易基础与合同本身被清晰地切割，一旦被纳入合同内容，即使在合同履行中发生重大变化使合同继续履行变得明显不公平或者不现实，仍然不能适用情事变更原则。如《美国统一商法典》第615条评注4认为："仅仅履行费用增加并不足以免除履行义务，除非费用的增加是由于某种不可预见的意外情事所致，这种意外情事实质性地改变了履约性质。市场价格暴涨暴跌本身也不能成为免责的正当理由，因为价格的涨落正是典型的商业风险，而以固定价格订立的商事契约，其价格涨落的商业风险本来就为当事人的计划所包括。但是，如果由于诸如战争、贸易禁运、当地谷物歉收、无法预见的主要供货渠道停产或其他类似的意外情况，导致原材料或供应严重短缺，而这使得卖主的履约费用大幅度上升，或者使卖主根本无法获得履约所必须的供应，则均在本条的考虑范围内。"

正是基于上述原因，在情事变更领域就哪些情事属于合同的交易基础成为长期争论不休的问题。但是，在关系合同理论看来，这种争论是没有意义的，因为合同的交易基础亦即当事人在缔约时对外在环境和客观基础的各种构想与认知，原本就是合同的组成部分，只不过这些信息有时被明确地纳入缔约磋商与合同约定的内容，有时则没有以文字方式引入到合同文本中，需要通过合同解释去明确其内容。譬如"气候发生异常变化"，既属于影响建设工程合同履行的外在客观基础，同时也是发包人与承包人在缔约时可以合理预见并加以磋商的合同内容。因此，即使双方在建设工程合同中仅约定了固定价而未约定气候发生异常变化时的风险承担，亦可将其视为合同漏洞通过补充性解释的方法加以处理。可见，所谓的缔约基础与合同内容之间并不存在壁垒分明的界限，情事变更原则适用和合同解释之间的区分也因之相对化。又如对于纯粹的物价上涨问题，对约定了固定价的建设工程合同，通常可以认为合同签订后发生的物价上涨属于合同内的正常商业风险，而不构成交易基础的变化；但是，如果物价上涨的幅度超出了建设工程领域正常市场风险的范围，仍有可能认为该物价上涨已经超出了当事人在缔约时的合理假设，而不能完全排除情事变更原则的适用。因此，对于情事变更原则的适用而言，重要的并非判断该变化的情事是否合同的外在交易基础，而是该情事变化是否超出了合同拘束力的范围，如果是，则可适用情事变更原则。同时，在适用情事变更原则后，法官运用自由裁量权对合同内容进行调整实质上是对当事人意愿的再"构造"，而合同的补充解释，则是从法官视角对当事人意思的"拟制"，二者在法技术上已经非常接近。

（二）不可预见要件的相对化

情事变更原则的核心要件是"情事变化不可预见"，对于已经预见或可以预见的情事变化，不得主张适用情事变更原则。因为如果有特别的情事变化已为当事人所预见，则是在预见情事变化的前提下自愿为法律行为，当事人自然应当负担其危险。[①] 如果依上述理论，可以发现在建设工程合同中，对于固定价合同和可调价合同都无法适用情事变更原则：

首先，在单纯的固定价合同中，虽然没有明确约定当事人对于意外风险发生后的承担问题，但是作为有经验的专业承包商，对于工程施工中可能发生的意外情况理应有合理的预见能力，因此固定价本身即意味着承包商自愿承接了合同履行中的意外风险。尤其是对于很多固定价合同，当事人还约定了概括性的风险排除条款，如合同中约定当发生异常气候变化、异常地质状况、政府行为、民众抗争等原因造成工期迟延时，工期可以顺延，但是合同价格不予调整。此时由于双方对意外风险的承担已经作出了明确的约定，更没有适用情事变更原则的余地。

其次，对于可调价合同，意外风险同样被纳入合同约定内容，在合同履行中发生情事的变更时，只需按照合同约定的风险承担方式予以履行和结算即可，此时并不属于对情事变更原则的适用，而只是按约履行合同。例如，我国2013年版建设工程合同示范文本第 11.1 条"市场价格波动引起的调整"规定：

除专用合同条款另有约定外，市场价格波动超过当事人约定的范围，合同价格应当调整。合同当事人可以在专用合同条款中约定选择以下一种方式对合同价格进行调整。

第 1 种方式：采用价格指数进行价格调整……

[①] 孙美兰：《情事变动与契约理论》，法律出版社 2004 年版，第 107 页。

因变更导致合同约定的权重不合理时,按照第 4.4 款"商定或确定"执行。

第 2 种方式:采用造价信息进行价格调整……

第 3 种方式:专用合同条款约定的其他方式。

显然,根据上述示范合同文本,不论市场价格波动达到何种程度,当事人采取哪一种方式应对,均可认为当事人已对合同履行中可能发生的价格波动有合理预见,并且就情事变更后的风险负担作出了明确安排,从而无适用情事变更原则的可能。正是基于上述理由,有观点认为,建设工程合同的三种价款确定方式,即成本加酬金、固定单价和固定总价合同,都不适用情事变更原则。[①] 在司法实务中,法官也因此大多对建设工程合同纠纷中的情事变更原则适用持相当保守的态度。

但关系合同理论认为,建设工程合同天然是不完全的,即使在工程技术条件日益发达的今天,当事人可以对合同履行中的意外风险作出某种程度的预测和安排,但是这种安排依然是不完备的,不能完全排除情事变更原则的适用。造成合同不完全的原因主要有三点:

首先,当事人有意造成合同的不完备。尽管当事人对于建设工程合同履行中可能发生的意外风险可以预见,但基于节约交易成本的考虑,双方当事人往往不会去协商每一个细节。而且双方当事人部分地依赖于风险不会发生的假设,因此,在合同中不会就情事变更及其后果进行详尽的约定。尤其是在建设工程合同中,由于涉及内容繁多,履行可能发生的意外情况也纷繁复杂,当事人通常不会对这些意外风险进行详细评估及磋商,而是简单地将示范合同文本引入合同作为约定内容,但这些示范合同文本并不能完全适用于个案中的具体情形。

其次,超出可预见幅度。随着建设工程项目复杂性的提高、参与方的增多、所处外部环境的快速变化,即使是有经验的承包商和发包人,也不太可能预见到意外风险发生的全部可能性及其结果。以建设工程合同中的物价涨跌为例,对于当事人可预见的范围,应指依有经验的专业承包商过去之经验和工程

---

① 田宪刚、李相华:《建设工程施工合同不适用情事变更制度》,载《山东省青年管理干部学院学报》2009 年第 3 期。

实务惯例，原材料或人工等价格涨跌系在可以合理期待的范围内，但如果原材料或人工发生了专业承包商无法预料的巨幅上涨，仍应当认为该上涨幅度已超出合同的拘束力范围。问题是，在工程实务中确定某一具体事件是否真是超出了可预见幅度，往往是很困难的，需要综合考量工程的具体情况而加以判断。例如，有一个承包人先要在河中建个围堰，然后建造桥墩。一场洪水严重地损坏了围堰，为了修复花了3周时间，这样导致工程延误是谁的责任？假如知道此河至少每三四年要发一次洪水，但未把围堰建得足够高和牢固足以抵御洪水，这样或许承包人是有责任的；倘若将围堰筑得非常牢固，使其足以承受10年或15年一遇的洪水，承包人可能会被认为已经给予了合理的考虑，而被免除承担洪水损失的责任。在这种情况下围堰再被冲毁，可能就应适用情事变更原则，由业主支付重建的费用。①

再次，合同约定的风险分配方案不合理。即使当事人预见到了意外风险的发生并就风险承担作出约定，这种约定也可能受权力关系的制约而不具合理性。如在很多合同中，发包人基于其谈判上的强势地位明确约定，在发生情事变更后，只对工期予以顺延，而不赔偿承包人因此增加的成本。这种合同约定表面上看系当事人意思自治的结果，但由于其缺乏对价关系的合理性而极易引发履行中的争端和机会主义。如美国建筑行业协会的争端预防与解决研究小组对191个单位（业主与承包商约各半）的调查显示，工程项目施工阶段产生争端（即低效率的风险再分担）的十大原因之首即合同条款中的风险分担（即风险初次分担）不合理。② 因此，在建设工程合同中，即使当事人对意外风险有所预见，甚至对其进行磋商，并纳入合同约定内容，如果履行中发生的情事变更已经超出了合理范围，以致于继续按约履行已经显失公平时，仍应有对其进行调整的必要。

综合以上三点，建设工程合同中即使存在关于未来风险承担的约定，仍有可能由于约定的不完备或不合理而产生适用情事变更原则调整合同关系的必要。关系合同理论认为，关系合同是一种不完全的长期契约，要求当事人在缔

---

① ［美］约瑟夫·博克拉夫编著：《工程合同与法律环境》，汪霄等译，中国水利水电出版社、知识产权出版社2006年版，第135页。

② 何伯森：《99版FIDIC合同条件中的争端解决方式》，载《国际经济合作》2000年第7期，第41~43页。

约之初就确定意图是不切实际的，关系合同的本质是当事人对合同的考虑是一个渐进的过程。为此，在建设工程合同中，适用情事变更原则的作业方法首先是要界定当事人所约定意外风险的范围，合理确定合同拘束力的边界，在此基础上，既要保护当事人的合意、尊重当事人自治，体现合同法作为私法自治法的品性；同时又要纳入当事人意志以外的其他评价因素，并在个案特定的关系语境中，结合当事人的行为、合意内容以及当事人对合意的理解等才能够得到准确的解释和阐释，就此作业过程而言，情事变更原则与合同解释的区分又再一次相对化。

（三）开放性条款的设计及问题

合同并非大自然的安排，而是人类在一定观念和目的指导下的创造。人们创造合同的目的是对未来的交换进行规划，消除不确定性风险。古典合同范式下解决不确定风险的方法是将未来风险提前到缔约时进行现时化处理，但这样会增加大量为了充分搜寻与有效处理信息产生的事前交易成本，即使如此，仍然难以避免事前风险分配的不合理或不完全。为了降低事前交易成本，在现代建设工程合同中越来越多的当事人选择开放性条款，即通过履约阶段的合同变更、调价及索赔等手段来对履约过程中出现的意外风险进行再分配，来增加事后的灵活性。如在我国 2013 年示范文本、FIDIC 红皮书等绝大部分示范合同中，都采用了开放性条款的风险处理方式。关于建设工程合同中可适用情事变更原则之类型，FIDIC 红皮书及我国 2013 版示范文本并没有予以统一规定，而是分散在多个条文之中，并且与风险负担条款、可归责于发包人的违约条款等相互混杂。经笔者梳理，涉及情事变更适用的情形大致包括：（1）施工现场发现化石、文物；（2）不利物质条件；（3）异常恶劣的气候条件；（4）市场价格波动引起的调整；（5）法律变化引起的调整；（6）第三人原因引起的工期迟延及损失；（7）不可抗力。详细的情事变更类型及风险负担安排见下表一。

表一：FIDIC 红皮书及我国 2013 版示范文本中的情事变更

情事变更适用类型	FIDIC 红皮书	风险负担	2013 版示范文本	风险负担
施工现场发现化石、文物	第 4.24 条	发包人承担延误工期和增加费用	第 1.9 条	同 FIDIC 红皮书
不可预见的不利物质条件	第 4.12 条	发包人承担延误工期和增加费用	第 7.6 条	同 FIDIC 红皮书
因法律改变的调整	第 13.7 条	发包人承担延误工期和增加费用	第 11.2 条	同 FIDIC 红皮书
因市场价格波动引起的调整	第 13.8 条	根据投标书附录中的"数据调整表"调整合同价格	第 11.1 条	除专用条款另有约定外，市场价格波动超过当事人约定的范围，合同价格应当按本条进行调整
异常恶劣的气候条件	一个有经验的承包人不可预见且无法合理防范的自然力的作用〔第17.3条(h)〕	发包人承担延误工期和增加费用	有经验的承包人不可预见的，尚未构成不可抗力的恶劣气候条件（第 7.7 条）	同 FIDIC 红皮书
不可抗力	(1) 战争、敌对行为、入侵、外敌行为； (2) 叛乱、恐怖主义、革命、暴动、军事政变或内战； (3) 承包人及其分包人以外的人员暴动、动乱、骚动、罢工或停工； (4) 战争军火、爆炸物资、电离辐射或放射性污染等； (5) 自然灾害，如地震、飓风、台风或火山活动（第 19.1 条）	发包人承担延误工期和承包人增加的费用： (1) 顺延工期； (2) 发包人不承担停工损失	地震、海啸、瘟疫、骚乱、戒严、暴动、战争和专用条款约定的其他情形（第 17.1 条）	(1) 顺延工期； (2) 永久工程、已运至现场的材料和工程设备损害，以及因工程损害造成的第三人人员伤亡和财产损失由发包人承担； (3) 承包人施工设备的损坏由承包人承担； (4) 发包人和承包人承担各自人员伤亡和财产损失； (5) 停工损失由发包人和承包人合理分担； (6) 停工期间必须支付的工人工资由发包人承担

从上表对比分析可以看出，我国 2013 版示范文本大部分借鉴了 FIDIC 红皮书中关于情事变更的规定，其共同的原则有二：一是通过设置开放性条款，让双方当事人通过公平地分配新的权利与义务，来达到维护合同效力，并使之继续履行的目的。例如在 FIDIC 示范文本第 13 条关于"因成本改变的调整"中规定："如本款适用，可付给承包商的款项，应就工程所用的劳动力、货物和其他投标人的成本的涨落，按本款规定的公式确定增减额进行调整。"在第 17.3 条、第 19 条等条款中分别规定了情事变更和不可抗力情形下的合同调整方式。可见，FIDIC 并不期望承包商在投标时就把不能预见到的费用，如物价上涨等风险因素全部考虑进去，而是主张按照合同条款的规定，由业主随时补偿有关经济损失。① 二是对于一个有经验的承包人所不能合理预见、不能避免和不能抗拒的风险，原则上均由发包人承担。值得注意的是，这一原则与合同法关于不可抗力的免责规定是有区别的。在合同法中，不可抗力是债务人的法定免责事由，即承包人可以因不可抗力顺延工期，不负工期迟延责任，同时，承包人亦不能向发包人主张损害赔偿；而依两个示范文本，原则上承包人既可顺延工期，亦可向发包人主张因不可抗力而增加的费用。

此外，两个示范文本之间亦存在一些差别，具体体现在：

1. 对地震、飓风、台风或火山活动等因自然灾害导致的费用损失承担方式不同

FIDIC 红皮书认为该等事件并非由于人为产生，要求业主、承包人各自承担损失，故承包人仅能索赔工期，而不能索赔费用损失；而我国 2013 版示范文本则采取较有利于承包人的立场，认为该不可抗力全部由承包人承担不尽公平，故规定停工损失由发包人和承包人合理分担；停工期间必须支付的工人工资由发包人承担。

2. 对于异常恶劣的气候条件的规定体例及后果承担不同

FIDIC 红皮书将异常恶劣的气候条件作为承包人不能合理预见并防范的自然力之一部分规定在第 17.3 条"雇主风险"中，该风险由发包人承担，即发包人承担顺延工期和费用损失；但是对于程度可达不可抗力的地震、飓风、台风或火山活动等自然灾害，与此处的异常自然力作用有何区别未予明确，体例

---

① 徐雷：《基于业主方的施工合同风险识别的研究》，知识产权出版社 2013 年版，第 74 页。

上存在一定不周延。我国 2013 版示范文本则明确将自然力作用区分为异常恶劣但尚未达到不可抗力的不利气候条件以及已达到不可抗力的地震、海啸等自然灾害，前者风险由发包人承担，后者则由双方分担损失。相比而言，我国 2013 版示范文本的安排似更周延。

从上述示范合同文本的分析可以看出，开放性条款的特点是采用合同初次风险分配与情事变更后二次风险分配相结合的方式：一方面并不否定甚至还强化将未来交换关系"现时化"的作用，在缔结合同时尽可能详细地对风险发生后的权利义务进行预估和分配；另一方面在情事变更发生后通过再协商机制进行风险的二次分配。但对于这些开放式条款，有以下问题殊值讨论：

1. 从法源论的角度，如何定位合同示范文本对风险分配的效力？法官能否依职权审查合同示范文本的内容并予以调整？

2. 开放性条款能否适用情事变更原则？开放性条款的内容主要包括两个方面：在情事发生变化时对工程款增减承担主体及结算方法的约定；以及当双方就工程款增减或工期延长发生争议时的再协商机制。依古典合同理论，情事变更原则系在履行中发生当事人无法预见的意外风险导致合同无法按原约定内容履行时，由法官主动介入予以调整和解除；而如果合同对情事变更情形采取开放性条款的形式，无论是前述哪一种情形，均仅需在发生相应情形后只需按照合同约定操作即可，既不属于不可预见的意外风险，亦不需要法官主动介入进行调整，因此不适用情事变更原则，但这种理解无疑大大限缩了情事变更原则在建设工程合同中的适用范围。

3. 开放性条款可能增长机会主义与不确定性，如何防范？开放性条款在降低了事前交易成本的同时，也产生了事后协商不成的隐患，如何将这一隐患降低到最小程度，是关系合同法紧接着需要解决的问题。由于开放性条款的引入，导致合同治理的重心不再是对合同标的物、价格、数量等实体内容的确定，而是对治理程序的控制。在建设工程合同中，当交易双方为了节约交易成本而选择了初始风险分配完备度较低的开放性条款时，一旦合同履行中出现情事的变更，开放性条款的执行效率和风险再分配的实施效率就取决于初始合同的事后支持机制能否为事后治理提供充分有效的依据和支撑。

上述三个问题，都是古典合同理论无法回答的问题，因为古典合同将情事变更原则视为合同拘束力的例外，一旦落入双方合同射程之内，就丧失了情事变更原则的适用余地。而关系合同理论并不将情事变更原则视为合同拘束力之外的幽灵，而是作为在制度合意基础上的风险初次分配与二次分配的关系处理问题，在此观念基础上，情事变更原则不论是适用范围、制度内容上都存在扩张和重塑的必要。

二、建设工程合同中情事变更原则的要素重构

如前所述，传统的情事变更原则在建筑工程合同的适用中存在解释困境，即合同的交易基础与合同内容无法简单割裂和区分，也不能简单以不可预见作为适用情事变更的前提。根据关系合同理论，不可预见的范围及合同拘束力的范围取决于对合同内容的解释，而这种解释需要在个别的建设工程合同中，将与合同缔结甚至履行相关的所有背景和假设一同拉到前台来，作为合同"关系"的一部分，与合同文本进行综合衡量。但是这样一来，对于合同的解释结论和情事变更的适用就难免陷入不确定性的"泥潭"，可能造成法官的裁量过度，甚至在根本上摧毁意思自治和交易安全。因此，关系合同理论需要解决的关键问题在于：在对古典合同理论下的情事变更构成要件解构之后，如何建立情事变更原则适用的新的分析框架，既能够克服古典合同理论过于限缩情事变更原则适用范围、不适应关系型合同现实需求的缺点，又能避免法官的裁量过度。遗憾的是，麦克尼尔更多的是从社会学视角对古典合同理论进行解构，而并未就此提出自己的解释框架及关系合同规范。为此，笔者在麦克尼尔的关系合同理论基础上，结合维尔伯格的动态系统论和柯林斯的合同规制理论，尝试提出建设工程合同中情事变更原则的动态适用规则。在提出这一规则之前，有必要简要概括合同规则理论和动态系统论的相关观点。

维尔伯格的动态系统论系以原理的内在体系为基础，由用来衡量各项原理的满足度的观点或因子构成，并通过与要素的数量和强度相对应的协动作用来说明、正当化法律规范或者法律效果的一种思考方法。动态系统论的基本构成是：（1）构成动态系统的"要素"包括应当称为原理以及观点或因子的东西。（2）原理不像通常的规则那样，要么得到满足要么得不到满足两者必居其一，而是可以理解为在多大程度上得到满足这样一种程度的规范。作为动态系统的要素加以考虑的观点或因子，可以定位为用以衡量原理在多大程度上得到满足的要点。（3）选择什么样的观点或因子作为要素，受到在该处所设定的原理

左右。因此，要在一定的法律领域构想动态系统，首先有必要特定化在该领域成立的原理。在这个意义上，动态系统以由这些原理构成的内在体系为基础。[①] 那么，衡量是否应当适用情事变更原则以及确定情事变更的法律效果应当考虑哪些要素及其背后的原理呢？柯林斯的合同规制理论对合同行为三种参照框架的提炼，对于情事变更这一具体法律领域的要素抽取，可以起到很好的借鉴作用。

柯林斯的合同规则理论与关系合同理论有相当的契合度。柯林斯在《规制合同》一书中承认，麦克尼尔关于个别性交易和关系型合同之间的对比确实解释了不同合同行为的一些差异，比如他认为在个别的合同中，即孤立的、短暂的交易中，如从加油站买汽油的合同行为，将会被极其明确的承诺和权利所支配。相反，在关系型合同中，比如说一个重大的建筑项目，合同行为就会致力于双方当事人之间长期的商业目标，并且认识到为了实现这些目标有进行合作和调整的需要。但柯林斯同时指出，仅仅提出个别性与关系性两个维度的对立对于解释与规制合同是远远不够的，因为这种对比忽视了合同行为分析中最重要的特征，即合同行为所参照的三种参照框架，其结果是有碍于理性地分析合同行为，进而无法得出合理的规制结论。柯林斯认为，合同行为的这三种参照框架分别是：商业关系、经济交易和合同。首先，商业关系的参照框架包含双方当事人之间的交易关系以及一切非正式的社会关系，其中一些可能涉及合同，但是更多的是双方在交流互动中形成的合作关系，因此，商业关系的规范目标首先是维持和促进信任、合作。其次，经济交易的参照框架依据理性的自利行为，要求对短期和长期的经济利益都加以计算，据此衡量和评估合同行为，定义由交易创造的互惠义务。最后，合同的参照框架由合同中的自我规制所提供的标准组成，包括由任何正式的文件、明示的协议和公认的惯常标准所确立的权利和义务，它强调由正式协议设定的自治的、非情景化的义务。合同行为的上述三种参照框架，每一个都可以形容为是封闭的、自我参照的交流系统，有着相互独立的"内在观点"，而当事人的行为总是在某种程度上同时受到所有三种框架的指引，而不是局限于某一种框架。[②]

[①] [日] 山本敬山：《民法中的动态系统论》，解亘译，载《民商法论丛》（第 23 卷），法律出版社 2003 年版。

[②] [英] 休·柯林斯：《规制合同》，郭小莉译，中国人民大学出版社 2014 年版，第 154 页。

笔者认为，柯林斯提出的合同行为三种参考框架或规范系统，其实代表了三种相互协作、相互竞争的原理，即意思原理、信赖原理和给付均衡原理，这三种原理决定了情事变更原则的诸要素。兹对这三个原理以及其中包括的情事变更原则适用要素逐一解析如下：

（一）意思原理

在柯林斯的经济交易三个规范系统中，合同的维度强调由正式协议设定的自治的、非情景化的义务与承诺的效力，这与大陆法系的意思原理紧密契合。意思原理的核心意旨是每个人都应受到自己订立的合同拘束，不论在古典合同范式或关系合同范式中，这都是合同法的基本遵循，但是在关系合同范式下，更强调合同的实质自由，而不局限于合同文本的形式自由。具体而言，体现合同实质自由的要素主要包括以下三点：

1. 双方就风险分配是否有明示而无争议的意思

如在约定固定价的建设工程合同中，对风险机制的约定通常有三种模式：一种是固定价模式，未明确约定风险承担；第二种是固定价＋概括条款模式，约定全部风险由承包人承担，但未具体界定风险的范围和后果；第三种是固定价＋具体风险范围及后果的约定模式。在这三种约定中，当事人对于风险分配的意思表示明确性程度呈由弱到强的趋势，意思表示愈明确，法院适用情事变更介入合同关系的可能性就愈小；意思表示愈弱，适用情事变更的可能就愈大。

2. 风险及其后果的可预见性

风险的可预见性应当包括"风险事故发生可能性之预见"及"风险变动范围可能性之预见"两部分，逾越二者之范围，即为不可预见，则有情事变更原则的适用。[①] FIDIC合同条件中规定，业主承担风险的前提是一个有经验的承包商无法预见的，即采用了"可预见性风险分担原则"，并且是以一个"有经验的承包商"作为判断标准。但即使如此，造成一个有经验的承包商无法预见的情况本身就是一个比较模糊的概念。正如美国的Smith在评价可预见

---

① 吴从周：《情事变更在台湾工程契约之适用情况——以嘉义市市政中心新建大楼工程款高速案（物价涨跌型）相关判决为例》，载2016年苏州大学第四届《比较民商法与判例研究两岸学术研讨会论文集》。

性风险分担思想时所指出:"可预见性风险分担的标准是这样的主观,以至于最终导致争议。"① 因此,在"可预见"与"不可预见"之间并不存在明确的界限,需要根据个案的具体情况判断其程度。风险及其后果的可预见性程度决定了当事人意思能力可达的客观范围。风险的可预测性愈大,则当事人意思的拘束力愈强;反之,风险的可预测性愈小,则当事人意思的拘束力愈弱。

3. 当事人合意度

从理论上讲,建设工程合同的业主与承包人均为理性的商业主体,具有相同的地位和权利义务,但事实上,在一个以投资作为推进社会经济快速发展的主要拉动因素的国家,且建筑市场供需矛盾非常突出的情况下,业主相比于承包人而言,一般在市场交易中占有强势地位,尤其是在政府招投标的公共工程中,强势地位更为明显。虽然建设工程合同中的风险排除条款因不符合《合同法》第39条规定的特征而难以被定性为格式条款,但是实践中业主滥用强势地位影响合同平等、自愿原则的情形决不鲜见,例如在招标文件中明确要求排除业主的任何风险、恶意压低价格等,此时当事人名义上系自愿签订的协议,实际上双方的合意度很低。当合意度降低,而给付与对待给付之间的关系又严重失衡时,情事变更原则便有了适用的空间。此外,建设工程合同文件的组成部分除构成合同文本的协议书、通用条款和专用条款三部分外,还包括中标通知书、投标函、技术标准和要求、图纸、工程量清算或预算书等组成合同的其他文件。这些文件虽然都是合同的组成部分,但其中相关条款或内容的合意度并不相同,如在合同文本中,协议书和专用条款的合意度即高于通用条款的合意度。因此,对于当事人之间是否存在合意度明显降低情况的判断,需要根据个案的具体情况进行综合分析,具体而言可以从三项标准进行判断:一是合同内容是否为一方预定?二是提供合同文本的相对方有无预先知悉并磋商合同内容的机会?三是双方当事人有无因经济上强弱之差异,影响缔约的平等性。

(二)信赖原理

柯林斯认为,合同当事人之间的社会和商业关系既先于交易,又被预期在履行以后持续下去。这种商业关系为鼓励双方当事人进行交易提供了一种重要

---

① 徐雷:《基于业主方的施工合同风险识别研究》,知识产权出版社2013年版,第67页。

的信任渊源。基于这种信任关系，当合同关系开始之后，就会发展出某些不成文的原则和规范，从而产生对相对方采取某些行为的合理期待。这样一来，"合同为当事人的合意，合同上的义务均基于当事人的意思"这一古典合同理论的前提就失去妥当性。合同关系不再是仅由私法自治支配的世界，而是建立在信赖关系基础上的社会团结。所谓信赖关系，就是非经逐个的合意，信赖对方而听凭对方处理。法官在解释合同时，应当遵守这些内在原则和规范，保护交易相对人的合理信赖。① 在情事变更原则适用中，基于信赖原理可以抽取出以下两点具体要素：

1. 交易相对人的可期待性

"可期待性"要素，是指当合同外在环境发生变化时，一方当事人可以合理地期待，另一方会作出相应的调整行为。在对"可期待性"要素进行衡量时，法院必须将构成合同关系的相关因素都纳入考量范围之内。如果法院从当事人过去的交易习惯、履行过程、交易过程、商业惯例中，判断当事人怀抱着当某种情事发生变化时，另一方也会随之作出相应调整的合理期待时，则构成介入合同调整的理由。当当事人的"可期待性"增强时，即使风险的"不可预见性"要素较弱，也可能适用情事变更原则；反之，虽然"可期待性"较弱，但风险的"不可预见性"很强时，同样也可能适用情事变更原则。

例如，双方在建设工程合同中约定业主在施工过程中提出设计变更可延长工期，但不赔偿承包人损失。如果实际履行中，因业主单方变更权的行使导致工期延长，期间发生原材料、人工价格大幅度上涨，承包人能否主张情事变更原则的适用？笔者认为，尽管在建设工程合同中业主享有单方变更权，业主无需为其行使单方变更权对承包人承担违约赔偿责任，但是如果因业主行使单方变更权导致承包人的因物价上涨产生的损失，仍应对该损失的合理范围进行评估，如果承包人的损失已经超出了合理范围，基于诚实信用原则，承包人仍可对业主调整合同价款作出合理期待。此时，即使双方合同约定业主无需赔偿承包人损失，承包人仍可基于情事变更原则主张业主对其物价上涨损失予以适当补偿。

---

① [英]休·柯林斯：《规制合同》，郭小莉译，中国人民大学出版社2014年版，第141页。

2. 是否有利于继续维持合同关系

如果当事人在合同中未约定合同能否终止，则应当尽量避免由法院来宣告合同终止，因为当事人已为履行合同付出的投资，将全部付诸流水，对整体社会利益来说，并非利益最大化的选择。① 特别是在建设工程合同这样的长期合同中，当事人的投资属于专用性投资，离开该特定交易后，所能发挥的效用将大大降低。因此，法院在衡量是否应当适用情事变更原则对合同进行调整或终止时应当尽可能有利于合同关系的维持。

(三) 给付均衡原理

从经济交易的规制维度，合同的目标是明确由个别的交易所创造的互惠义务。经济理性为市场交易中的合同行为这一维度提供了规范的参照框架，它要求对短期和长期的经济利益都加以计算，据此衡量和评估合同行为。② 合同之所以有拘束力，除了因为它建立在当事人的自由合意之上，至少还部分地因为它能够实现给付均衡意义上的合同正义。③ 当当事人之间的合意度降低，并且给付与对待给付均衡关系明显减弱时，便有了情事变更原则的适用余地。

在给付均衡原理的维度中，主要的衡量要素是"风险有无合理对价"。即在判断情事变更原则能否适用时，需要审查发包人就合同履行中可能出现的风险是否已支付了合理的对价。④ 如 FIDIC 的交钥匙合同范本（Contract for EPC/Turnkey Project，俗称"银皮书"），系基于采用的合同形态系集设计、施工、转让为一体的交钥匙工程，业主通常为此支付更高的合同价款，委由承包人负担绝大部分的工程风险，以换取工程建造经费及工期的更高确定性；而在签约前，承包人通常也有充足的时间仔细评估和论证相关的工程风险，并由承包人主导整个工程的进行。因此，FIDIC 银皮书第 4.12 款对于有关不可预见的困难情况（unforeseeable difficulties）条款中，特别规定该项之风险系由承包人自担，承包人不得请求调整合同价格。此项约定即与前述红皮书规定的风险负担方式完全不同，体现了合同对风险的对价安排与情事变更原则适用之间的紧密联系。

---

① 黄湘榆：《计划赶不上变化？论长期商业契约中之风险控制与漏洞填补——以契约的解释为中心》，台湾地区台湾大学 2008 年法律学研究所硕士论文。
② ［英］休·柯林斯：《规制合同》，郭小莉译，中国人民大学出版社 2014 年版，第 145 页。
③ 解亘：《格式条款内容规制的规范体系》，载《法学研究》2013 年第 2 期。
④ 参见 1999 年 FIDIC 银皮书第 4.12 款。

综上，在合同关系中，总是并存着合同、商业关系和经济交易三个不同的规范系统和观察维度，尽管在特定的合同中可能这个或那个维度占据着主导地位。因此，合同应当被放在一种广义的交易脉络下、放在这三种规范框架中加以整体观察，而不能将其孤立切割。这三种维度分别对应着意思原理、信赖原理和给付均衡原理，根据这三个原理可以抽取出6个要素，即：（1）双方就风险分配是否有明示而无争议的意思；（2）风险及其后果的可预见性；（3）当事人合意度；（4）交易相对人的"可期待性"；（5）是否有利于维持合同关系存续；（6）风险有无合理对价。通过这6个要素及其背后原理的互动与角力，可以构筑一个更为精妙、情景化和相对稳定的情事变更规制系统，既适应关系型合同灵活性和弹性化需求，也可以通过强化法律论证减少法院对合同关系的恣意裁量和不当干预。情事变更适用的动态系统与古典合同范式下情事变更的构成要件规则相比，存在两个差异：一是增加了商业关系和经济交易两个考察维度；二是变"全有全无"的要件判断为"或多或少"的要素衡量。在构成要件规则中，"不可预见"和"显失公平"两个要件是相互独立、互不影响的，任何一个要件不具备，都不能适用情事变更，而在动态系统论中衡量是否应当适用情事变更原则，需要同时调动三种规范框架和三种原理，衡量比较6个要素的角力与协动效果，形成一个动态的、但相对稳定的情事变更规制秩序。我国目前建设工程合同案件审判实务中，由于只强调合同话语，而忽视了合同背后各种非承诺性因素的考量，导致判决理由论证形式化、教条化和空洞化的严重弊端，影响了建设工程合同规则的实践效果。

三、情事变更原则的弹性治理机制

古典合同范式中，情事变更原则的特征有两点：一是沿袭了条件—程式规则，即规定在符合特定的情事变更要件时，当事人应当承担或免除面向未来的风险责任。二是建立在法律提供清晰的强制性规则基础上，由运用国家制裁的强大的规制者通常是由法院来执行。但由此带来的问题是，法院非常精于合同法规则的知识，但是通常对被规制的特定市场如建筑市场缺乏专门知识，因此很难保证执行情事变更原则时对当事人合同上权利义务进行变更的合理性与妥当性。为克服这些弊端，关系合同理论鼓励参与交易的各方自我管理，并通过弹性治理性程序创造他们自己的私人正义系统。① 这种规制方式试图在被规制的对象即合同当事人间实现协作（collaboration）和合作（co-operation），它倾向采用自我规制，由参与人通过协商来决定发生情事变更的具体情形，以及发生情事变更后的再协商程序及处理原则。比起法院，合同当事人显然处于更优越的地位从而更精确地量身剪裁规则，并且通过自我规制来构建情事变更后的权利义务关系。因此，关系合同理论的巨大能量在于其回应或反射的特性，它将宽泛的自我规制裁量权下放给双方当事人，授权当事人自主地设计和执行自己的规制。就此而言，关系合同理论的强调授权程序，与当事人自治的现代法理论实际上仍是"心有灵犀一点通"的。② 鉴于此，对于情事变更情形下的合同规制，关系合同范式更关注的是如何通过弹性原理和继续性原理的适用，使建设工程合同关系具有及时应变的能力，能够根据外在环境的变化灵活调整合同内容；并能够创造一种使社会自治的对话不受打扰，同时鼓励他们交互注意彼此赖以为基础的利益假设的对话场域，从而通过经由法律授权谈判地位的间接的国家调整形式，保障实质的规则制定领域中的社会自治。具体而言，这种弹性化的治理机制包括：

1. 尽力条款的引入

诚信、信任与合作是关系合同运作的根基和维持交换关系不破裂的内在规范，其在情事变更原则适用中的具体体现是尽力条款的引入。如FIDIC红皮书第19.3款规定：每方当事人都应始终尽所有合理的努力，使不可抗力对履行合同造成的任何延误减至最小。我国2013版示范文本亦在17.3.2项中规定：不可抗力发生后，合同当事人均应采取措施尽量避免和减少损失的扩大，任何一方当事人没有采取有效措施导致损失扩大的，应对扩大的损失承担责任。从上述规定可以看出，即使发生不可抗力的情形下，也并不绝对免除当事人善意履行合同的义务。这种约定的优点在于：面对未来的不确定性，尽力条款相当具有弹性化色彩，不必害怕合同的约定会和外在环境"脱节"。然而此种模糊的约定也存在相应的风险，即究竟应当由谁来确保当事人在履行合同时已"尽力"？如果当事人发生争议，又应当如何来决定一方当事人是否真的已经

---

① ［英］休·柯林斯：《规制合同》，郭小莉译，中国人民大学出版社2014年版，第6页。
② 李卫东：《关系契约论的启示（代译序）》，载［美］麦克尼尔：《新社会契约论》，雷喜宁、潘勤译，中国政法大学出版社2004年版。

"尽力"? 可见,模糊条款的好处在于降低了交易成本,然而相对来说,信息不对称所产生的成本也提升了。对此,法官在解释尽力条款时,必须根据诚信原则,综合考虑具体案件的所有情形,进行情景化的解释,既使合同能够维持其弹性,同时兼顾公平性的要求。①

2. 再交涉义务的引入

根据关系合同理论,在发生情事变更时,应当首先通过建立双方重新磋商的自我治理框架和程序解决情事变更下的合同调整问题。为此,有必要设立当事人的再交涉义务,在合同各方当事人之间创造一种商讨和沟通机制,为当事人提供理想的对话和交涉场所。我国《合同法解释(二)》虽然提出了情事变更原则,并且就再协商义务作出倡导性规定,但尚未将这一义务上升为法定义务。根据前一章的分析,笔者认为,应当将再交涉义务义务作为情事变更的第一次效果,在再协商无期待可能性或再协商失败的情况下,再考虑情事变更的第二次效果调整或解除合同,以鼓励当事人重新谈判,有利于最大限度地维护合同关系的稳定,实现当事人之间的利益平衡。

3. 第三方争议处理机制的引入

与古典合同理论忽视与回避权力的影响不同,关系合同理论除了直面权力关系对合同的影响外,也通过承诺运用权力创造有利于自我规制的治理结构,以减少合同事后履行的不确定性和提高争端解决的效率。尤其在设定了开放性条款的合同中,合同的权利义务并非在缔约时一揽子确定,而是随着合同的履行渐次展开,而在合同履行期间权利义务及外界环境的变化很难由法院通过事后的观察而得知。此时,合同双方可以通过协商引入第三方,并赋予第三方一定的自由裁量权对合同履行进行及时检测和处理。如在建设工程合同中的监理工程师,就属于这样的第三方,其享有对工程质量、进度和工期进行检测的权利,以帮助业主将交易成本降到最小;此外,其还可以在双方发生争议时作出处理决定,双方即使不赞成也有义务暂时搁置争议,维持合同的履行。在FIDIC红皮书和我国2013年版建设工程合同示范文本中,都明确规定了在因情事变更和不可抗力引起合同变更的情形下,工程师或总监理工程师具有先行

---

① 黄湘渝:《计划赶不上变化? 论长期商业契约中之风险控制与漏洞填补——以契约的解释为中心》,台湾地区台湾大学2008年法律学研究所硕士论文。

确定权，以保证工程得以连续的施工。如 FIDIC 红皮书第 3.5 款规定："每当本条件规定工程师应按照第 3.5 款对任何事项进行商定或确定时，工程师应与每一方协商，尽量达成协议，如果达不成协议，工程师应对所有有关情况给予应有的考虑，按照合同作出公正的确定。工程师应将每项商定意见或确定向双方发出通知，并附详细依据，各方均应履行每项商定或确定事项。"

当然，合同在通过承诺设定权力结构的同时，也不可避免受到有关限制权力的规范的制约。现代所有的法律制度都对通过为将来设计交换的过程而得以移转的权力的总量加以严格限定。① 在建设工程合同中，这种权力结构也存在着各种制约和平衡，如在情事变更发生后，双方首先在工程师的主持下进行再协商，通过磋商实现合同的自我治理；协商不成时，通过赋予工程师单方决定权维持合同关系；同时，为了制约工程师不滥用其单方决定权，赋予双方当事人提请争议评审的权利，通过这样的权力制约和程序设置，构建合同的自我规制框架。例如我国 2013 年版建设工程合同示范文本新增的一项重要内容即引入 FIDIC 的争端裁决委员会机制，建立了争议评审机制，规定合同当事人可以共同选择一名或三名争议评审员，组成争议评审小组。当在任何时间就合同履行发生任何争议时，当事人可以共同提请争议评审小组进行评审。争议评审小组自收到申请后 14 天内作出书面决定，并说明理由。争议评审小组作出的书面决定经合同当事人签字确认后，对双方具有约束力，双方应遵照执行。但若任何一方当事人不接受争议评审小组决定或不履行争议评审小组决定的，双方可选择采用其他争议解决方式。②

比较 2013 年版建设工程合同示范文本与 FIDIC 红皮书中关于争议评审制度差异，可以发现后者的强制力显然更强。根据 FIDIC 红皮书第 20.4 条规定，如果争端裁决委员会（DAB）已就争端事项向双方提交了它的决定，而任一方在收到 DAB 后 28 天内，均未发出表示异议的通知的，则该决定应成为最终的，对双方均具有约束力。相比而言，我国 2013 年版建设工程合同示范文本不仅缺乏必要的拘束力，而且关于争议评审小组决定的效力存在前后矛盾的表述，一方面规定决定对双方具有约束力，另一方面又规定一方当事人不接受争

---

① ［美］麦克尼尔：《新社会契约论》，雷喜宁、潘勤译，中国政法大学出版社 2004 年版，第 52 页。
② 《建设工程施工合同（示范文本）》（GF-2013-0201）第 20.3 条。

议评审小组决定的，可以再重新选择其他争议解决方式。笔者认为，FIDIC红皮书第20.4条既体现了合同自我治理的框架要求，又赋予这种自我治理机制以一定的法律拘束力，较好地平衡了柔性化和刚性化规制的关系，值得我国制定合同示范文本中借鉴。

本章小结

建设工程合同作为典型的关系型交易，其与个别型交易在很多方面存在差异。这些差异使传统的情事变更原则在适用于建设工程合同时出现了困境。要解决这些困境，必须发展和重构情事变更原则的适用原理和具体规则，以适应建设工程合同的关系性品格和弹性化需求：首先，在合同主体上，发包人与承包人在市场地位和权力关系上存在结构性差异，影响了意思自治的效力，即使对于合同中已约定风险分配条款的，也不能一律排除情事变更原则的适用；在合同内容上，物价上涨、气候变化等客观情况已不仅仅是交易基础，而构成交易内容的一部分，因此，情事变更原则适用与合同漏洞填补的作业方式已经基本趋同，在具体解释上应当综合运用各种要素进行分析判断；在风险分配规则上，在强化现时化规划方案的同时，应当适用弹性化的规范需求，设定开放性的风险分配条款以及程序化治理框架。

典型案例

1. A建设公司与B服装公司建设工程施工合同纠纷案

【裁判要旨】

建设工程施工合同内价款发生重大变化，经鉴定，工程已超出一般正常市场风险范围，合同内价款若按照固定价款阶段，双方利益关系将显著失衡，故应当根据公平原则，对合同内工程价款予以调整。

【基本案情】

2006年12月2日，A建设公司根据B服装公司新建厂房招标文件投标，按照3000万元的总价承包本次招标范围内的全部工程。同时，在投标综合说明中注明了工程造价部分计价为38 757 560.07元，报价为3000万元，本工程在造价的基础上下浮至3000万元作为本次投标报价。2007年2月10日，A建设公司与 B 服装公司签订一份《建设工程施工合同》，约定由 A 建设公司承包建设 B 服装公司新建厂房工程，合同价款 3000 万元。双方在专用条款中约定：本工程合同价款按照固定价格合同方式确定。工程变更、增加、签证等分项工程按照实际造价下浮 12% 结算。合同签订后，A 建设公司按约进场施工。工程竣工并经验收合格后，A 建设公司向 B 服装公司提交了《施工决算书》。2009 年 6 月 20 日，A 建设公司对工程造价决算进行了调整，调整后的工程总造价为 53 756 471.86 元。B 服装公司对此有异议。

A 建设公司以 B 服装公司应按审计报告支付工程款为由，提起诉讼，请求判令：B 服装公司按照审计报告据实支付工程款（暂定）1000 万元及其利息损失。后 A 建设公司增加诉讼请求：A 建设公司对本案建设工程享有优先受偿权。

【法院认为】

一审法院认定：第一，关于合同内工程价款结算问题。首先，关于合同效力问题。施工合同对合同内工程造价约定为固定价 3000 万元，鉴定结论则为 4400 余万元，二者相差 1400 余万元，从形式上看，可以认为合同约定价低于成本价，若本案所涉工程系强制性招投标工程项目，应认定合同无效。但是，本案所涉工程并非属于强制性招投标工程项目，双方签订的《建设工程施工合同》是否属于 A 建设公司当初之真实意思表示目前虽无从判断，但上述合同内容并未违反国家法律法规的规定，也未损害社会公共利益，可认为合法有效。此外，因存疑的证据不作为定案证据使用，补充协议的效力问题不再判断。其次，关于合同有效情形下是否可以对合同约定的固定价进行调整的问题。（1）双方签订的合同约定的固定价为 3000 万元，经鉴定机构评估为 4400 余万元，二者相差 1400 余万元，施工方和建设方之间的利益关系已失衡，超出了一般正常市场交易风险的防范范围，应当对这种利益关系重新进行调整。（2）关于调整的幅度。因按照施工期平均材料价格计算能比较科学合理地反映整个施工期的市场变化，故涉案工程合同内造价按华星公司作出的施工期平均材料价格下浮 22.6% 结算。（3）关于具体欠付款项的计算认定问题。本案对合同内工程造价按鉴定结论 44 046 487 元下浮 22.6% 计算，即 34 091 980.94 元。第二，关于本案中 A 建设公司和 B 服装公司没有争议或者争议较小的问题。（1）合同外的工程造价结算。对合同外的工程造价按照上述鉴定机构鉴定结论中的施工期平均材料价格下浮 12% 计算，即 562 051.92 元。（2）已付工程款数额。已付工程款数额应认定为 35 007 363.5 元。第三，关于 A 建设公司主张的优先受偿权和利息支付问题。（1）优先受偿权。A 建设公司提起本案诉讼时，已超过法律规定的优先受偿期限，其该项请求不予支持。（2）利息支付时间。故 B 服装公司欠付工程款的利息应从 2008 年 8 月 11 日起计算至判决生效时止。

A 建设公司不服，提起上诉称：第一，原审判决在工程造价鉴定结论的基础上下浮 22.6% 结算工程款无事实和法律依据。原审判决下浮 22.6% 结算工程款不仅自相矛盾，而且违背事实，缺乏法律依据。投标预算价 3800 余万元不是工程决算价，不能作为双方结算工程款的参考依据，且双方从未约定以投标报价 3000 万元与投标预算价 3800 余万元相比作为让利比例。此外，原审判决如此处理将使合同内工程造价减少 1000 余万元，远远低于该工程的建造成本价，明显显失公平。第二，A 建设公司所提供的补充协议真实有效，原审判决不予判定其效力，实属错误。第三，工程造价鉴定结论中扣减独立费 1 945 984.95 元不当，不符合工程造价的相关规定。原审判决认定 A 建设公司要求对独立费另行处理不当，独立费应在本案中一并审理。综上，请求二审法院撤销原审判决，依法改判，支持 A 建设公司的上诉请求。

针对 A 建设公司的上诉请求，

针对 A 建设公司的上诉，B 服装公司答辩称：第一，A 建设公司其在评估投标价时，有能力预估到利润空间，理应清楚固定价的基本含义。B 服装公司付款总额超过 3000 万元系无奈之举，并非是双方变更了合同价款。且 B 服装公司为 A 建设公司垫付材料款合情合理。第二，A 建设公司主张双方应按补充协议履行无事实和法律依据。第三，原审判决在鉴定价的基础上下浮 22.6% 有一定的合理性。第四，A 建设公司主张独立费，超出一审诉讼请求，二审应不予支持。综上，请求驳回 A 建设公司的上诉请求。

B 服装公司亦不服，提起上诉称：第一，双方约定固定价后，只有在原材料发生重大变化、设计变更、工程量增加导致质量标准变化的情况下才可以进行造价鉴定，但 A 建设公司并未提供这方面的相关证据。故原审判决以低于该工程造价成本以及施工方和建设方之间的利益关系失衡对工程造价进行鉴定，并对工程款结算方式进行调整，无事实和法律依据。第二，原审判决采信鉴定人对于材料差价的鉴定方法以及调整比例不当。第三，A 建设公司伪造证据，应当依法追究其民事责任。综上，请求撤销原审判决，依法改判。

针对 B 服装公司的上诉，A 建设公司答辩称：第一，如按固定价 3000 万元结算将低于成本价。第二，双方应按实结算材料差价。第三，B 服装公司主张 A 建设公司伪造证据不能成立。综上，请求驳回 B 服装公司的上诉请求。

二审法院认定：本案争议焦点为：合同内工程价款应如何结算；双方争议的独立费和材差调整问题应如何认定。关于争议焦点一，从鉴定结果看，合同内工程造价 4400 余万元，超出合同约定的固定价达 1400 余万元。鉴此，原审判决认定本案工程已超出一般正常市场风险范围，合同内价款如按固定价 3000 万元结算，双方利益关系将显著失衡，遂根据公平原则，对合同内工程价款予以调整，并无不当。同时，可参照双方关于"变更、增量、签证工程的下浮率 12%"的约定进行调整。关于争议焦点二，故原审判决对 A 建设公司关于独立费问题所提出的异议未予处理，并无不当。同时，鉴定机构按 5% 标准调整材料差价，符合当地建筑市场有关"材差调整"的政策规定。

【裁判结论】

一审法院判决：一、B 服装公司支付 A 建设公司工程款余款 646 669.36 元；二、驳回 A 建设公司要求对本案工程享有优先受偿权的诉讼请求。

二审法院判决：一、维持一审法院判决第二项；二、撤销一审法院判决第一项；三、B 服装公司支付 A 建设公司工程款余款 5 315 624.26 元及利息。

2. A 建设公司与 B 开发公司建设工程施工合同纠纷案

【裁判要旨】

建设工程施工合同中，供材方式的变化属于合同的重大变更，如果仍然按照原合同约定，将建立在包工包料基础上的固定总价作为结算方式，将会导致双方利益的失衡，故应当按实结算工程款。

【基本案情】

2004 年 2 月，B 开发公司开发的南京市浦口区碧云山庄住宅小区二期工程招标，A 建设公司中标了其中的 11、12、13、32、34 号共 5 幢住宅楼的土建及水电安装工程。双方签订《建设工程施工合同》，约定：合同价款采用固定总价，总价款为 1118.72 万元，另约定了施工工期、合同以外设计变更和业主要求变更的工程内容的计算方法、保修期等。A建设公司于2004年2月18日开始施工，于2005年1月基本完工，浦口区建设局对工程予以竣工验收备案。2004年底，在浦口区清欠办的要求下，为明确欠薪的责任方，B开发公司与包括A建设公司在内的各施工单位对已付工程款进行结算，形成《1-7标付款情况分析》，其中载明B开发公司已支付A建设公司现金1 209 000元。A建设公司南京分公司经理何晓明在该份情况分析上签字确认。同日，何晓明还在一份《收款情况确认书》上签字，该确认书载明：A建设公司承建的碧云山庄二期工程，截至2004年12月29日，B开发公司垫付款及支付的工程款合计为10 205 929.9元，付款比例为91.23%，已超付21.23%，故承诺，工人工资由A建设公司负责支付，与B开发公司无关。2005年2月3日，A建设公司给B开发公司的一份承诺书中载明：关于拖欠农民工工资相关问题与B开发公司无关。该承诺书有A建设公司盖章及A建设公司法定代表人于某某签名盖章。B开发公司在2004年12月29日之后合计付款1 310 927.29元。

另查明，工程结束后，B开发公司审核人员李某曾根据A建设公司的报价对工程价款进行内部核算，核算单显示核算结果是已超付工程款513 376.69元。

A建设公司以工程早已竣工，B开发公司在合同履行过程中强行供材，侵占了A建设公司工程款，从根本上改变了合同实质性内容，给A建设公司造成了重大经济损失为由，提起诉讼，请求判令按工程款按实结算，B开发公司支付工程款4 102 707元。

【法院认为】

一审法院认定：《建设工程施工合同》合法有效，双方均应按约履行。本案的合同在履行中，除约定的甲供材料外，B开发公司将未约定为甲供的主要材料钢材、水泥、黄沙、标准砖、多孔砖、石料、配电箱均变更为甲供。这一变更导致B开发公司向A建设公司支付的现金合计只有1 897 968.73元，而根据鉴定报告的计算数据，A建设公司的人工费已达到1 840 940.68元，A建设公司尚需支付其他材料费、施工机械费用、措施费、规费等费用。因此，在发生这一变更后，如仍按原合同约定的固定总价进行结算，将导致双方当事人权利和义务的不平衡，不符合法律规定的公平原则，故对A建设公司要求以按实结算方式计算工程价款的主张予以支持。双方在合同中约定工程造价优惠

11.5%，此约定为双方当事人真实意思表示，在计算工程造价时应按约定下浮，故按实结算让利后的工程总价款为 5 652 269.85 元。另，根据《1－7 标付款情况分析》和《收款情况确认书》，B 开发公司除已付甲供材和甲分包价款外，B 开发公司尚欠工程款 3 100 861.38 元。关于保修金，双方约定的最长保修期限为 5 年，涉案工程批准竣工验收备案的日期为 2005 年 4 月 26 日，至今已满 5 年，保修期已届满，因此，在计算工程款时不应再扣除保修金。

A 建设公司不服，提起上诉称：第一，因 B 开发公司违约导致合同履行发生根本性变化，双方在原合同中约定的优惠下浮条款应归于无效，一审判决不应在按实结算的基础上按照原合同约定下浮。第二，鉴定结论未计取施工配合费、材保费及桩基偏位工程款，应依法调整。第三，增项工程合计 908 185.04 元。第四，鉴定结论中涉及甲供材部分的白水泥为 A 建设公司购买，金额为 20 580.36 元，应从已付款中扣除。第五，B 开发公司违约改变供材方式，相关材料款税金应由 B 开发公司承担，一审判决由 A 建设公司承担全部工程税金，显失公平。第六，一审判决对 2004 年 12 月 29 日之后 B 开发公司付款的认定与事实不符，责任分配不当。B 开发公司违反合同约定，强行供材，应承担材料单价价差、数量变化的风险，而且材料签字人员也非 A 建设公司的人员。综上，请求二审法院撤销一审判决，依法改判 B 开发公司支付 A 建设公司工程款 4 102 707 元。

针对 A 建设公司的上诉请求，B 开发公司答辩称：第一，供材方式的变化并未损害 A 建设公司的合法权益。第二，A 建设公司称有 90 余万元的工程增项不能成立。第三，双方约定税金由工程所在地开票，由甲方代扣代缴，税金在 A 建设公司投标时已经计算在报价预算内了，应由 A 建设公司承担。第四，对于 2004 年 12 月 29 日之后 B 开发公司的付款，A 建设公司的工作人员已签字认可，另有 100 余万元，一审判决并未认定。第五，B 开发公司是应 A 建设公司的要求供材的，而且材料价格低于市场价，A 建设公司的现场负责人员也盖章签收。请求驳回 A 建设公司的上诉请求。

B 开发公司亦不服，提起上诉称：B 开发公司将钢材、水泥、黄沙、标准砖等供应给 A 建设公司是双方协商一致的结果，并非单方变更为甲供，上述供材的价格都是按照招标文件和双方书面约定好的价格结算的，且比政府发布的信息价格低，不存在损害 A 建设公司利益的情形，一审判决认定供材方式变更会导致显失公平是错误的。双方在合同中明确约定以固定总价结算工程款，一审判决按照按实结算的方法结算工程款违反法律规定。请求撤销一审判决，驳回A建设公司的诉讼请求。

针对B开发公司的上诉请求，A建设公司答辩称：B开发公司称将钢材、砖等约定为甲供材与事实不符，A建设公司对钢材、水泥等材料的投标报价是高于市场价的，B开发公司改变供材方式剥夺了A建设公司的利益，故一审判决按实结算工程款是正确的。请求驳回B开发公司的上诉请求。

二审期间，B开发公司提供了一份2004年4月6日B开发公司（甲方）与梁超（乙方）签订的《补充协议》，主要内容是甲乙双方就2004年1月4日签订的供砖合同，因市场价格波动，签订补充协议：至2004年4月6日以前供砖，按原协议执行，2004年4月6日以后价格为标准砖0.27元/块，20孔空心砖为0.4元/块；乙方供应一、三、四、五标段用砖；甲方向乙方补偿价格差异20万元，从最后一次结算中抵扣。在补充协议的背面，B开发公司注明：我公司确认此补充协议，同意按本公司实际用砖数量分摊补偿款20万元。碧云山庄二期一、三、四、五标段的代表分别签字并加盖了各承包单位项目部的公章，其中五标段A建设公司的材料员陆文华代张志斌签字并加盖了A建设公司碧云山庄项目部的公章。此外，B开发公司还提供了一份《南京市二〇〇四年度建筑、安装、市政工程建设材料预算指导价》，用以证明2004年第一季度政府颁布的指导价格均高于B开发公司与A建设公司的结算价格。

二审法院认为：本案的争议焦点为：涉案工程款的结算方式应按固定总价结算还是按实结算；涉案工程款的结算应否按原合同约定下浮；A建设公司要求计取配合费、材保费、桩基偏位工程款、增项工程款、扣除白水泥价款、分担税金的主张是否成立；一审判决对于2004年12月29日之后B开发公司付款的认定是否正确。第一，关于涉案工程款的结算方式应按固定总价结算还是按实结算的问题。供材方式是建设工程施工合同中影响工程价款的重要条款，供材方式的变化导致一方的利益受损，属于合同的重大变更，如果仍然按照原合同约定，将建立在包工包料基础上的固定总价作为结算方式，将会导致双方利益的失衡。故A建设公司要求按实结算工程款的主张应予支持。第二，关于涉案工程款的结算应否按原合同约定下浮的问题。由于涉案工程最终采取按实结算的方式，按实结算不计算让利整个工程造价约为1100余万元，与原合同约定固定总价基本相符，如果在此基础上再行下浮，对A建设公司显失公平，故A建设公司关于工程款结算不应按照原合同约定下浮的主张，本院予以支持。第三，关于A建设公司要求计取配合费、材保费、桩基偏位工程款、增项工程款、扣除白水泥价款、分担税金的主张是否成立的问题。A建设公司要求支付配合费没有合同依据，A建设公司关于未计取材保费的主张不能成立，A建设公司主张桩基偏位工程款的主张不予支持。变更造价为14 277.91元，B开发公司代付的税金472 242.3元应作为已付款从工程款中扣除。第四，关于一审判决对于2004年12月29日之后B开发公司付款的认定是否正确的问题。经核算，B开发公司尚欠工程款为772 990.37元。

【裁判结论】

一审法院判决：B开发公司向A建设公司支付工程款3 100 861.38元。

二审法院判决：撤销一审法院判决；B开发公司向A建设公司支付工程款772 990.37元。

3. A管理公司与B建设公司建设工程施工合同、借款合同纠纷案

【裁判要旨】

建设工程合同订立后，履行过程中，因市场原因，建材价格大幅度上涨，造成工程成本增加，如果仍按合同约定的固定价格进行结算，将会导致发包人与承包人之间利益重大失衡，显失公平。故为平衡双方当事人利益，对于因材料价格上涨而产生的材差，应当根据客观情况进行适当调整。

【基本案情】

B建设公司经过招投标手续后中标取得A管理公司工程的施工。A管理公司与B建设公司订立《建设工程施工合同》，双方约定，由B建设公司对中央直属棉花储备库工程进行施工，合同价款为4038万元，采用固定价合同，合同价款中包括的风险范围为施工期间的政策性调整及市场风险和施工质量及安全风险由B建设公司负担。另，双方还约定了工程进度款的支付等。施工过程中，双方就施工项目以工程签证单的方式进行了增补。2005年1月，A管理公司有8000吨棉花运行，涉案工程开始使用。2005年4月25日，B建设公司向A管理公司出具承诺书，称：库房地面在使用时发现局部库房地面跑沙，由于棉花已入库，目前无法进行入库修补，承诺等棉花出库后按照整改方案彻底修

补。2006年2月20日，B建设公司向A管理公司出具请示，称因2003年8月份后遇建材上涨，造成工程成本增加，请求增补材差515万元。A管理公司遂委托C公司对材差进行审核，并出具审定单，确认材差为3 546 457.12元。双方当事人均在该审定单上加盖印章。后A管理公司筹建处向中国储备棉管理总公司请示。中央直属棉花储备库建设专家组于2006年3月18日出具专家意见，该意见称，2003年8月份后，建材价格大幅度上涨，造成工程成本增加，材料涨价在该项目投资中按规定给予一定的补偿是合理的；根据江苏省建设厅苏建定（2003）409号、盐城市建设局盐市建字（2003）243号文件规定，经过核算，材料价差补贴合计为145.53万元等。此后，双方当事人为工程款结算事宜发生争议。

B建设公司以A管理公司欠其工程款为由提起诉讼，请求判令A管理公司给付尚欠的工程款438.29万元及其利息。

A管理公司提起反诉称：工程质量存在严重问题，请求判令B建设公司履行维修库房质量问题的义务，并承担由此产生的包括移库在内的相关费用，赔偿因质量问题造成的相关受损费用。

【法院认为】

一审审理过程中，双方当事人对新增工程费用产生争议，经B建设公司申请，原审法院委托D公司对B建设公司施工的新增工程项目工程造价进行鉴定。经鉴定，新增项目工程造价为2 129 472.72元。经原审法院主持，双方当事人就A管理公司所主张的库房维修及相应费用的承担问题达成一致意见：由B建设公司负责涉案工程质量问题的维修。

一审法院认为：第一，关于材差问题。由于材料价格上涨的因素，A管理公司同意在合同约定的价款之外给予B建设公司一定的补偿，后经专家组审核出具审核意见书，也认为材料涨价在项目投资中按规定给予一定的补偿是合理的，并认为A管理公司工程的材料价差补贴合计应为145.53万元。第二，关于合同外增项工程款的认定。根据鉴定结论，合同外增加项目的工程造价应当为2 139 472.72元。第三，关于B建设公司主张的往来借款问题。经双方确认的93.1万元借款，A管理公司应当予以偿还。第四，关于本案工程总价款的确定。本案所涉工程价款的总额为4495.977 272万元。第五，关于已付工程款的认定。A管理公司已付工程款的数额为4192.490 354万元。第六，关于工程款的利息问题。利息从起诉之日起按银行同期贷款利率标准计算。

A 管理公司不服，提起上诉称：第一，原审判决对材差的认定不当。首先，专家组审核意见书不能作为本案的定案依据。B 建设公司出具的专家审核意见书、审核报告、请示报告只有复印件，没有原件，不能作为证据使用。其次，专家审核意见书、请示报告、审核报告只是内部的沟通意见，是决策过程中产生的文件，不是最终的结论性文件，也未得到 A 管理公司的认可，故不能作为确定材差的依据。最后，根据双方在合同中的约定，合同价款中已经包括了施工期间的政策性调整及市场风险，材差按合同规定也应当由 B 建设公司自行承担。第二，工程属国家财政投资项目，应以国家财政部门或者国家审计部门的审核、审计结果作为工程价款的结算依据，B 建设公司施工的工程总价款为 4113.38 万元，已包含了新增工程在内。第三，本案 B 建设公司施工的工程总造价应为 4211.88 万元。第四，A 管理公司已支付了全部工程款，不需要再支付任何利息。综上，请求撤销原审判决，改判 A 管理公司向 B 建设公司支付工程款 19.39 万元。

B 建设公司答辩称：第一，关于材差问题。双方当事人虽然合同中约定工程价款中包含了政策性调整及市场风险，但是在施工过程中，材料价格飞速上涨已超出了订立合同时能预见到的范围。同时，在施工过程中，B 建设公司也多次向 A 管理公司申请进行材差调整，A 管理公司也委托了审计部门进行材差审计，并且双方当事人都在材差审计报告上盖章确认。此外，A 管理公司也向总公司提交了申请报告，总公司也委托了专家组进行材差审核，专家组明确材差可以调整，数额为 145.53 万元。这表明双方当事人在合同履行过程中是同意进行材差调整的。因此，一审法院对材差的判决正确。第二，关于增项工程的问题。一审法院根据鉴定结论确认增项工程的造价并无不当。综上，请求判令驳回上诉，维持原判。

二审法院认为：第一，关于材差是否应当调整的问题。其一，双方当事人在订立建设工程施工合同之后，合同履行过程中，由于市场的原因，建设材料价格飞速上涨，特别是钢材和砼的价格出现暴涨，涨幅之异常是建设、施工单位订立合同时无法预见的。如果仍按合同约定的固定价格进行结算，将会导致发包人与承包人之间利益重大失衡，显失公平。为了衡平双方当事人利益，对于因材料价格上涨而产生的材差，应当根据客观情况进行适当调整。其二，合同履行过程中，双方当事人对材料价格上涨引发的材差问题已经充分注意，B建设公司为此向 A 管理公司提交书面报告请求进行材差调整，A 管理公司接到报告后也专门委托了 D 公司对材差进行鉴定，双方当事人也均在该鉴定报告上盖章确认。同时，A 管理公司向中国储备棉管理总公司发出书面请求意见，请求总公司进行材差补助。总公司在接到 A 管理公司的报告后，也委托有关专家组对材差进行了评估。后中央直属棉花储备库建设专家组出具意见书，明确表示"材料涨价在项目投资中按规定给予一定补偿是合理的"。故双方当事人在合同履行过程中对材差调整已充分注意，本案应当进行材差调整。此外，根据专家组出具的意见，原审法院以此专家意见书确定的数额作为双方当事人材差调整的依据是适当的。第二，关于增项工程价款的确定问题，原审法院认定增项工程造价应为 2 139 472.72 元并无不当。综上，一审判决认定事实清楚，适用法律正确，判决结果亦无不当，依法应予维持。

【裁判结论】

一审法院判决：A 管理公司给付 B 建设公司工程款 210.386 918 万元、返还借款 93.1 万元；B 建设公司补偿 A 管理公司 2.5 万元；驳回 B 建设公司、A 管理公司的其他诉讼请求。

二审法院判决：驳回上诉，维持原判。

第六章　建设工程合同效力的理论反思与实务重构

引言：问题的提出

鉴于建设工程对国计民生的重要性，建筑法域一直是公法与私法交织的典型代表，公法为建设工程合同设置了很多强制性规定。为数众多的强制性规定使合同效力问题成为长期困扰司法实践的一个难题。以江苏省高级人民法院 2010 年至 2015 年 6 月五年半以来审结的二审建设工程合同案件为例，700 件案件中有 217 件案件合同被认定为无效，占全部案件总数的 31%。[1] 建设工程合同无效比例如此之高，反映出建筑领域合同自治与国家管制之间的紧张关系，一方面说明建设工程合同中当事人自治违反强制性规定的情形相当普遍；另一方面，近 1/3 的建设工程合同没有法律拘束力，也意味着依赖合同自治来支撑的市场秩序因为风险的升高而受到很大冲击。面对建筑法域的强管制性品格，如何甄别效力性强制规范和管制性强制规范，如何合理认定建设工程合同的效力与后果，妥当调和建筑市场中管制和自治的矛盾，是本章的研究主题。本章将在对司法实务中建设工程合同效力争议进行实证分析后，着重从关系合同理论的视角解释合同自治与国家管制的冲突原因，并引入转介条款解释理论对不同情形下建设工程合同的效力问题进行类型化研究。

---

[1] 江苏省高级人民法院民一庭：《经济新常态背景下建筑市场的司法应对——当前建筑市场面临的突出问题和对策建议》，载《江苏省法院 2016 年调研论文集》。

第一节 建设工程合同效力实务问题的整理

一、建设工程合同效力的实证分析

《建筑法》和《建设工程质量管理条例》等法律文本中存在大量的强制性规定。据统计，《建筑法》中出现"应当""不得"和"必须"表述的分别为63次、21次和11次，合计95次，涉及法律条文51条，占条文总数的比例分别为60%。《建设工程质量管理条例》中出现"应当""不得"和"必须"表述的分别为46次、23次和16次，合计85次，涉及法律条文49条，占条文总数的比例分别为60%。[①] 此外，在《招标投标法》《招标投标法实施条例》等法律、行政法规中，也涉及大量的强制性规范。显然，如果违反这些强制性规定均导致合同无效的后果，建设工程领域的合同自由和交易安定将荡然无存。为此，早在2005年施行的最高人民法院《关于审理建设工程施工合同纠纷案件适用法律问题的解释》（以下简称法释〔2004〕14号）文中，起草人引入了学理上关于效力性强制规定和管理性强制规定的概念区分，认为"法律和行政法规中的强制性规定，有的属于行政管理规范，如果当事人违反了这些规范应当受到行政处罚，但是不应当影响民事合同的效力。"[②] 问题是在数量庞大的强制性规范群中，究竟哪些只是一般的行政管理性规范，哪些是足以影响合同效力的强制性规范？梳理法释〔2004〕14号、2011《全国民事审判工作会议纪要》等规定以及司法案例，司法实务中一般认为违反以下五类强制性规范的，建设工程合同无效：

1. 违反资质性规定的

主要包括两种情形：一是承包人未取得建筑施工企业资质或者超越资质等级的；二是没有资质的实际施工人借用有资质的建筑施工企业名义，即"挂靠"资质的。在前述作为样本分析的217件合同无效案件中，因违反建筑企业资质要求而被认定为无效的案件共78件，占无效合同案件的35.94%，其中借用资质（挂靠）的37件，无相应资质的41件。

[①] 潘军锋：《建设工程施工合同案件审判疑难问题研究》，载《法律适用》2014年第7期。

[②] 最高人民法院民事审判第一庭编著：《最高人民法院建设工程施工合同司法解释的理解与适用》，人民法院出版社2004年版，第8页。

2. 违反法定缔约方式的

主要指建设工程必须进行招标而未招标或者恶意串标、围标等情形。依据《招标投标法》第 3 条规定了必须进行招投标的工程范围。法释〔2004〕14 条规定，建设工程必须进行招标而未招标或者中标无效的，建设工程合同无效。此外，对于规避招投标程序的行为，如当事人在经过招投标程序签订中标合同之前或之后，又就同一建设工程签订与中标合同存在实质性变更的另一合同的，即所谓"黑白合同"，尽管法释〔2004〕14 号仅规定"应当以备案的中标合同作为结算工程款的根据"，回避了合同效力问题，但实务中对合同效力问题往往无法回避，一般将"黑合同"或者两份合同均认定无效。前述 217 件合同无效案件中，因违反招投标程序被认定为无效的案件共 55 件，占无效合同案件的 25.35%，包括必须招标而未招标、施工后补办招投标手续等情形。其中涉及"黑白合同"的有 48 件，占全部无效案件的 22.12%，表现为备案的中标合同、存档的合同、实际履行的合同、中标通知书等相互之间不一致。

3. 违反价格管制规定的

依据《招标投标法》第 33 条规定，投标人不得以低于成本的报价竞标。依据第 41 条规定，中标人的投标应当符合下列条件之一：（1）能够最大限度地满足招标文件中规定的各项综合评价标准；（2）能够满足招标文件的实质性要求，并且经评审的投标价格最低；但是投标价格低于成本的除外。据此，最高人民法院 2011 年《全国民事审判工作会议纪要》认为，对以低于工程建设成本的工程项目标底订立的施工合同，应当依据《招标投标法》第 41 条第 2 项的规定认定无效；当事人违反工程建设强制性标准，任意压缩合理工期、降低工程质量标准的约定，也应认定无效。前述 217 件合同无效案件中，因违反招投标程序被认定为无效的案件共 2 件，占无效合同案件的 0.92%。

4. 合同标的物违法的

指发包人未取得建设用地使用权证、建设用地规划许可证和建设工程规划许可证，与承包人签订的建设工程施工合同无效。217 件合同无效案件中，因违反办理相关规划许可证要求被认定无效的案件共 17 件，占无效合同案件的 7.83%。

5. 合同内容违法的

主要指转包或者违法分包订立的合同。217 件合同无效案件中，因转包、违法分包被认定为无效的案件共 87 件，占无效合同案件的 40%，其中转包 47 件，违法分包 40 件。

从上述实证数据可以看出，尽管最高人民法院在司法解释中已经对违反强制性规定导致合同无效的情形进行了限缩，但司法实务中，31% 的合同无效比例仍然相当高，并未达到最高法院"尽量维护合同效力，维护建筑市场正常秩序"[①] 的初衷。

二、建设工程合同无效后果的实证分析

违反强制性规范对合同效力的影响体现于两个层面：一是是否导致合同无效；二是合同无效后的处理问题。从司法实务情况看，在第一个层面，即合同效力认定问题上，据前述实证数据，法院认定建设工程合同无效的比例高达 31%。但吊诡的是，在第二个层面，司法实务中对于无效合同的处理与有效合同基本区别不大，体现在合同无效后，不仅是工程款结算，甚至连违约责任追究，都参照有效合同处理，以致于产生了所谓"无效合同按有效处理"的实务惯例。这一惯例从何而来，实务操作中是如何演变的？其背后的理由是否具有某种合理性和正当性？在法理上又有何值得检讨之处？这些问题都甚值研究。

（一）正本溯源——"无效合同按有效处理"的出处

建设工程施工合同"无效按有效处理"的最初来源是法释〔2004〕14 号。该解释第 2 条规定："建设工程施工合同无效，但建设工程经竣工验收合格，承包人请求参照合同约定支付工程价款的，应予支持。"该条尽管表述了"参照"二字，以示合同无效与有效的区别，但在实际效果上，至少对于工程款的结算，无效合同与有效合同的处理完全一致。至 2011 年最高人民法院下发的《全国民事审判工作会议纪要》中，又规定以低于成本价中标的建设工程施工合同无效，但合同无效后对于工程款的结算仍然依据法释〔2004〕14 号

---

① 最高人民法院民事审判第一庭编著：《最高人民法院建设工程施工合同司法解释的理解与适用》，人民法院出版社 2004 年版，第 8 页。

规定即参照合同约定处理。那么，最高人民法院为什么主张对于无效合同的工程款结算要参照有效合同执行呢？据起草人的观点，主要有以下四点理由：

1. 对规范目的的考量

《建筑法》及相关行政法规范，均将工程质量作为立法的出发点和主要目的，而只要建设工程经竣工验收合格后，认定合同无效或有效对于《建筑法》规范目的的实现已无根本区别。

2. 有利于平衡当事人利益关系

尽管在合同无效的前提下参照合同约定支付工程款，与法理和现行法有关无效合同的处理原则不符合，但这种处理方式有利于平衡当事人之间的利益关系。

3. 有利于便捷解决纠纷

合同无效，如果按照工程造价成本由发包人补偿承包人，无论是按照工程定额或者建设行政主管部门发布的市场价格信息作为计价标准计算工程的造价成本，都需要委托鉴定，势必增加当事人的诉讼成本，扩大当事人的损失，不利于及时审结案件。

4. 容易滋长背信行为

由于我国建筑市场属于发包人市场，发包人在签订合同时常常把工程款压得低于工程定额标准和市场价格信息标准，如果合同无效后采用折价补偿，结果可能反而远超合同价格，就可能诱使承包人恶意主张合同无效，以达到获取高于合同约定工程款的目的。①

（二）实务演变——"无效合同按有效处理"的范围扩张

从文义解释看，法释〔2004〕14号第2条对无效合同参照有效合同处理的范围存在若干限制条件：一是工程质量必须合格，或在修复后达到合格标准；二是必须是已完工的工程，否则无法"经竣工验收合格"；三是参照有效合同处理仅限于工程款的结算，而并未涉及合同无效后的其他问题。但是在实务中，无效合同参照有效合同处理的范围被进一步扩张：

---

① 最高人民法院民事审判第一庭编著：《最高人民法院建设工程施工合同司法解释的理解与适用》，人民法院出版社2004年版，第33~39页。

1. 从竣工工程向未竣工工程扩张

虽然法释〔2004〕14号第2条规定的情形仅是经竣工验收合格的工程，但是对于未完工的所谓"半拉子"工程，承包人同样付出了相应劳务及材料等成本，其折价补偿的原理与已完工工程并无不同。因此，司法实务中均一体对待，对无效合同中未完工工程的工程款结算同样参照合同约定支付。

2. 从工程款结算向违约责任承担扩张

建设工程施工合同无效后，对于工程质量存在瑕疵或者工期迟延的，能否请求当事人按照合同约定承担违约责任？若按一般法理，合同无效后则不应存在违约责任的承担问题，但事实上，建设工程司法实务中往往仍参照合同约定来处理。如浙江高院民事审判第一庭《关于审理建设工程施工合同纠纷案件若干疑难问题的解答》第20条规定："建设工程施工合同无效，不影响发包人按合同约定、承包人出具的质量保修书或法律法规的规定，请求承包人承担工程质量责任。"广东高院2006年《建设工程意见》第3条规定："建设工程施工合同无效，但按照法释〔2004〕14号第2条的规定可参照合同约定，如承包人存在延期完工或者发包人存在延期支付工程款的情形，当事人应参照合同约定赔偿对方因此造成的损失。"

3. 无效合同的承包人亦可享有优先受偿权

建设工程施工合同无效后，承包人是否享有建设工程价款优先受偿权？实务中存在两种观点。否定说认为，建设工程价款优先受偿权在性质上类似于抵押权，根据《担保法》第5条的规定，担保合同是主合同的从合同，主合同无效，担保合同亦无效。因此，无效合同的承包人请求对建设工程行使优先受偿权的，应当不予支持。肯定说则认为，设置建设工程价款优先受偿权主要考虑到承包人的劳动已经物化到建筑物中，只要发包人不能按照约定支付工程款的，即应赋予承包人优先受偿的权利。建设工程施工合同无效，但工程经竣工验收合格的，根据法释〔2004〕14号第2条的规定，仍可参照合同约定支付工程款。由于建设工程价款优先受偿权的基础权利源于工程款债权，在工程款仍应支付、工程款债务仍需清偿的情况下，建设工程价款优先受偿权亦应支持。这既符合建设工程价款优先受偿权制度设计的目的，也考虑到承包人的人力、物力、财力已经物化于建筑工程的实际情况，应尽可能保护该种权利。①

4. 管理费收缴问题

根据法释〔2004〕14 号第 4 条的规定，转包、违法分包合同以及挂靠资质的建设工程施工合同无效，法院可以收缴当事人已经取得的非法所得。但司法实务中对于管理费是否收缴的裁判尺度很不统一，存在肯定说、否定说和折衷说三种观点。肯定说认为管理费属于违法所得，应当追缴。否定说认为，管理费属于工程造价的组成部分之一，既然合同无效仍可参照合同约定支付工程款，则收缴管理费与法释〔2004〕14 号第 2 条之间存在矛盾，因此不应收缴。折衷说则认为，管理费是否收缴应当根据合同实际履行情况确定，如果承包人或者出借资质方实际履行了管理行为、付出了管理成本的，则应当享有管理费；如其没有实际履行管理行为的，则不应享有管理费，管理费已经支付的，亦应追缴。

尽管存在上述分歧观点，但从最高人民法院的态度和各地法院的判决倾向看，明显呈现出从司法解释出台之初的原则上收缴逐步向原则上不收缴过渡的趋势。例如在胡俊雄与湖北建筑工程有限公司建设工程合同纠纷案再审判决（〔2014〕民抗字第 10 号）中，最高人民检察院抗诉认为，收缴或者没收非法转包、违法分包的非法所得，充分体现了法律对非法转包、违法分包行为的否定性评价，立法目的在于规范建筑业市场，保证建筑工程质量，进而保证人民群众生命、财产安全。具体到本案，中民建公司依据无效的《设备租赁合同书》取得的 105 万元管理费，系违法分包所得，是典型的非法所得，无论是判归中民建公司还是返还胡俊雄，都没有法律依据，应当予以收缴。最高法院再审则认为，对建设工程施工合同中的民事违法行为是否惩罚应根据案件实际情况及当事人违法情节而定，不能因为适用惩罚措施而导致当事人利益严重失衡。本案中，如果将 105 万元管理费予以收缴，则胡俊雄仅得 525 万元劳务费，与其付出的劳动不相符，遂未支持追缴管理费的抗诉理由。

三、对实务观点的评述

从上述实务情况的梳理可以看出，最高人民法院在 2004 年制定法释

---

① 李后龙、潘军锋：《建设工程价款优先受偿权审判疑难问题研究》，载《法律适用》2016 年第 10 期。

〔2004〕14号时已经认识到建筑工程领域强制性规范过多的实际状况,从而通过效力性与管理性强制规范的区分尽可能缩小合同无效的范围。但尽管如此,根据法释〔2004〕14号的界定标准,合同无效的比例依然过高,在这种情况下,司法解释和实务中又不得不通过所谓"无效合同按有效处理"的办法,不断缓和合同被认定无效后的处理效果。但是这样的裁判规则使实务中的裁判尺度不统一,而且因其不可避免地与合同法规则体系的内在逻辑矛盾,造成实务中争议较多。主要问题体现在:一是无效事由过于宽泛。尽管最高人民法院司法解释通过效力性规范与管理性规范的区分试图扩大合同自治的范围,但是对建设工程合同而言,无效事由仍然过宽。很多在其他国家不视为影响合同效力问题的事由(如转包等),在我国大部分都被认定合同无效。二是效力性与管理性规范的识别标准不清晰。实务中涉及建设工程施工合同效力认定的裁判文书对于效力性强制规定或管理性强制规定的区分与认定理由,大多语焉不详,基本是简单引用司法解释对无效事由的规定或采用空洞的公式推论,让人无法意会究竟参酌了哪些因素,各自给予何种评价,以致无法提炼出统一的效力性强制规定识别标准。三是违反效力性规范的法律后果有些僵硬而机械。司法解释和实务对于建设工程施工合同违反强制性规范的,至多只是在效力性强制规定或者管理性强制规定的二分论上作文章,而一旦界定为效力性强制规定的,违反的法律后果只有合同无效一种,适用弹性不足。即使是最新的《民法总则》第153条规定:"违反法律、行政法规的强制性规定的民事法律行为无效,但是该强制性规定不导致该民事法律行为无效的除外",仍然没有给合同效力认定留下宽泛的缓冲地带,导致实践中只能通过"无效合同按有效处理"的方式缓和无效认定的极端后果,但这样的变通处理终究缺乏法律依据和法理基础。而综观德国民法和我国台湾地区"民法",由于多了"但可从法律中得出其他效果者,不在此限"的弹性规定,可使法官根据个案具体情形,权衡管制和自治的法益去作一些中间的决定,如一部无效、相对无效、可撤销等,显然更利于法益平衡。因此,在我国《合同法》的修法过程中,也有必要慎重研究在合同有效和无效之间,对合同关系是否有更缓和的处理办法,比如,合同无效是否须一律溯及到订立合同时?对于合同已经履行或者部分履行的,是否有认定有效的可能?对于合同无效后的处理,是否存在意思自治的空间,如双方在工程竣工后已就工程款的结算达成了协议,一方当事人反悔,如

果法院认定合同无效,当事人的结算协议是否也只能认定无效?又如当事人签订"黑白合同"的情形下,双方在工程竣工后已按照"黑合同"约定达成了结算协议,法院是否仍应按照"白合同"确定工程价款?

综上,对我国关于建设工程施工合同案件效力问题的司法实践进行梳理后,不难发现现实案例中充满了与现行合同法规则及法理不协调、逻辑不周延的判决。那么,当司法实务的裁判标准与合同法的一般规则或教义产生背离时,需要改变的究竟是判决还是法律?笔者认为,司法的主要任务之一是解决现实生活中的纠纷,而现实是不会完全按照法教义学的逻辑和学理来呈现自身的,其中必然充满各种因素的复杂交织。当司法与法教义学的一般原理与规则产生矛盾时,不应简单地否定或视而不见,而是应当努力站在法官的立场来理解他们看似在理论上不完善、在逻辑上不周延的判决,并回归更一般化的理论思考,尽可能为司法实践提供更厚实的理论营养。下文即尝试从关系合同理论视角出发,综合运用法教义学和社科法学等方法对建设工程合同效力问题进行更加深入而细微的研究,以期对实务发展有所裨益。

第二节 关系合同视角下关于合同效力问题的理论反思

一、管制与自治关系的历史比较考察

(一)西方国家管制与自治关系的发展脉络

强制性规范是否影响私法上合同的效力,其背后隐藏的深层次问题是如何看待公法与私法、管制与自治的关系。从西方国家管制与自治关系的发展脉络看,可以分为从二元分立到交错拉锯的两个阶段。

1. 管制与自治的二元分立阶段

据祁克(Gierke)的考察,整个中世纪都未认识公法和私法的观念上的区别,一切人与人间的关系,"从邻近者间的交易关系到至王与国民间的忠诚关系,都被视为可包括于一个相同的单一种类的法里"。[①] 公法和私法的区别,实是现代法治国家在政治国家与市民社会相分离的观念产物。私法作为规范市民社会中私人主体相互间社会生活关系的法,其立法着眼点是个人相互间的权

---

① [日]美浓部达吉:《公法和私法》,中国政法大学出版社2003年版,第2页。

利义务关系；而公法规范的是国家与公民之间的关系，即使涉及个人相互间的社会生活，其立法着眼点也并不在于个人间的权利义务关系，而是在于对私法关系保护与监督作用的发挥。此阶段公法中强制性规范与私法上合同效力的关系主要体现是两点：一是奉行私法自治的原则下，公法管制与私法自治的界限分明，公法介入私法的强制性规范很少；二是公法上的强制性规范原则上并不必然影响私法上的合同效力。即使存在少量规制私法上合同关系的强制性规范，基于公私法二分论，违反公法上强制性规范的后果系违反对国家的义务，其后果只是要受到行政制裁，并不影响私法上合同的效力。至于私法上的效果如何，仍需从私法自身的规范要求去观察，即判断该法律行为是否以违反公共秩序及善良风俗为内容，只有在此限度内，公法上的强制性规范方能间接影响于私法上的效果。① 在此基础上，学理上将公法上的强制性规范区分为取缔性规范和效力性规范，其中，违反取缔性规范并不违反合同效力，只有违反效力性规范方可导致合同无效的后果。通过这样的区分技术将效力性规范限缩在最小的范围内，换言之，在国家与社会相分离的观念下，公法与私法相互独立存在，并且以两种截然不同的方式分别发挥其机能，只在最小的限度内承诺公法对私法的限制。换言之，即"私法的世界里，公法不得入内"。②

2. 管制与自治的交错拉锯阶段

随着20世纪以来社会福利思潮的发展，公法对于合同自由的限制和干预日益扩张。国家出于各种限制目的而制定的强制性规范越来越多，有的是为了调节市场价格，维护市场秩序；有的是为了维持商品质量，防止粗制滥造；有的是为了保护作为合同交易外第三方或社会大众的利益；有的是为了调和交易双方，保护弱势一方的正当利益等等，不一而足。但不论目的为何，都是与自由放任主义相反的，以国家权力对合同自由进行限制和干预，把私法上的合同关系加入更多公法上的要素。③

在这种社会背景下，公法与私法从二元分立逐步过渡过多元交错的关系，公法上强制性规范的扩张给管制与自治的调和带来了更加复杂的课题，如果仍然固守公法与私法相分离的原则，认为对于违反国家基于特定政策考虑所作的

---

① ［日］美浓部达吉：《公法和私法》，中国政法大学出版社2003年版，第144页。
② 解亘：《论违反强制性规定契约之效力》，载《中外法学》2003年第1期。
③ ［日］美浓部达吉：《公法和私法》，中国政法大学出版社2003年版，第245页。

经济立法或宏观调控，只应依相关公法发生诸如罚款、吊销执照之类的制裁效果，而对民事合同效力完全不受影响，甚至还可以请求法院强制执行因违法行为所生的合同权利，必然会对国家法制产生"左手打右手"的评价矛盾，且不利于国家政策的贯彻。但另一方面，民事法律关系如果过多受到公法的影响，动辄因违反公法性规范而导致合同无效，又可能使市场功能无法发挥，甚至瓦解了市场经济所倚赖的系统信任。① 违法行为效力论面临两面作战的挑战：一方面，面对福利国家的思潮，不能再维持以往二分论基础上公私法"井水不犯河水"的思维方式，而是有必要以否定合同效力的方式辅助公法上管制性目标之达成；另一方面，自由主义、市场主义的复兴思潮又要求维护合同拘束力和意思自治原则，以抵御权力对私法领域的侵入。由此，管制与自治之间呈现出交错拉锯的紧张局面，对于究竟哪些是私领域不容退让的核心地带成为争执的焦点；此外在法技术上，"哪些"公法规范应当通过"何种方式"，在"何种程度"产生私法效应，以及在具体适用中如何区分和判断取缔性规范和效力性规范等，都存在巨大的争议。

（二）我国管制与自治关系的发展脉络

值得注意的是，我国公法与私法发展的脉络与西方国家恰好背道而驰。西方国家是在自由主义的私法传统中受福利思潮的影响逐步扩张干预性的立法，而我国是在计划经济背景下逐步"回填"市场自治的私法性规范。从《民法通则》《合同法》到《民法总则》的立法过程以及司法实务发展，清晰地展现了我国从计划经济向市场经济的转型、公法与私法逐步分离的过程，公法对私法效力的影响程度也呈现出由强向弱的趋势。

关于公法规范对合同效力的影响，在《民法通则》第55条中的规定是"违反法律"的合同无效。此时尚不存在公法与私法相分离的观念，也不存在取缔性规范与效力性规范之分，违法即导致无效，由此可以看到公法规范对合同效力的强大影响，可称之为"公法优先主义"。

至《合同法》起草时，正是我国向市场经济转型的关键时期，由于"在司法实践中往往对'法律'二字做过宽解释，因而严重影响了合同当事人的

---

① 苏永钦：《寻找新民法》，北京大学出版社2012年版，第55页。

民事权利，影响了交易"，[①] 为了维护合同效力，鼓励交易，《合同法》第52条第5项规定"违反法律、行政法规的强制性规定"的合同无效，从两个方面对《民法通则》第55条中的"法律"进行限制，体现国家对合同自由干预范围的缩小和干预程度的减弱。具体体现在两个方面：一是从规范位阶上将广义的"法律"限缩为"法律和行政法规"；二是对法律规范的性质区分为强制性规范和任意性规范，并将合同无效的事由限缩为违反强制性规范。

尽管《合同法》对导致合同无效的法律规范进行了限缩，但仍未解决实践中大量合同无效影响交易秩序的状况。彼时，关于效力性强制规范和管理性规范的区分研究开始由学界从德国、日本和我国台湾地区引进，对其本土化研究也逐渐深入，在此基础上，最高人民法院2009年《关于适用〈中华人民共和国合同法〉若干问题的解释（二）》又进一步将强制性规定限缩为"效力性强制性规定"，从而明确排除了管理性强制规定。[②] 2009年《最高人民法院关于当前形势下审理民商事合同纠纷案件若干问题的指导意见》第16条对强制性规范的判断标准予以明确，规定如果强制性规范规制的是合同行为本身，换言之，只要该合同行为发生即绝对地损害国家利益或者社会公共利益的，则认定合同无效；如果强制性规定规制的是当事人的"市场准入"资格而非某种类型的合同行为，或者规制的是某种合同的履行行为而非某类合同行为，则应慎重认定其效力。上述理论与实务的发展最终在《民法总则》第153条中得以固定，最终的立法条文表述为：违反法律、行政法规的强制性规定的民事法律行为无效，但是该强制性规定不导致该民事法律行为无效的除外。

上述法律和司法解释的沿革反映出我国法律在制定和实施过程中，总体贯彻了彰显合同自由、减少国家干预的基本思路，从"公法优先主义"逐步走向"公法与私法分离"理论，认为公法上的强制性规范并不必然影响私法上合同效力，并且在法技术上采纳了效力性强制规范和管理性强制规范的二分法。

（三）小结

从西方国家及我国关于强制规范与合同效力的历史发展脉络可以看出，二

[①] 谢怀栻等合著：《合同法原理》，法律出版社2001年版，第120页。
[②] 《最高人民法院关于适用〈中华人民共和国合同法〉若干问题的解释（二）》第14条规定，合同法第52条第（5）项规定的"强制性规定"，是指效力性强制性规定。

者发展路径不同甚至截然相反，但最终都走向了一致的方向，即公法与私法相融合、管制与自治相交错的阶段。当然，受各自不同的发展路径、传统观念、意识形态等多重因素的影响，我国的强制性规范与合同效力关系问题虽与西方一样面临两面作战的挑战，但所面对的特定阶段及具体问题仍然有所差别：一方面，我国的强制性规范仍然太多，公法优先主义依然有较大市场，需要继续强调公法与私法相分离的观念。这一定位在《民法总则》制定过程中已有所体现，如在《民法总则》三审稿第155条中规定，违反法律、行政法规的强制性规定，不无效是原则，无效是例外；而最终立法出台时，变为无效是原则，不无效是例外，条文的修改过程反映了公法优先主义的强大影响力。另一方面，随着现代国家公共福利供给的增加和实质正义的追求，公法与私法相分离的两分论已在走向融合论，私法不能只在自己的话语体系内寻求自治，而是要协力公法达成其规范目的，在此背景下，强制性规范与合同效力的关系问题更加复杂。换言之，我国面临的特殊问题和困难是同时面临现代化与后现代化的问题，既要去除公法优先主义的消极影响，鼓励交易自由；又要适应公、私法相融合的现实发展需要，不能简单地切割管制与自治的边界。在当前的社会背景下，澄清对公法管制与私法自治关系的认识，并在法技术上实现管制与自治的协调共治仍是艰巨的任务。

二、关系合同理论视角下管制与自治的冲突原因与解决对策

（一）冲突原因：个别性交易与社会本体的冲突

关系合同理论认为，私法自治与国家管制之间的紧张关系根植于社会现实中个别性交易与社会本体之间的冲突。古典合同理论建立在个别性交易假设前提下，孤立地看待当事人之间合同关系，将合意与社会完全隔离，强化个人主义和唯意志论的个别性规范，当事人互负义务的效力建立在一致的意思表示基础之上，即以合同主体的自由意志为基础。① 换言之，古典合同法只解决双方当事人之间的权利义务及利益关系，追求当事人各自利益的最大化，而不关注合同外第三人或社会的影响。学界一般将此状态理解为封闭的体系或自给自足的体系，毋须与外界相连也能够解决合同交易体系内的问题。

---

① ［德］托马斯·莱塞尔：《法社会学基本问题》，王亚飞译，法律出版社2014年版，第123页。

与古典合同理论将合同与社会相隔离、公法与公私相隔离的基本思路不同，麦克尼尔认识到，合同的基本根源在社会之中，合同事实上是不可能脱离社会而存在的，其无时无刻不受到社会的影响，同时也在影响着社会。因而，如果把单纯最大限度地追求私益的孤立的个人作为当事人的典型，就会妨碍正确认识合同的本质。[①] 尤其是现代化同时带动了私人领域和公共领域的扩张，随着现代福利国家的管理干预加强，当国家通过公法的扩张为矫正市场缺陷、为总体经济政策的控制、为补偿性的社会政策而对合同关系实施越来越多的规制时，古典合同理论个别化交易假设与社会本体之间的冲突更加凸显，导致公法与私法系统的协调陷入以下两难境界：一方面，国家为了满足来自社会各阶层的、满足社会福利国家目标的要求，制定了越来越多的管制法，试图通过公法管制控制合同的运行，其结果却是破坏了合同系统"固有的逻辑"，甚至导致系统崩溃。例如，在建设工程领域，管制法导致大量的建设工程施工合同无效，已经严重影响到建筑市场健康有序地运转。另一方面，虽然来自公共政策的管制要求被强行植入合同法系统，但由于其最终无法超过合同系统自身固有的选择、过滤机制，结果出现"系统间相互无视"现象。在建设工程施工合同市场实践以及司法实务中，普遍存在的所谓"黑白合同""无效合同按有效处理"等现象实际上都是"系统间相互无视"的具体表现，这种无视已经导致建筑市场的种种弊端积重难返，甚至导致建筑市场的管制和自治的双重秩序面临瘫痪的危险。因此，管制与自治之间的冲突实际上体现了古典合同法个别性规范与社会本体之间的"固有逻辑"冲突。

（二）解决对策：与社会本体的协调规范

现代合同关系使冲突的协调成为越来越普遍而尖锐的问题，因为合同中的个别性方面与社会关系其他方面引致的冲突是不可避免的。正如杰里米·弗兰克法官（Judge Jerome Frank）在一份判决中认为："合同法的很多内容与当事人所考虑的没有任何关系，但包含了基于公共政策考量的规则，当事人经常意想不到这些规则；此种客观视角提示进入合同的自愿行为以与结婚或公共官员

[①] 季卫东：《新社会契约论代译序》，载〔美〕麦克尼尔：《新社会契约论》，雷喜宁、潘勤译，中国政法大学出版社2004年版，第79页。

相同的方式创造了一个法律'关系'或'身份'"。① 在关系性合同中，合同已与国家和社会的政策性判断紧密相连，古典合同法将公私法区分，排斥社会关系因素渗入的理想是不可能实现的。建立在关系合同典型范例基础上，麦克尼尔提出"与社会本体的协调规范"，作为协调合同自治与国家管制冲突的应对之策。

所谓"与社会本体的协调规范"，核心意旨是认为合同法领域不是一个完全由当事人意思自治所规范的封闭的、自足的领域，它需要处理与社会紧密相关的公法问题、公共政策问题、价值取向问题等。但是，麦克尼尔并不赞成公法对合同进行直接的外部干预，在他看来，这种外部干预面临的困难是巨大的，其成效是有限的，并且可能产生预期之外的，常常是人们不希望看到的副作用。② 因此，麦克尼尔的"与社会本体的协调规范"，仍然是建立在尊重合同自治基础上的、将合同与社会之间"隔离墙"贯通的方法，这种冲突协调规范主要包括两个方面：一方面，强调通过契约的内在团结规范，反对彻底的利己主义行为，来解决合同原子化带来的与社会本体不协调的各种问题。从这一角度看，关系合同理论与共同体主义思潮存在密切关联。共同体主义认为，人的主体性不仅表现为选择的自由和能力，而且表现为对于选择目标的自觉和反思，以避免选择的恣意性。③ 因此，关系合同理论的理想境界是在作为合同自由的基础选择中注入反思理性，使合同行为在自由选择的同时排除恣意性，从借此摆脱古典合同理论的困境。④ 另一方面，关系合同理论将合同关系放在社会的背景之下审视，强调合同法既要保护当事人的合意、尊重当事人合理、体现合同法作为私法自治法的品性；同时又要将当事人的行为纳入当事人意志之外的评价因素，体现合同法规制法的地位和功能。合同法具有规制功能，无论是在合同效力规定、合同解释规则、合同漏洞弥补上都可能引致某些公法性规定，如国家的强制性规范。因此，关系合同理论并不公开批判公私法区分理论，而是强调二者的接轨。按照麦克尼尔的理解："古典合同法——分立性合

---

① Zell v. American Seeting Co, 138 F. 2d 641 (1943).
② [美] 麦克尼尔：《新社会契约论》，雷喜宁、潘勤译，中国政法大学出版社 2004 年版，第 83 页。
③ [美] 麦克尼尔：《新社会契约论》，雷喜宁、潘勤译，中国政法大学出版社 2004 年版，第 79 页。
④ 季卫东：《新社会契约论代译序》，载 [美] 麦克尼尔：《新社会契约论》，雷喜宁、潘勤译，中国政法大学出版社 2004 年版，第 79 页。

同法，百分之百有存在/不存在同意的法律——是一个完全的和封闭的智识结构。此封闭的结构没有为其他世界提供出口。尤其是，古典合同提供的封闭结构在面临关键问题时保持沉默。"① 在实践中，更为可行的体现上述思想的技术是增加一些一般性条款和转介规范，这些规范可以为法院或仲裁机构在案件审理时提供一定的自由裁量权，同时也可以通过转介规范直接关联到若干公法性规定，使合同法保持在认知上的开放性和对现实社会的适应性。② 在这一意义上，麦克尼尔的"与社会本体的协调规范"与台湾地区学者苏永钦主张的转介条款的合同法解释理论产生了理论上的共通性和关联性，更为转介条款解释理论提供了法社会学上的论证理由。

(三) 概括条款：关系合同内在规范的实定法提升

麦克尼尔提出的关系合同理论，从本质上说还只是从法社会学角度的宏观社会理论，还难以称之为实定法合同法理论；其提出的"与社会本体的协调规范"也只是通过社会现实观察获得的内在规范，并且其内容过于驳杂且抽象晦涩，很难成为合同法的法源应用于司法实务。如何将"与社会本体的协调规范"有效的连接合同法实务，将其向合同法实务和实定合同法转换，尚需通过一定的法解释技术。如前所述，麦克尼尔的"与社会本体的协调规范"与台湾地区学者苏永钦主张的转介条款解释理论存在理论上的共通性和关联性，而民法中的概括条款作为公私法接轨技术也可以视为关系合同理论内在规范向实定法提升的管道。

苏永钦认为，合同法在意思自治的层面以外，还要建立自治与管制的接口，也就是使合同法的自治规范与公法体系内的管制规范可以调和、并进，而不是相互反扞格，间接也辅助管制目的达成。③ 公私法接轨的法技术层面，主要要解决公法管制规定，如何与私法衔接、与意思自治相互协调的问题。他主张在合同法系统内部构筑沟通外部世界的法律模型，即转介条款，并利用这一模型装置去把握外部世界，实现与公法系统的结构耦合。民法上的转介条款

---

① Macneil, Ian R. Reflection on relational contract theory after a neo-classical seminar, in Implicit dimensions of contract - discrete, relational and network contracts, edited by David Cambell, Hugh Collions and Hohn Wightman, Hart Publishing, 2003, pp. 210.
② 孙良国：《关系契约理论导论》，科学出版社 2008 年版，第 103 页。
③ 苏永钦：《寻找新民法》，北京大学出版社 2012 版，第 54 页。

即属于充当协调合同与社会本体冲突的模型装置。通过这一模型装置，合同法可以使公法的外在管制要求在私法系统内部获得重新理解和意义构筑，既高度维持私法系统内部规范上的闭合性要求，又保持私法系统在认知上的开放性和对现实社会的适应性，从而使私法系统能够发挥应有的政策调整功能。换言之，公法的强制性规范并不能依照公法优先主义当然进入私法领域否定合同的效力，私法上当事人之间的个人合意同样也不享有无节制的优先权，公法的强制性规范是否影响合同的效力、影响到何种程度均需要在合同与社会互动的层面具体衡量，并借助一般条款的解释转介到私法系统中。由此，概括条款被用来使合同的期待结构对多样化的非合意社会控制机制的依赖性清晰可见，并在合同内部协调这些机制，对立的社会要求和利益冲突被从不同层面向合同关系提出来——从合同当事人的互动层面、市场和组织的制度层面，以及从政治、经济、法律之间相互影响的整个社会层面。协调这些要求，表明了概括条款具体的任务。①

三、概括条款适用中的理论问题

《民法总则》第 153 条规定："违反法律、行政法规的强制性规定的民事法律行为无效，但是该强制性规定不导致该民事法律行为无效的除外。违背公序良俗的民事法律行为无效。"该规定即沟通公法管制与意思自治之间的转介条款。所谓"转介"，既不是通过"接纳"，也不是通过"隔绝"来把握，而是被理解为依据一定的转换规则，也就是依据一定的私法系统自身的选择标准，将社会科学知识从公法强制性规范的公共政策"转换"到私法中的合同效力问题。② 但尚未解决的问题是，转介条款作为一个转换规则，其适用已经超出了文义、概念、体系等合同法教义学上的规范内涵，进入社科法学的广阔空间，这很有可能导致转介条款适用的高度不确定性。这也是导致苏永钦所言对于如何界定效力性规定和管理性规定最终都落入以问答问的空洞推论的原因。在这种情况下，如何把握《民法总则》第 153 条的转介条款，使其在适

---

① ［德］贡塔·依托布纳：《魔阵·剥削·异化——依托布纳法律社会学文集》，泮伟江、高鸿钧等译，清华大学出版社 2012 年版，第 310 页。

② ［德］贡塔·依托布纳：《魔阵·剥削·异化——依托布纳法律社会学文集》，泮伟江、高鸿钧等译，清华大学出版社 2012 年版，第 314 页。

用中保持一定的稳定性,避免法官的恣意裁量,还需作更加精细化的研究。

(一)厘清强制性规定与公序良俗原则的关系

我国《民法总则》第 155 条既规定了违反强制性规定的合同无效,也规定了违背公序良俗的合同无效,二者之间的关系尚待厘清。从文义上看,强制性规定条款和公序良俗条款之间的区别似乎一目了然,即违反强制性规定的行为是对某个公法上强制性规定的明确违反行为,公法上依据该强制性规定对行为进行规制时,并不需要考量其是否违背公序良俗;而公序良俗是指一个国家和社会的公共秩序要求和普遍的道德观念,这种公序良俗有时会被纳入公法上的强制性规定,但通常只是存在于社会与人民的一般观念中。但强制性规范和公序良俗原则也存在以下共性,即:第一,二者都具有强行法的特征,当事人不能通过约定排除强制规范的内容或公序良俗的内容。① 第二,二者都具有转介条款的功能。强制性规定条款中,当事人所违反的是某个公法中的具体规范,而不是民法中的该强制性条款本身。该强制性规定条款所起到的是转换规则的作用,即将违反公法上强制性规定的行为转换为私法上对合同效力的评价。公序良俗条款通常不用作为某一公法强制性规范的转换规则,但仍然不排除在某些情形下需要发挥转介条款的功能。如某一行为并未违反公法上法律或行政法规的强制性规定,但是违反了某个行政规章的规定,则该行为仍有可能因违反公序良俗而无效。第三,二者在理论上都属于概括条款。不论是强制性规定条款还是公序良俗条款,法官在适用时都不能简单地直接适用,而是要进行价值补充的作业。在适用强制性规定条款的转换规则时,法官必须走出法教义学的疆界,进行社科法学的论证和价值补充,方能确定该公法上的强制性规定是否构成私法上的效力性规定,对于私法上的效力能产生何种程度的影响;在适用公序良俗条款时,法官也必须对公序和良俗在某个个案中的具体含义进行论证,方能达致对私法上效力进行评价和判断的目的。

基于强制性规定条款和公序良俗条款的上述区别以及共性特征,在法律适用上形成了二者复杂的交织关系:第一,排除关系。强制性规定在某些情形下应作为特别法优先适用,即在违反公法上强制性规定的行为已有私法上效力的明确规定时,应直接适用强制性规定条款,排除公序良俗条款的适用;第二,

---

① 耿林:《强制规范与合同效力》,中国民主法制出版社 2009 年版,第 110 页。

结合关系。在强制性规定属于效力性规定还是管理性规定不明确时，需要法官结合公序良俗的要求通过价值补充进行综合判断；第三，补充关系。某一行为如只是违反一般的行政规章或部门规章等公共政策的要求，而达不到法律、行政法规的层级，法官此时仍可补充采用公序良俗条款对违反该规章的行为进行价值补充并对其是否导致私法上的合同无效进行裁断。由此，二者之间形成了排除关系、结合关系和补充关系并存的局面，需要在具体适用中根据不同的情况妥当把握。

（二）强化概括条款的法律论证

在适用强制性规定的转介条款时，最困难的问题是：法官如何评价某个公法上的强制性规定是属于效力性规定还是管理性规定？又如何判断该违反行为对私法上效力的影响程度？

对此，传统民法理论的主流观点是建立在利益衡量基础上的"规范目的说"，即在评判某一事实行为是否构成对强制性规范的违反时，法院应当就强制性规范所要保护的法益，如生命、健康、环境、财产、经济自由、总体经济秩序、司法效能等，与法律行为所体现的法益如当事人的合同自由等进行权衡。权衡时应斟酌法益本身的次序和个别被侵害的质与量，并具体评估否定其效力的吓阻效果，考量受保护合同相对人的意思等，来加以综合判断。[1]虽然各国理论界就这一课题做了很多有益的探索，并在解决思路上达成上述基本认识，但是这种综合权衡的结果仍然难免给人产生结果导向和"以问答问"的质疑。如何走出传统民法方法论中关于利益衡量空洞公式的困境，卢曼从法律系统理论的视野提出了基于"利益"的法律论证方法。其与传统的利益衡量论相比，具有以下特点：

第一，利益衡量论是一种单纯的法律解释方法，而基于"利益"的法律论证关系，是法官凭借法律系统的自我参照据点（法院）实施的一项"二阶观察"。卢曼将法律论证与法律解释严格区分开。所谓法律解释，一般指明确适用系争案件的法律文本意思的一项作业。由于不同的行为人自己会基于对文本的不同理解作出不同的法律解释，卢曼称之为"一阶观察"。由于"一阶观察"中的行为人一般处于无"反思"状态下，因此往往无法最终获得统一的

---

[1] 耿林：《强制规范与合同效力》，中国民主法制出版社 2009 年版，第 28 页。

结论。而法律论证强调与行为人的法律解释应保持一段距离，参与法律论证的各方必须在自省中对不同的解释结果实施再观察，卢曼称之为"观察的观察"或"二阶观察"。法官作为处在"二阶观察"层面的法律职业者，只有身处"二阶观察"层面，才能保持法律论证的自省理性。而法院作为法律系统自我观察的重要据点，应当为"二阶观察"提供充分的程序保障和场域条件，才可能消解"一阶观察"形成的理解分歧。

第二，法律论证以"利益"作为认知法律外部性（外部环境）要求的中心要素。换言之，法律系统的外部性（外部环境）在法律论证过程中被援用时，在绝大多数场合下会被当作一项法律上的"利益"被记述，或借用"利益"之名被转化为一种"原则"。例如，在建设工程施工合同效力认定问题上，违反强制招投标规定的行为背后既有发包人、承包人双方的利益，也有国家对国有资产的利益，还涉及其他参与投标人的竞争利益。通过不同利益之间的衡量，可以柔软地应对来自私法系统外部环境的诸多要求，弥补私法系统作为闭合性规范的局限性。

第三，法律论证是基于"利益"背后的"原则"竞争形成的动态系统。传统基于价值判断的利益衡量之结果，具有较大的开放性，很容易唤起人们产生"为什么会这样"的疑问，也难免陷入"以问答问"的困境。而基于"利益"的法律论证则主张通过"利益"与"法律原则"的结合来消解人们对判决理由的质疑。根据动态系统论，将系统中的要素分为"因子"与"原则"。前者代表传统利益衡量中的"事实上的利益"，不带有规范性质；后者代表利益衡量中"法律上的利益"，具有规范的性质。在"事实上的利益"背后，往往潜藏着相互对立的法律原则。它们在法律论证中分别处于不同的层面，作为动态系统的基于"利益"的法律论证以"原则"为基础，由用以衡量其得以实现或受到侵害程度的"因子"构成。据此，法律系统理论实质上是协调诸系统间不同原则相互冲突和竞争关系的理论。这样一来，通过对传统利益衡量论实施法律系统论的转向思考，法官由此获得了针对诸社会系统的固有逻辑、功能要求及指导原则的可视性，进而通过一般条款的解释与适用协调系统间的相互冲突。[①]

[①] 顾祝轩：《民法系统论思维》，法律出版社 2012 年版，第 229~236 页。

（三）进行比例原则的操作

法律论证理论从程序上为公法系统与私法系统之间的相互冲突协调提供一个乱中有序的论证框架，但是仍然可能因其突破形式逻辑的法教义学范畴而导致法律理由论证空洞化的危险。为了防范这一危险，还需要在实体论证方法上引入比例原则的操作。比例原则虽然发轫于行政法，但完全可以拓展到公、私法交叉领域。比例原则是探求公法规范目的以及与合同自由等私法价值进行利益衡量时必不可少的方法论。比例原则由以下三个具体原则构成①：

1. 均衡性原则，即要求法律规制的手段和规范目的保持均衡

问题在于如何判断法规范目的的重要程度，日本学者山本敬三提出了两个一般性的基准：其一是法规本身的基准。管制者选择的法律工具，从法律、行政法规、部门规章、地方规章、一般规范性文件等，在民主正当性、公示程度，乃至民众参与程度上都有不小的差异。以其法律位阶高低、法律的适用范围等，可以作为判断法规目的重要程度的线索。其二是有关社会情事以及社会意识的基准。即法律欲规制的问题在社会上有何种程度的重要性、人们的认识也是判断的线索。②

2. 适合性原则，即要求规制手段必须适合于规范目的的实现

因为即使实现法规的目的具有重大意义，采取否定违法行为效力的解决方案还必须合适于该目的的实现。如果否定合同效力并不能实现规范目的，则应考虑更能实现规制目标的方法。

3. 必要性原则，即所采取的规制手段是目的实现所必不可缺的

根据该原则，如果通过其他的手段也可以实现法规的目的，那么就没有必要否定违反行为的效力。公法的管制性规定中一般都规定了行政上乃至刑事上的制裁，因此，要否定合同效力，就必须满足这样的条件：不否定合同效力就不能实现法规的目的。正如欧洲示范民法典草案的评论所指出，"对上述基本原则的违反不并会使合同自动无效。合同只有在无效是为了使基本原则发生效

---

① 叶名怡：《我国违法合同无效制度的实证研究》，载《法律科学》2015年第6期。
② 转引自解亘：《论违反强制性规定契约之效力——来自日本法的启示》，载《中外法学》2003年第1期。

力时才是无效的"。①

比例原则不仅是确定某个公法上规定是否效力性规定的有效方法,还能作为如何调整合同效力的基准发挥作用。对于合同效力的处理包括两个层面,一是确认公法上的管制性规范是否为效力性规定,决定其是否影响合同效力。二是确认为效力性规定后,再对效力的调整设下第二道调整"幅度"的门槛,即可以"完全有效"和"完全无效"之间作其他的选择。对于效力调整的选择,据苏永钦梳理,在认定单纯无效之外对合同效力的调整方式可达八种之多,即:一部无效、向后无效、相对无效、一方无效、效力未定、得撤销、得终止、转换等。而采用哪一种调整方式,需根据特定事实类型和规范性质,结合比例原则的审查标准据以确定。例如,有一些合同无效后的法律救济,对当事人主张履行请求权是不能支持的,而其他的救济,如不履行的损害赔偿救济则是可以支持的。对于合同效力的两个层面的处理必须与违反的具体情况相适当、成比例。

(四)小结

从前述关于关系合同视角下对合同效力的更一般化层次上的研究可以得出以下几个结论:第一,关系合同理论视角下,基于现代社会的劳动分工高度专业化特点,合同已被深深地嵌入到社会的背景中去,与社会隔绝的、原子化的合同只存在于古典合同理论的假想中。因此,对于合同效力的认定不仅要考虑合同内部当事人之间的关系,也要放到更广阔的社会背景和语境中去考量。第二,为协调合同与社会本体的冲突问题,"与社会本体的协调规范"在合同关系中比起个别性合同获得了新的复杂性和强化的重要性。第三,"与社会本体的协调规范"在实定合同法上的提升管道是通过私法系统的内设装置,即"违反强制性规定条款"的一般条款,将对合同效力有影响的部分效力性规定引入合同法中。第四,强制性规定中效力性与管理性规定的区分只是作为私法系统引入公法系统管制性规定的内设装置,至于二者如何区分,以及效力性规定对合同效力可以产生何种程度的影响,有赖于综合运用法律论证理论和比例原则等社科法学的开放思维,通过法官在海量个案中不断积累和发展新的教义

---

① 欧洲民法典研究组、欧盟现行私法研究组编著:《欧洲私法的原则、定义与示范原则》第Ⅱ-7:301条评论,法律出版社2014年版。

学规则内涵。

第三节 建设工程合同效力规则之重构

本节将在前述对于公法与私法、管制与自治关系一般性理论研究的基础上，运用动态系统论和比例原则等分析工具，对建设工程合同效力问题进行具体化、类型化的研究。

一、违反资质性规定的施工合同效力及法律后果

（一）实务及理论观点梳理

《建筑法》第13条、第14条、第26条规定，建筑企业按照其注册资本、专业技术人员、技术装备和工程业绩等资质条件，划分为不同的资质等级。建筑企业应当在其资质等级许可的业务范围内承揽工程、禁止其超越资质等级承揽工程或者以挂靠其他建筑企业的名义承揽工程。据此，法释〔2004〕14号第1条明确规定以下两种建设工程施工合同无效：（1）承包人未取得建筑施工企业资质或者超越资质等级的；（2）没有资质的实际施工人借用有资质的建筑施工企业名义的（即"挂靠"）。但在合同认定无效后的处理上，法释〔2004〕14号采取了前述"无效按有效处理"的方式。对该解释意见，理论界存在很多争议观点：

1. 有效说

该说认为，建筑资质的规定属于违反资格型权能规范。对于作为市场准入的资格型权能规范，法律要求主体实施某种行为需要取得相应的资质，但法律并不是禁止该种行为发生，而是禁止不具有该种资质或资格的主体进入市场。对该种权能规范的违反，行政机关可以依法进行管理并加以处罚，一般不会对合同效力造成影响。[1] 也有论者认为，即使让挂靠、转包、分包合同有效，国家还可以按照建设工程管理程序从源头上去控制建设工程投资额度、资源消耗以及对环境的不利影响等，而实在没有必要通过否定位于建设项目程序中下游的施工合同的效力，消灭交易来达到行政管理的目的。[2] 还有观点认为，资

---

[1] 许中缘：《论违反公法规定对法律行为效力的影响》，载《法商研究》2011年第1期。
[2] 张建明：《建设施工合同无效制度研究》，西南政法大学2007年博士学位论文。

质、资格类的规范目的，是某些职业和行业的公共服务性和公共利益。就公共服务性来说，其规范保护利益显然没有合同自由的利益重要，因为通过服务的具有对象就是合同一方当事人，国家对特定人员资格或者资质的管理只是为服务需求方更方便地寻找合格的服务者提供一个便利条件。从这个意义上说，全部资格或者资质的要求可以都不构成对合同效力的影响。①

2. 否定说

学界也有很多支持司法解释的无效说观点，如有论者认为，法释〔2004〕14号规定，欠缺施工资质的主体签订的建设工程施工合同无效，规定并非仅仅着眼于对具体个案中对方当事人的保护，相反，更重要的是着眼于对不特定公众（如居住人）的保护，属于关系到不特定人的重大利益的资格类规范，应定性为效力性规范。② 还有观点认为，挂靠的施工合同被认定有效，不仅仅意味着没有资质的施工者可以取得丰厚的本不应该也不可能通过正常途径取得的利润，还意味着建筑市场的无序和混乱未得到司法的否定评价及纠正。③

3. 工程合格有效说

该说主张，建筑企业资质性规范目的主要在于保证建设工程的质量，而在竣工验收合格的情况下仍然判定该建设工程合同无效，实质上与工程质量之间并无关联，而判定无效也将给承包人造成过度的不利益，鼓励发包人的不诚信行为，因而明显违反了比例原则的禁止过度之要求。有鉴于此，上述司法解释第2条规定："建设工程施工合同无效，但建设工程经竣工验收合格，承包人请求参照合同约定支付工程价款的，应予支持"，应视为间接承认了该合同的效力。④ 该说亦可认为是附条件的合同有效说，即以工程竣工验收合格为合同有效的条件。

（二）笔者观点：向后无效说

上述三种理论观点以及最高人民法院的解释意见，笔者认为均有值得检讨之处。结合前述对转介条款的种种参酌因素以及比例原则要求，笔者认为，综

---

① 耿林：《强制规范与合同效力》，中国民主法制出版社2009年版，第298页。
② 叶名怡：《我国违法合同无效制度的实证研究》，载《法律科学》2015年第6期。
③ 周蔚文：《无效合同制度的立法与司法审判探析》，载《深圳大学学报》（人文社会科学版）2006年第23卷第4期。
④ 郑晓剑：《比例原则在民法上的适用及展开》，载《中国法学》2016年第2期。

合考量界定合同效力的多种因素,并结合比例原则分析,对于违反资质性规定的建设工程施工合同应采向后无效说,即对已履行部分毋须恢复原状,而只是对未履行部分排除其效力,当事人不享有履行请求权。理由是:

第一,从必要性原则看,将建筑资质规定界定为效力性规定是维护重大的社会公共利益的必要。《建筑法》对建筑企业资质等级作出禁止性规定的规范目的,在于严格建筑企业进入建筑施工市场的准入条件,以保证建设工程的质量和安全。而对建筑工程质量的把关不仅仅涉及发包人一方的人身和财产安全,更重要的是涉及不特定社会公众人身安全和财产利益保护问题,毫无疑问属于重要的社会公共利益。尤其在我国当前建设工程质量问题频发、合同双方质量意识欠缺以及行政监管乏力的社会背景下,强制执行建筑资质的市场准入要求更为必要。虽然根据《建筑法》以及相关行政法规的规定,对于违反资质的建设施工行为,国家也可以对发包人和承包人采取行政甚至刑事制裁措施,但是,从我国目前对挂靠、转包和违法分包等施工行为的行政查处情况看,由于这些违法行为一般都很隐蔽,在当事人自己不发生争议的情况下,行政机关很难进行事前和事中的查处;而待当事人发生争议后,行政机关又可能因为超过了行政法上的时效而失去了查处机会。因此,对于违反这一禁止性规定的行为,以私法的手段即否认合同效力去辅助公法上规范目的的实现有其必要性。

第二,从适合性原则看,只有通过否认发包人与承包人双方的履行请求权,方能确实有效地贯彻《建筑法》关于建筑资质的禁止性规定。建筑资质规定虽然表面上是对建筑企业的单方规制,似不涉及发包人,但《建筑法》禁止建筑企业无资质或超越资质承揽合同的管制重心,实在于禁止合同双方在承包人无资质的前提下从事交易行为,即:承包人不得在无资质或超越资质的情况下承揽建设工程,相应地,发包人亦不得将工程发包给无资质或低等级资质的承包人施工。因此,只有通过否定合同效力,进而排除双方合同履行请求权,才能实现阻止无资质承接工程或挂靠等违法行为的规范目的。此外,由于该禁止性规范所调整的是客观要件,其规范目的要求绝对无效的后果,该无效后果并不取决于合同当事人的主观态度。同样的,也不能由发包人来决定,以不行使合同撤销权的方式来赋予合同效力,因此,认定违反该禁止性规定的合同为无效合同而不是可撤销合同,具备手段与规制目的的适当性。

第三，从均衡性原则看，对违反资质要求的建设工程合同效力应采取较为缓和的方式，即不发生溯及效力。合同法一般理论认为，合同无效具有当然性、自始性、确定性的效果。因此，合同一旦被认定无效，即应溯及至合同签订时之状态，以恢复原状为原则，即对于因该无效合同取得的财产，应当予以返还；事实上无法返还或者没有必要返还的，应当折价补偿。但是，这在实践中会造成很多不合理性。首先，从管制成本考虑，认定合同自始无效会增加不必要的管制成本。如建设工程合同在履行后因承包人欠缺合法资质而被法院宣告无效，此时承包人已付出的劳务已无法返还，只能对承包人付出的工程造价成本进行折价补偿。而对工程造价成本的折价，只能委托工程造价鉴定，按照工程定额或者建设行政部门发布的市场价格信息进行工程造价成本测算。势必增加不必要的诉讼成本，导致损失扩大，而且不利于及时稳定法律关系。其次，由于现实中当事人约定合同价往往还低于工程定额价，因此，采拆迁补偿的方式可能诱使承包人恶意主张合同无效的不诚信行为，以达到获取高于合同约定工程款的目的。再次，从管制效果看，建筑资质强制性规定的规范目的主要是保证工程质量，防止不具备资质的建筑企业进入市场。而如果合同已经履行或部分履行，无论已履行部分的工程质量是否合格，都已无法通过认定合同溯及性地无效而得以回转。此时，只需认定合同向后无效，使当事人无法获得履行请求权即可实现该规范目的，如果一律认定合同自始无效明显违背适当性、合比例的原则。

综上，笔者认为，违反建筑资质强制性规定的建设工程合同应为向后无效合同。至于学界有观点提出工程合格有效说，虽然也是一种对合同效力的缓和措施，但该解决方法不尽合理。因为对于部分履行建设工程合同的未完工工程，是无法作出是否合格的结论的，此时则无法采工程合格有效说予以处理。事实上，法释〔2004〕14号第2条看似以工程竣工验收合格为"按有效合同处理"的条件，但结合该解释第3条的规定①可以看出，即使对于未完工或完工后验收不合格的工程，发包人仍可行使基于有效合同的修复请求权，承包人

---

① 法释〔2004〕14号第3条规定：建设工程施工合同无效，且建设工程经竣工验收不合格的，按照以下情形分别处理：（1）修复后的建设工程经竣工验收合格，发包人请求承包人承担修复费用的，应予支持；（2）修复后的建设工程经竣工验收不合格，承包人请求支付工程价款的，不予支持。因建设工程不合格造成的损失，发包人有过错的，也应承担相应的民事责任。

亦可行使修复后的工程款请求权。因此，该解释实质上亦采取了向后无效的处理方法。

在明确违反建筑资质强制性规定的建设工程合同属于向后无效合同后，对于实践中长期争论不休的"除了工程款外，哪些条款还能按有效合同处理"的问题也就迎刃而解。由于合同无效的认定不具有溯及力，因此，对于已履行的部分，当事人除了可以行使工程款请求权外，对于保修责任、工期迟延损害赔偿、窝工损失等，亦可按照合同约定处理。只是需要注意的是，当事人所能主张的违约损害赔偿，应当仅限于当事人的消极利益损失，而不应扩展至积极利益或期待利益损失，因为损害赔偿的目的在于使受损害方恢复合同订立之初的状态，而不是使其获得合同完全履行后的期待利益。

（三）立法论层面的解决之道

以上是从解释论层面对违反资质强制规定的合同效力作出的解释结论，对该问题还应从立法论层面加以更深入的反思。从法政策角度看，目前我国建筑领域的资质管理存在明显的事前管制过严、事后监督不力的缺陷，前者导致公法对合同自治领域的过度干预，后者则导致公法监管效果乏力，不得不更多依赖于私法协力。要解决这一问题，必须大幅减少不必要的建筑资质认定，简化建筑企业资质类别和等级设置，能交给市场去调整的即不必设定资质行政许可，如此可扩大合同自治的空间，亦可降低法官对效力性资质规定的甄别难度。同时，健全信用体系建设，加强事中事后监管，当行政监管逐步到位后，对资质管理的要求即可逐步放宽。如国务院办公厅《关于促进建筑业持续健康发展的意见》（国办发〔2017〕19号）指出，选择部分地区开展试点，对信用良好、具有相关专业技术能力、能够提供足额担保的企业，在其资质类别内放宽承揽业务范围限制。如按该政策理解，资质性规定未来亦可能向管理性规定转向。

二、合同转包或违法分包的施工合同效力及法律后果

（一）转包与挂靠的关系

挂靠与转包均是建筑工程领域中常见的违法行为，从理论上讲，二者存在明显区别：（1）合同性质有所不同。转包情形下存在两个建设工程合同，一

是发包人与承包人之间的建设工程合同（简称"承包合同"）；二是承包人与转包人之间的建设工程合同（简称"转包合同"）。而挂靠情形下只有一个建设工程合同，即发包人与被挂靠人之间的建设工程合同，至于挂靠人与被挂靠人之间只有关于借用资质的合同，而并没有建设工程合同关系。（2）民法上法律后果不同。根据法释〔2004〕14号第4条的规定，转包情形下承包人与转包人之间的非法转包、违法分包合同无效，但发包人与承包人之间的承包合同仍有效；而挂靠情形下不仅挂靠人与被挂靠人之间的借用资质合同无效，并且发包人与以被挂靠人名义签订的建设工程合同也无效。（3）行政制裁后果不同。依据《建筑法》《建设工程质量管理条例》相关规定，行政部门对认定有转包、违法分包行为的施工单位，可以没收违法所得，并处工程合同价款0.5%以上1%以下的罚款；可以责令停业整顿，降低资质等级；情节严重的，吊销资质证书。而对向他人出借资质的施工单位，则是没收违法所得，并处工程合同价款2%以上4%以下的罚款；可以责令停业整顿，降低资质等级；情节严重的，吊销资质证书。从上述罚款比例可以看出，挂靠被认为是较转包更加严重的违法行为。

尽管挂靠与转包在理论上存在上述区别，但在实践中并不容易判断，原因在于二者外观上的相似性：（1）主体的相似性，即都存在名义上的承包人和实际施工人。（2）合同文本都具有隐蔽性。由于转包和挂靠都属法律明文禁止的行为，当事人一般不会签订书面合同，即使有合同，基本也都被包装成合法的"内部承包关系"，很难进行实质判断和区分。（3）履行方式相同。不论是转包还是挂靠，工程都由实际施工人负责，名义上的承包人并不参与工程管理与施工。（4）利润获取方式相同。虽然转包情形下承包人的利润通过承包合同与转包合同的差价实现，而挂靠情形下被挂靠人的利润通过诸如管理费等名目实现，但二者往往均表现为工程价款的固定比例。（5）转包人和被挂靠人大都不具备资质条件。虽然转包的认定不以接受转包方没有相应资质为条件，但事实上在大部分转包情形下，实际施工人和挂靠人的情形一样，都是没有相应资质的。正因为此，接受转包的实际施工人实际上也是挂靠在承包人名下，以承包人名义进行施工。

由于挂靠合同与转包合同无论在公法后果还是私法后果上均有重大区别，实务中处理相关争议首要对合同性质进行界定，但是因为存在上述各方面外观上相似性，导致事实上要区分二者又显得非常困难，各地法院的案例对挂靠与转包进行区分的标准也极其混乱。对该问题，实务中研究的重点一直在于如何建立一个科学直观、易于判断的挂靠与转包区分标准。如住建部 2014 年《建设工程施工转包违法分包等违法行为认定查处管理办法（试行）》对非法转包行为列出了 7 项界定标准，对挂靠行为列出了 8 项界定标准。但细究这些标准，存在大量的重合、交叉和模糊之处，并不足以真正划定挂靠与转包的边界。由此，笔者认为，我们真正需要解决的不是强人所难地区分挂靠与转包行为，而是要反思禁止挂靠与转包行为的规范目的是什么？基于其规范目的，是否有必要对挂靠与转包行为赋予不同的公法或私法法律后果？如何有必要，又应当如何区分？

（二）禁止转包规范的比较法考察

转包，在私法体系中对应的法律概念应为第三人履行债务。因建设工程合同属于服务合同中的一种类型，从比较法上看，对于建筑工程中的转包行为是否为法律所禁止一般放在服务合同中予以整体考量。以下是对于欧洲各国关于服务合同中转包规制的法律比较：

在英国，对于是否能够通过委托分包人来履行服务合同取决于从如下因素中所作出的正确的判断：合同本身、合同标的以及其他相关的重要环境因素。根据具体情况的不同，合同义务可能具有高度的人身性，因此不能交由分包人履行。而对于建筑服务，合同范本可能会对服务提供方分包的自由作出限制。

在法国，对于服务提供方能否将服务的履行分包出去这个问题是由《法国民法典》第 1237 条的一般性规则予以解答的：如果债务人的亲自履行与债权人的利益相关，那么未经债权人同意，债务人不得进行分包。所以双方当事人对具体意图，尤其是人身性显得尤为重要。

在德国，对于服务合同，服务提供方必须亲自履行（《德国民法典》第 613 条）。而对于承揽合同则不存在类似的规定。而在建设服务中，合同范本要求服务提供方在分包之前取得顾客的同意。基本规则是，对于托付给分包商完成的服务，服务提供方仍然需要对顾客负责。

在比利时，如果当事人缔结的是承揽合同，只要双方当事人的意图并不反对，那么服务提供方可以将服务分包出去。而双方当事人的意图是什么则取决于具体的情况，尤其是身份性的程度，委托给分包商的那部分服务的性质，以及分包商的能力。对于分包商履行的那部分服务提供方仍需承担责任。①

从上述国家关于服务合同中关于转包的规定可以得出以下较为一致的观点：第一，对于服务合同能否转包给第三人履行，主要看合同义务的人身性强度。与提供服务人的人身性紧密相关、对提供服务人的能力要求高的，原则上要求亲自履行。第二，亲自履行原则属于任意性规范，可以通过当事人的合意加以排除。只要债权人同意，服务合同的转包即不受限制。第三，在一些国家中，建设工程合同的亲自履行原则甚至并不作为任意性规范规定在法律中，而只是通过合同范本对债权人的意思表达予以提醒和保护。因此，总体上，服务合同能否转包仍属于双方当事人的意思自治范围，对于违背债权人意愿的擅自转包行为也只是债务人违约行为，而并不影响合同效力。

除了上述国家外，奥地利、葡萄牙、意大利、荷兰等国对服务合同分包的规制原则也大体如此。基于以上共识，《欧洲示范民法典草案》第Ⅳ.C-2:104条规定：（1）服务提供方可以无须顾客的同意而将服务全部或者部分地分包出去，除非合同要求服务提供方亲自履行。（2）服务提供方选择的分包人应具备足够的能力。②

（三）对转包、分包合同的合同效力分析

从上述比较法的考察可以发现，国外一般不限制建设工程合同的转包自由，即使承包人将工程转包给不具备足够能力的转包人，所产生的法律后果也只是发包人可以向承包人主张承担违约责任，而不是合同无效。而我国法释〔2004〕14号第4条规定转包与违法分包行为一律无效，这一规定是否妥当值得反思。

根据法释〔2004〕14号起草人的解释，规定承包人转包与违法分包的建设工程施工合同无效的理由是：转包与违法分包行为一方面导致建筑业市场承发包行为不规范，竞争无序、扰乱建筑业市场的正常运转，另一方面直接导致

---

① 欧洲民法典研究组、欧盟现行私法研究组编著：《欧洲私法的原则、定义与示范原则》（第四卷），法律出版社2014年版，第四卷第378页。
② 欧洲民法典研究组、欧盟现行私法研究组编著：《欧洲私法的原则、定义与示范原则》，法律出版社2014年版，第四卷第373页。

建筑工程质量缺陷，建设工程发生安全事故，危及人民生命及财产安全。① 上述两方面对于规范目的的解读均有值得检讨之处：首先，以转包与分包影响竞争秩序为由否定合同效力有悖私法的一般原则。在市场经济条件下，鼓励自由竞争是私法的一般原则，除非存在垄断、不正当竞争等违反公共秩序的情形时，公法方有介入的理由。建设工程是否转包与分包属于当事人对合同履行方式的自由选择，一般并不会产生垄断、不正当竞争等违反公共秩序的问题，即使产生，也应当适用反垄断法、反不正当竞争法等予以处理，而不是简单粗暴地规定合同无效。其次，转包与分包并不一定导致建筑工程质量缺陷。社会现实中频频发生的建设工程质量安全事故，的确大多伴随转包和分包行为，但是，值得认真研究的是：质量缺陷和安全事故的发生究竟是否转包和分包引起的？事实上，建设工程质量隐患并非因为转包和分包行为导致，而是经过多次转包与分包后，工程款被一再压低，实际施工人为实现利润往往采用偷工减料、以次充好的方式进行施工，造成质量问题。此时，对工程质量的把控并非通过禁止转包、分包行为即可实现，而是有赖于发包人在施工过程中加强对工程质量的检验和控制。转包和分包行为容易导致质量问题的另一个原因是转包人和分包人往往都是没有资质的施工人，其根本不具备承揽工程的足够的能力。对此，合同法需要限制的并非单纯的转包和分包行为，而是要禁止不具备施工资质的实际施工人承接工程。

由上观之，禁止转包与禁止挂靠的规范目的从直接目的上看有所不同，禁止转包的规制重心在于要求合同亲自履行，不允许将合同债务交给第三人履行；而禁止挂靠的规制重心在于禁止无资质建筑企业借用他人名义变相承揽工程。但是，二者的规制落脚点是一致的，即均是为了保证建设工程的质量和安全。由于我国建筑市场领域目前仍处于质量安全事故时有发生、市场违法违规行为较多、监管体制机制不健全的阶段，② 为了实现保证工程质量和安全的目的，现阶段对于施工单位建筑资质进行公法上的严格管制，并辅之以私法手段从比例原则看仍是必要和适当的。但是，对于不违反资质规定的转包和分包行为，不但不应否定其合同效力，而且应当予以鼓励。因为随着建设工程施工技

---

① 最高人民法院民事审判第一庭编著：《最高人民法院建设工程施工合同司法解释的理解与适用》，人民法院出版社 2004 年版，第 46 页。
② 参见《国务院办公厅关于促进建筑业持续健康发展的意见》（国办发〔2017〕19 号）。

术的快速发展，建筑领域的专业分工也越来越细化，将建设工程转包和分包给有资质的专业施工单位，不但不会影响工程质量，反而更有利于施工成本的降低和工程质量的提高。因此，不论从规范目的、规制成本还是规制效果看，需要禁止的仅是无资质的施工单位承揽工程行为，而不是转包和分包行为本身。

综上，本文认为，对于法释〔2004〕14号第4条关于转包和违反分包合同无效的规定应当区别情形，修改为：

1. 承包人将工程转包或分包给没有资质的实际施工人的，转包或分包合同无效。当然，同前一问题的论证，对违反资质性强制规定的合同无效，应为向后无效。

2. 承包人将工程转包或分包给具有相应建筑资质的施工单位的，转包或分包合同有效。但如果承包人未经发包人同意擅自转包或分包的，发包人可以解除合同或者向承包人主张违约责任。

提出上述观点的另一个理由在于，将转包与分包合同无效的范围限定在无资质的实际施工人，并与挂靠赋予同样的法律后果，此时，在实务中即毋须再面对区分挂靠和转包的难题。

三、违反招投标规范的施工合同效力及法律后果

《招标投标法》作为建设工程合同的外部管制法，横跨行政法、反不正当竞争法与合同法等不同法律系统，这三个系统之间本身是自创生系统，各自有不同的编码与解释路径，但也存在相互融合与协作的关系。因此，对涉及招投标法的建设工程施工合同效力问题研究，不能固守公法与私法分立的观念，也不能局限于效力性规范与管理性规范这样的公私法概念之分考察，而在要在三个不同法律系统的互动关系中寻找《招标投标法》中强制性规定在不同法律系统中的定位以及解决系统间冲突问题的对策。在《招标投标法》中，建设工程合同效力争议主要包括三种类型：一是违反强制招投标规定的合同效力问题；二是违反招投标程序而形成的"黑白合同"问题；三是低于成本价中标的合同效力问题。下文将围绕这三种实务争议类型逐一展开论证。

（一）关于强制招投标范围的界定及合同效力问题

《招标投标法》第3条从工程项目标准和工程项目规模标准两个方面规定

了必须进行招标投标的工程项目范围：（1）大型基础设施、公用事业等关系社会公共利益、公众安全的项目；（2）全部或者部分使用国有资金投资或者国家融资的项目；（3）使用国际组织或者外国政府投资贷款、援助资金的项目。实务中就此产生的争议主要在于：对强制招标投标工程项目范围如何确定？如商品房工程项目，未经招投标签订的建设工程合同是否无效？对此存在两种不同观点：第一种观点认为，对于无国有资金投入的商品房项目，不涉及社会公共利益的，不需要进行强制招投标。如《江苏省工程建设项目招标范围和规模标准规定》第4条仅规定"经济适用房、职工集资房"属于"关系社会公共利益、公众安全的公用事业项目的范围"，不包括商品房。第二种观点认为，商品房建设关系社会公共利益和公众安全，应属于《招标投标法》强制招投标的范围。

上述观点分歧的焦点在于社会公共利益的界定，以及违反社会公共利益对合同效力的影响。根据比例原则，确定社会公共利益的违反是否影响合同效力，应当结合社会公共利益与合同的关联性、社会公共利益的重要性以及无效手段对保护社会公共利益的实效性三个方面进行综合衡量。从关联性上看，建设工程合同中的社会公共利益主要体现为对国有资金的有效利用以及对不特定社会公众安全的保护，对于商品房工程合同，大多不涉及国有资金的利用，只涉及房屋购买人与相关人的人身及财产安全保护问题，而这些保护只与工程质量相关，与合同本身并无紧密的关联性。从重要性看，合同自由本身亦属于需要维护的社会公共秩序之一，因此，可以用于否定合同效力的社会公共利益必须是那些比维护合同自由更重要的社会公共利益，而轻微的社会公共利益一般是不足以否定合同的效力的，这也是比例原则中的均衡性原则的必然要求。[①]商品房工程建设无疑关系到房屋购买人与相关人的人身及财产安全保护，尤其是对于高层商品房住宅，涉及的人群亦相当广泛，但相较于大型基础建设和公用事业这类涉及不特定社会公众的工程项目，其主要涉及的是相对确定的人身与财产利益的保护问题，而不是社会公共利益的维护问题，因此以违反社会公共利益为由否定此类合同效力不免牵强。从实效性上看，通过招标投标程序引入广泛的竞争，固然对于保证资金的有效利用和工程质量有重要意义，但是也

---

① 黄忠：《比例原则下的无效合同判定之展开》，载《法制与社会发展》2012年第4期。

需要耗费更多的谈判成本，而且招标投标程序的主要成果是确定签约对象和价格，对工程质量的保障效果远不如事中与事后监管的效果。综合以上因素，对于不涉及国有资产利用，且不属于大型基础设施和公用事业工程的普遍商品房工程项目等，不应列入强制招投标的范围；即使在一些地方政府的行政性规定中将商品房列入强制招投标范围，法院也应当基于公法与公法的接轨考量将该规定认定为管理性规定而非效力性规定。

（二）关于黑白合同的效力问题

法释〔2004〕14号第21条规定，当事人就同一建设工程另行订立的建设工程施工合同与经过备案的中标合同实质性内容不一致的，应当以备案的中标合同作为结算工程价款的依据。该条确定了建设工程黑白合同（又称为"阴阳合同"）处理规则，本文将之简称为"黑白合同条款"。该规则的制定初衷，是防止当事人通过签订黑白合同，作为不正当竞争手段排挤其他竞争对手，达到损害国家、社会公共利益和其他投标人利益的目的。① 但是，从该规则适用十多年来的实际效果看，并未实现上述初衷，反而造成实务处理的混乱和争议，裁判尺度也极不统一。本文认为，该规则在合同效力的认定、审查标准和合同无效后的处理等方面均有必要作进一步的理论反思和检讨。

1. "黑白合同条款"未明确合同效力即直接确定结算依据不妥

法释〔2004〕14号第21条只确定了工程款的结算依据按照白合同即备案的中标合同执行，而未对合同效力予以界定。众所周知，合同效力是确定结算依据和违约责任、不当得利返还等问题的前提，在合同效力不确定的前提下，不但使结算依据的确定成为无本之木，更无法对其他损害赔偿请求应当按照违约责任还是不当得利返还规则处理作出判断。因此，尽管最高人民法院司法解释对合同效力问题刻意回避，但审判实务中实际上避无可避，此种刻意回避不仅无助于裁判尺度的统一，反而徒添争议。因此，在黑白合同问题中，首先需要界定合同的效力，然后才能确定工程款的结算依据。那么，接下来的问题是，黑白合同的效力如何认定？"实质性变更"是否应当作为确定合同效力的唯一标准？

---

① 最高人民法院民事审判第一庭编著：《最高人民法院建设工程施工合同司法解释的理解与适用》，人民法院出版社2004年版，第194页。

2. "实质性变更"不应作为确定合同效力的唯一标准

法释〔2004〕14号第21条最直接的规范依据是《招标投标法》第46条规定："招标人和中标人应当自中标通知书发出之日起30日内，按照招标文件和中标人的投标文件订立书面合同。招标人和中标人不得再行订立背离合同实质性内容的其他协议。"司法解释为了减轻当事人的举证负担和法院的审查负担，将是否存在实质性变更作为确定工程款结算依据的唯一标准，即对于存在同一建设工程存在两份合同的，只要当事人自行签订的合同对备案的中标合同构成实质性变更，即构成黑白合同，结算工程款应当以白合同为依据。这使审判实践中对合同效力的审查焦点和争议往往集中于"什么才是实质性变更"？从司法实践中普遍的做法看，基本将工程价款、工程质量、工程期限三部分内容作为判断"实质性变更"的主要事项，一旦这三项内容发生变更，即认定变更合同是无效的黑合同。

笔者认为，以是否构成"实质性变更"作为界定合同效力和结算依据的唯一标准，既与建设工程合同的关系性合同属性不符，也与合同效力的认定原则相悖，是造成司法实务混乱的根本原因。如前所述，建设工程合同属于典型的关系型合同，随着合同履行过程的展开和施工阶段的变化，工程价款、工程质量、工程期限等合同内容发生变更是极其常见的，简单地以"双方签订的另一合同在工程价款、工期等方面与中标备案合同不一致"认定所谓黑合同无效显然是不合理的。对合同效力的认定，不能简单依赖于公法规定即《招标投标法》第46条的文义解释，而应回归《合同法》第52条规定的合同无效原因加以论证。归纳《合同法》第52条规定的五种无效情形，核心都是围绕对私法自治进行外部干预的正当性展开。这种正当性论证，需要从规范目的、价值衡量和交易安全等法政策因素综合考察。社会现实中，造成所谓黑白合同的主、客观原因和具体情形非常复杂，对于合同效力也应当具体分析。

3. 对合同效力以及无效后处理的具体分析

（1）对于强制招投标的工程项目，发包人在签订中标合同之后，又要求承包人签订补充协议或承诺书，不合理加重承包人义务的，应当认定补充协议或承诺书无效。《招标投标法》第3条规定了强制招投标的范围，第46条规定了当事人不得背离中标合同实质性内容的其他协议。上述两条规定，前者的规范目的是提高国家资金利用效率，维护社会公共利益，确保工程质量；后者是为了保护投标人的竞争利益，维护自由竞争和公平竞争的竞争秩序。在双方已经通过自由竞争和公平竞争签订了中标合同后，发包人又利用其强势地位，要求承包人签订与中标合同不一致的补充协议或承诺书，不合理加重承包人义务的，应当认为既违背了国家利益和社会公共利益，也违背了竞争原则，应当认定该补充协议或承诺书系无效的黑合同。对于工程款结算，自应按照白合同即中标合同结算。因此，我们可以看出，造成黑合同无效的根本原因并非其对白合同构成了实质性变更，而是违背了社会公共利益和竞争原则。事实上，法释〔2004〕14号第21条最初的征求意见稿条文表述是："发包人以排挤其他投标人为目的，利用其在签约中所处的优势地位，就同一建设工程除与承包人公开签订的建设工程施工合同外，又强迫承包人签订另一份工程价款、工期等方面与中标签订的合同不一致且有利于发包人的建设工程施工合同，人民法院应认定招标投标时签订的合同有效。"① 由此，也可以看出司法解释的本意是从维护竞争秩序角度否定黑合同的效力，至于是否构成"实质性变更"只是判断是否违背竞争秩序的外观之一而已。

（2）中标合同正常履行中达成的变更协议，只要不违背社会公共利益和竞争原则的，均应认定有效。如前所述，造成黑合同无效的根本原因并不在于中标合同外的补充协议在工程价款、工期、工程质量约定上是否构成了实质性变更，而是发包人与承包人签订的补充协议是否违背了社会公共利益和竞争原则。因此，对于中标合同履行期间，双方根据工程施工的实际需要通过单方变更权、协商变更等方式对工程范围、工程价款、工期和工程质量等作出变更和调整的，只要不违背社会公共利益和竞争原则，不存在规避招投标法强制缔约程序的规定，均应认定有效。

（3）对于强制招投标的工程项目，如当事人的招投标行为和中标结果系虚假招标、串通投标的，黑白合同均属无效，但应为向后无效，对于已履行部分的工程款应根据双方真实意思进行结算。首先，中标的所谓白合同本身是虚假招标、串通投标行为的结果，违背了《招标投标法》保护自由竞争的根本宗旨，应为无效合同。其次，双方在中标合同之外另行签订的黑合同同样是双

---

① 最高人民法院民事审判第一庭编著：《最高人民法院建设工程施工合同司法解释的理解与适用》，人民法院出版社2004年版，第184页。

方虚假招标、串通投标行为的结果，而且违反了关于强制招投标范围的规定，亦应无效。对于两份合同无效的后果，应当在合同法、行政法和反不正当竞争法的各自体系内分别考虑，既要符合各自的体系原则，也要通过三者的互补与配合共同实现《招标投标法》的规范目的。具体而言，一是在合同法上，黑白两份合同均无效，但是无效后果应是向后无效，即当事人丧失合同履行请求权，对于已履行的部分，可以按照双方对工程款的真实约定（通常是实际履行的黑合同）予以结算；二是在公法上，应当对双方通过虚假招标、串通投标获得的不当得利如管理费、利润等予以收缴，并可给予罚款等其他行政制裁；三是在不正当竞争法上，应当赋予因虚假招投标行为而受损的其他投标人以侵权损害赔偿请求权，可以向参与虚假招标和串通投标的招标人或投标人主张信赖利益损害赔偿。

（4）对于非强制招投标的工程项目，当事人在中标合同之外又签订黑合同的，应当认为合同是相对无效，即只有其他投标人可以主张合同无效以及信赖利益损失赔偿。实务界有一种观点认为，即使工程项目不属于强制招投标范围，但当事人自愿进行招投标的，仍应受《招标投标法》的约束，同样存在黑白合同问题，应根据备案的中标合同作为结算工程款的依据。因为《招标投标法》所保护的不仅是当事人自身的利益，更是对招投标市场的规范，事关不特定投标人利益的保护，涉及市场竞争秩序的维护。笔者认为，非强制招投标的项目，业主大多并非自愿，而是基于地方政府的政策性要求采取招投标方式确定承包人。招标投标作为业主寻找缔约承包人的一种选择方式，但其并不一定是成本最小化的缔约方式。尤其很多招标公告很容易被湮没在信息洪流之中，很多潜在投标人并不一定能知道而投标。对招标人而言，其目的在于选择最合适的投标人而并非一定是最好的投标人。所以招标投标只能作为当事人寻找缔约相对方的一种方式，而非唯一方式。否则，无疑是剥夺了当事人经营决策的自主权。因此，在非强制招投标的工程项目中，如果业主根据地方政策性要求采取招投标方式，即使其招投标程序不符合《招标投标法》规定，如存在通过所谓黑白合同情形规避招标程序的，其所损害的主要是其他投标人的竞争利益，而不涉及国有资金利用和社会公共利益。在这种情况下，仍应尽可能维护意思自治和合同效力。只有竞争利益受到损害的其他投标人可以主张无效，并要求业主和中标人承担信赖利益损失；其他投标人不主张的，仍应认定体现双方真实意思的所谓黑合同有效。

（三）低于成本价中标的合同效力问题

我国建筑市场长期以来属于发包人市场的现实，造成大量低于成本价中标的建设工程合同。低于成本价中标看似市场自由竞争的结果，但其中存在着很大的负外部性：一是承包人往往采用"低价中标、高价索赔"的方式，通过消极怠工等"敲竹杠"行为（hold-up）恶意招高价格；二是在施工过程中为了降低成本而千方百计偷工减料、以次充好，严重影响工程质量；三是会造成"劣币驱逐良币"，损害竞争原则。为了消除和减少这种负外部性，《招标投标法》第33条规定，投标人不得以低于成本的报价竞标。第41条规定，中标人的投标应当符合下列条件之一：（1）能够最大限度地满足招标文件中规定的各项综合评价标准；（2）能够满足招标文件的实质性要求，并且经评审的投标价格最低；但是投标价格低于成本的除外。实务中对该规定属于效力性强制规定还是管理性强制规定一直争论不休，最高人民法院采纳了效力性规范说，2011年《全国民事审判工作会议纪要》第24条规定，对按照"最低价中标"等违规招标形式，以低于工程建设成本的工程项目标底订立的施工合同，应当依据《招标投标法》第41条第（2）项的规定认定无效。但据对最高人民法院和各地高院180件因招投标违法导致合同无效司法判例的实证分析，因低于成本价中标而被认定无效的建设工程合同却仅有2件，占比只有1%。为什么社会现实中低于成本价中标的合同比比皆是，且被广为诟病，而最终被法院认定无效的却寥寥无几？细究相关判决，其原因隐藏于法院对低于成本价中标合同效力审查的另两条规则：（1）在事实认定上，认为所谓"投标人不得以低于成本的报价竞标"，应指投标人投标报价不得低于其为完成投标项目所需支出的企业个别成本，而不是社会平均成本或行业平均成本。而由于不同企业的生产规模、管理水平、材料采购成本及使用损耗控制、融资成本等不同，企业个别成本也必然不同，因此，证明投标价低于成本价就成为几乎不可能完成的任务。（2）在无效后果上，即使投标人以低于成本的报价竞标而导致合同无效，对于工程款的结算亦根据法释〔2004〕14号第2条处理，即工程经竣工验收合格的，可参照合同约定支付工程款。[①]

[①] 参见《江苏省高级人民法院关于审理建设工程施工合同纠纷案件若干问题的意见》第7条。

由此，司法实务对于低于成本价中标合同的效力认定完成了一个逻辑上的闭环，即一方面认为低于成本价中标的合同无效，另一方面又拒绝对是否构成低于成本价进行事实审查，导致现实中基本没有合同无效的判例。所谓效力性强制规定说几乎成为一个政治正确的宣示，并无裁判规范的功能。裁判结果看似统一，但其中却体现出强烈的结果主义裁判思维，其理由难免牵强附会。其一，关于企业个别成本的确定，从司法审查角度来说以事实判断困难为由拒绝进行审查并无充分理由。因为在招投标阶段，评标委员会同样需要对是否低于成本价作出判断，所以法院对该技术问题完全可以通过司法鉴定解决。其二，在认定低于成本价合同无效的基础上，仍适用法释〔2004〕14号第2条规定即按照合同约定结算工程款，会带来前已述明的问题，即其只确定了工程款结算问题，对于工期、违约责任、保修责任等问题均无法解决；更重要的是，以低于成本价否定合同效力的规范目的本是为了制止低价竞争行为，而认定合同无效后却仍按低于成本价的合同约定执行，岂非"以己之矛攻己之盾"？因此，笔者认为，司法实务目前的裁判尺度虽然统一，但是其理由并不统一而且互有矛盾之处，对于《招标投标法》第33条的规范性质问题，还有必要作进一步的理论探究。

首先，从规范目的看，《招标投标法》第33条与《反不正当竞争法》第11条第1款规定系一脉相承。① 二者的规范重心都在于禁止以低于成本价投标或销售的不正当竞争行为，而并不在于中标合同的约定内容。只是由于该禁止性规定的违反结果往往是双方最终签订了低于成本价的中标合同，在该不正当竞争行为被禁止时，可能反射性或附带性地影响到中标合同的效力。因此，低于成本价中标合同的无效结果只是该禁止性规范的"反射的结果"或"附随效果"。② 换言之，违反《招标投标法》第33条的管制手段与《反不正当竞争法》第11条一致，主要体现在行政制裁和侵权损害赔偿，至于合同是否"反射性地无效"要视具体情形而定。

其次，从管制工具看，对违反《招标投标法》第33条的管制工具主要包

---

① 《反不正当竞争法》第11条第1款规定：经营者不得以排挤竞争对手为目的，以低于成本的价格销售商品。

② 金可可：《强行规定与禁止规定》，载《中德私法研究》第13辑；苏永钦：《走入新世纪的私法自治》，中国政法大学出版社2002年版，第17页。

括行政制裁、侵权损害赔偿和合同无效等，三种管制手段相互补充、相互配合，共同实现管制目标。因此，究竟应采何种手段，需根据管制目标视建设工程合同履行的不同阶段而定：如仍在投标或评标过程中，评标委员会应当直接将该低于成本价的不正当竞争行为视为"废标"，而不存在合同效力问题；如已经签订了中标合同但尚未履行或刚刚履行的，行政机关应当认定确定中标无效，责令重新招标，则合同也应归于无效；如中标合同已经在履行过程中，且由于建设工程施工的整体性、连续性和技术复杂性特点，如果终止履行将会造成不合理损失的，可以确定中标违法，对投标人采取行政制裁措施，而建设工程合同仍可继续履行；如中标合同已经履行完毕的，认定合同无效更无意义，此时应当以行政制裁为主。这里应当澄清的一个误区是中标违法并不意味着合同一定无效，前者系行政法上的效果，后者系私法上的效果，二者虽然在很多情况下一致，但并不尽然。

再次，从管制法益看，承包人以低于成本价中标的，所损害的主要是其他投标人的竞争利益和竞争秩序，与之相适应，在行政制裁之外，民事上的管制手段应当是其他投标人可以无张合同无效，并依据《反不正当竞争法》向承包人主张侵权损害赔偿。而现实中，基本上是承包人在合同履行后，自己以低于成本价为由主张合同无效。此时，如果支持承包人的无效主张，不仅与规范保护法益、保护对象不符，而且让违法之人因违法而受益，显然有悖于诚实信用原则。

综上，笔者认为，低于成本价的合同不应认定无效，而是应当通过行政制裁或通过反不正当竞争法上的侵权损害赔偿作为消除合同负外部性的管制手段。

四、未取得国有土地使用权证、建设用地规划许可证、建设工程规划许可证的建设工程合同效力认定问题

对未取得国有土地使用权证、建设用地规划许可证、建设工程规划许可证的建设工程合同效力问题，实务界有两种不同观点：一种观点认为，"三证"仅是针对发包人是否有权使用国有土地建筑房屋等工程项目颁发的权属证书或行政许可，而非针对建设工程合同的标的。建设工程的标的是承包人承揽工程所提供的劳务，与"三证"的取得无关，承包人也没有对发包人是否取得

"三证"的审查义务。因此,发包人未取得"三证"不影响合同效力。另一种观点则认为,未取得"三证"意味着该工程建设完毕后即成为违法建筑,如果认定建设工程合同有效,合同履行完毕后该建设工程依法仍然需要予以拆除,将会造成巨大的社会成本和资源浪费,因此未取得"三证"的建设工程合同应当无效。

笔者认为,从管制性质上说,国家对建设用地的管制属于重要的经济公序,尤其是对于可用耕地极其紧张的我国来说,对建设用地的严格管控制度对土地资源保护而言必不可少。基于这样的政策考量,在管制手段上,对于未取得"三证"的工程建设行为仅有行政制裁是不够的,必须辅之以对合同效力的否定,方可有效禁止这种"未买票、先上车"的违法行为。但是接下来的问题是,合同无效的后果是什么?如果仍然按照法释〔2004〕14号第2条的规定,工程质量合格即按有效合同结算工程款,显然将使该禁止性规范的目的落空。因此,对于未取得建设用地许可证、建设工程规划许可证的建设工程合同在认定无效后,应当承担更严重的法律后果。但同时基于社会实践的复杂情况和利益衡量,在法律后果的确定上应当赋予法院适当的自由裁量权,根据不同情形确定相应的法律后果,具体而言:(1)对于在一审辩论终结前取得建设用地许可证和建设工程规划许可证的,可以追认合同有效;(2)对于一审辩论终结前未取得建设用地许可证和建设工程规划许可证,且建设工程被确定为违法建筑或者属于突破耕地红线等重大违法行为的,当事人不仅无履行合同的请求权,而且无不当得利返还请求权,换言之,承包人不可主张欠付工程款,发包人亦不可主张返还超付的工程款;(3)对于违反一般的建设工程许可,不构成违法建筑的,可认定合同有效,合同因发包人未办理相关许可手续导致工期迟延等损失的,承包人可向发包人要求顺延工期并主张违约责任。

本章小结

建设工程合同的效力认定及法律后果需要通过《民法总则》第153条的转介条款,将公法强制性规范中的公共政策"转换"为合同法中的效力问题。这一转介条款的运用已经使合同效力问题步出了文义、概念、体系等合同法教义学上的规范内涵,进入社科法学的广阔空间,因而很有可能导致转介条款适用的高度不确定性,这也是苏永钦所称对于如何界定效力性规定和管理性规定最终都落入"以问答问"空洞推论的原因。在这种情况下，如何把握《民法总则》第 153 条的转介条款，使其在适用中保持一定的稳定性，避免法官的恣意裁量，有待于运用法教义学与社科法学的双重视角，对建设工程合同进行具体的类型化研究，找出个案背后各种复杂交错的社会、经济因素，通过基于"利益"的法律论证，寻找法律原理、规则和具体裁判的契合点，方能正确认定合同效力及法律后果。综合上文中对各种类型建设工程合同效力问题的分析，对建设工程合同效力的认定提出如下具体的建议：

1. 对违反建设资质性规定的建设工程合同，包括承包人未取得建筑施工企业资质或者超越资质等级的，以及没有资质的实际施工人借用有资质的建筑施工企业名义签订建设工程合同的，均应当认定为无效合同。该无效合同的法律后果应为向后无效，对已履行的部分，可以按照合同约定处理。

2. 承包人将工程转包或分包给没有资质的实际施工人的，转包或分包合同无效；承包人将工程转包或分包给具有相应建筑资质的施工单位的，转包或分包合同有效，但承包人未经发包人同意擅自转包或分包的，发包人可以解除合同或者向承包人主张违约责任。

3. 商品房开发项目不属于《招标投标法》第 3 条第 1 款第（1）项规定的强制招投标范围。当事人以商品房开发项目未经招投标程序为由，主张建设工程施工合同无效的，应当不予支持。

4. 关于"黑白合同"的处理：

（1）对属于强制招投标的项目，发包人在签订中标合同之后，又要求承包人签订补充协议或承诺书，不合理加重承包人义务的，应当认定补充协议或承诺书无效，按照中标合同即"白合同"履行和结算。

（2）中标合同履行期间双方签订的对项目内容、工期、工程期限等达成的变更协议，不违反自愿原则和竞争原则的，应当认定有效。除非协议变更后已经违反了债务的同一性原则的，应当认定超出原债务的部分约定因违反强制招投标的程序而无效。

（3）对于强制招投标的项目，当事人在招投标过程中存在虚假招标、串通投标并因此签订了"黑白合同"的，两份合同均无效。合同无效的法律后果应为向后无效，即当事人丧失合同履行请求权，对于已履行部分的工程款应根据双方真实意思进行结算。此外，因虚假招投标而受到损害的其他投标人可以向发包人与承包人主张损害赔偿。

（4）对于非强制招投标的项目，当事人经过招投标程序签订中标合同外，又与承包人签订"黑合同"的，应当认定合同为相对无效，即只有受到损害的其他投标人可以主张合同无效及损害赔偿。其他投标人不主张合同无效的，仍应按所谓的"黑合同"履行。

5. 低于成本价中标的合同是否无效应当根据合同履行的具体状况确定：如果合同已经履行完毕或者已进入实质性履行阶段的，原则上不应当认定合同无效，而应当通过公法上的行政制裁予以处理。同时，其他投标人可以主张合同相对无效，并要求承包人承担损害赔偿责任。

6. 对未取得"四证"的建设工程合同效力问题的处理：

（1）对发包人未取得施工许可证的，属于发包人违反协力义务，应由发包人承担相应的违约责任，不影响合同效力；

（2）对发包人签订合同时未取得建设用地使用权证、建设用地规划许可证或建设工程规划许可证，但一审辩论终结前取得许可的，可以追认合同有效；

（3）对发包人一审辩论终结前未取得建设用地使用权证、建设用地规划许可证或建设工程规划许可证的，应根据其违法的性质分别确定法律后果，即如果建设工程项目被确定为违法建筑或者属于突破耕地红线等重大违法行为的，承包人不仅无履行合同的请求权，而且不能主张投入劳务的折价补偿；对于违反一般的建筑工程许可，不属于属于突破耕地红线等重大违法行为的，可认定合同有效。办理相关许可应视为发包人的协力义务，发包人未及时办理相关许可导致工期迟延的，承包人可向发包人要求顺延工期并主张违约责任。

典型案例

1. A 房地产开发公司与王某花、B 建筑公司建设工程施工合同纠纷案

【裁判要旨】

工程项目虽经过招投标程序，但在确定中标人前，发包人即确定了工程的承包人，双方就投标价格、投标方案等实质性内容进行协商，且先后签订两份《建设工程施工合同》及《补充协议》。因发包人与承包人上述行为违反了

《招标投标法》第 43 条的规定，故中标无效，双方签订的《建设工程施工合同》及《补充协议》不受法律保护。

【基本案情】

2007 年 5 月 10 日及次月 20 日，A 房地产开发公司与 B 建筑公司分别签订《建设工程施工合同》及《补充协议》，约定：B 建筑公司承包 A 房地产开发公司开发的金源花苑小区 13#－19#共 7 幢商住楼的土建、给排水及电气工程，开工及竣工日期分别为 2007 年 6 月 1 日、2007 年 11 月 25 日。合同价款为 2500 万元，结算方式为：总工程款按江苏省建筑工程预算定额（2004）下浮 12.8%，材料按盱眙县建材同期信息价结算，由 B 建筑公司开具地税发票并负责税收，门窗、水电安装的材料单价按市场实际价经 A 房地产开发公司签证结算。《补充协议》另约定：结算依据为：本协议书、施工合同、施工图纸、江苏 2004 年定额下浮 12.8%。盱眙县主材同期信息价、工程签证、工程联系单、竣工图纸。

2007 年 7 月 17 日，双方再次签订《建设工程施工合同》，约定：工程资金来源为自筹，承包范围为土地、水电工程，开工及日期为 2007 年 7 月 18 日、2008 年 2 月 18 日，合同价款为 1736 万元。上述两份《建设工程施工合同》均在第三部分专用条款中约定：合同价款采用按实际发生工程量方式确定，合同价款调整方法按照盱眙县信息价；合同文件组成及解释顺序为：（1）本合同协议书，（2）中标通知书，（3）投标书及附件，（4）本合同专用条款，（5）本合同通用条款，（6）标准规范及有关技术文件，（7）图纸，（8）工程量清单，（9）工程报价单或预算书，（10）双方洽商补充协议。2007 年 7 月 20 日，A 房地产开发公司向 B 建筑公司发出中标通知书载明：（1）中标范围和内容：13#－19#楼共 7 幢，框架结构 6 层，总建筑面积 31580 平方米的房屋建筑施工总承包，其中：13#楼 8657 平方米，14#、15#楼 3361 平方米/幢，16#楼 3822 平方米，17#、18#楼 4309.5 平方米/幢，19#楼 3757 平方米。按招标文件要求施工，完成设计图纸中的所有内容。（2）中标价 1736.683 133 万元。（3）中标工期：180 日历天。（4）中标质量标准：合格。

2008 年 5 月，因 13#－17#楼的实际承建人贾宝喜停建工程，王某花承包了该 5 栋楼的未完工程量，并于同月 15 日进场施工。2009 年 4 月 16 日，王某花与 B 建筑公司金源花苑工程项目部补签《协议》载明：因 13#－17#楼的承建人贾宝喜暂不在盱眙县,且工程急需要按期交付给发包方,故将剩余工程量(已完工程量价款为681.903 502万元)交给贾宝喜的合伙人王某花负责完成。其中:(1)剩余工程量必须在2009年6月1日前完成;(2)王某花应按所完成的工程量进度进行付款,手续到项目部办理;(3)王某花提供所需资金计划表后,项目部保证(除扣管理费外)资金到位,并直接付给工人工资、材料款;(4)王某寿的债权债务由贾宝喜负责,与王某花无关。该《协议》由王某花、B建筑公司副总经理殷树民、A房地产开发公司总经理施德良(作为见证方)签名确认。2009年6至7月,王某花承建的工程逐步完工。同年10月,在工程未竣工验收的情况下,A房地产开发公司占有王某花施工房屋并对外出售,现已出售完毕。

另查明,针对A房地产开发公司与建安公司(江苏省第一建筑安装有限公司)的建设工程施工合同纠纷,法院在2011年的判决中认定,A房地产开发公司主张的2008年11月至2009年9月水电费问题,虽已提供收据、发票予以证明,但因双方2007年5月至2008年10月一直采用各公司安装分户表、相关人员签字的方法确定水电费用,且施工现场从事施工的公司的开工时间亦不完全一致,各公司开工后各时间段用水、电的数量亦不相同,故在前期使用各公司相关人员签字确认的方法的情况下,A房地产开发公司主张后期按建筑面积予以分摊不当,对该主张不予支持。宣判后,A房地产开发公司对并未提起上诉。

2011年7月12日,王某花以13#-17#5幢楼的工程总价为2642.82万元,扣除贾宝喜已完工程量约682万元,以及A房地产开发公司在施工中向其支付的工程款,A房地产开发公司尚欠部分工程款未支付为由,提起诉讼,请求判令A房地产开发公司支付工程款600万元及利息55.846万元(自2009年11月1日至2011年6月30日止),B建筑公司违法分包工程应对A房地产开发公司的欠款承担连带责任。

A房地产开发公司提起反诉称:按照王某花提供的决算资料工程总价款为2297.118 742万元,按约定下浮12.8%并扣除3%的保修金后实际工程总价款为1942.994 92万元,扣除贾宝喜完成的工程价款按下浮12.8%计算的594.619 855万后,本公司应向王某花支付工程款的数额为1348.375 065万元。而在施工中,本公司已向王某花及B建筑公司支付了工程款1615.6413万元,多付了 267.266 235 万元。因此，请求判令王某花交付 13#－17#楼的建筑施工图及工程验收所必须的技术资料，返还不当得利 267.266 235 万元及工程逾期违约金 100 万元。

诉讼中，王某花因不认可对 A 房地产开发公司主张的工程总价款申请对工程量进行鉴定，后因鉴定费用过高撤回了鉴定申请，并表示认定 A 房地产开发公司确认的工程总价 2297.118 742 万元。而 A 房地产开发公司则认为王某花已知道鉴定结果低于其认可的工程总价，遂否认其先前确认的总价款，申请对工程量重新进行鉴定。此外，经双方对账，一致确认 A 房地产开发公司直接付给王某花的工程款总额为 1375.9225 万元，其中部分打到 B 建筑公司账户上的工程款王某花和 B 建筑公司均确认自行协商解决，不在本案中处理。

另外，A 房地产开发公司主张其代王某花支付了建筑临时用水、电费 15.0162 万元；劳保统筹费用 11.6692 万元；开票税金 45.7331 万元；房屋维修费用 12.9962 万元；逾期交房违约金 54.0101 万元；材料款 20.2940 万元（该款系因法院要求协助执行，执行主体应该是王某花）共计 159.7188 万元。对此，王某花质证认为：第一，建筑临时用水、电费与开票税金 A 房地产开发公司并未举证证明，应不予认定；第二，第二笔发票数额是 22.7229 万元，且标注的是 13#－17#楼的总费用。同时，劳保统筹费用应由施工单位和建设机关结算厚向建设部门交纳，而非由 A 房地产开发公司代为交纳；第三，房屋维修费用的真实性无法核实，不予认定 A 房地产开发公司单方书写的付款凭证不予认可；第四，逾期交房是否产生赔偿金，应当司法机关仲裁或司法认定，A 房地产开发公司单方给付购房人赔偿金没有法律依据。同时，双方并未约定工程竣工日期，且工程延期系因前期工程的延误而导致的，不应由本人承担；第五，本人与申请执行人并不存在材料供应关系，不存在材料款代付事实。

工程项目中，在确定中标人前发包人即确定了工程的承包人，并签订了《建设工程施工合同》及其补充协议，该合同是否有效。

【法院认为】

一审法院认为：本案一审的争议焦点分别为：（1）王某花是否具备诉讼主体资格。涉案 13#－17#5 幢商住楼在贾宝喜停建的情形下，由王某花接手，并在 A 房地产开发公司的见证下与 B 建筑公司签订《协议》。因王某花不具有施工资质，其与B建筑公司签订的《协议》无效。但王某花作为13#-17#5栋楼剩余工程的实际施工人，有权向承包人B建筑公司主张工程款，A房地产开发公司作为发包人应在欠付工程款范围内承担连带责任。因此，王某花具有原告主体资格。（2）涉案工程总价款如何确定。王某花主张工程总价为2642.82万元，A房地产开发公司在书面答辩状及庭审中均确认工程总价为2297.118742万元。王某花虽不认可该数额，并申请对工程量进行鉴定，但在鉴定并无任何结论的情况下，撤回鉴定申请转而认可工程总价2297.118742万元，而A房地产开发公司在无正当理由的前提下，否认其确认的工程总价2297.118742万元，并申请重新鉴定，没有事实和法律依据，依法不予支持。因此，涉案工程总价款应确认为2297.118742万元。（3）是否适用工程款下浮12.8%的约定。A房地产开发公司与B建筑公司签订的《补充协议》约定工程价款下浮12.8%，但该约定与2007年5月10日《建设工程施工合同》和中标通知书在工程价款结算上存在实质性差异，违反了招投标法的相关规定，故不适用《补充协议》关于工程价款下浮12.8%的约定。（4）双方是否存在违约行为，王某花是否承担逾期施工违约金100万元，A房地产开发公司是否承担逾期付款利息。王某花与B建筑公司补签的《协议》约定13#-17#楼的剩余工程量必须在2009年6月1日前完成，事实上王某花承建的工程亦是于2009年6、7月逐步完工。由于A房地产开发公司未按时支付工程款，王某花作为实际施工人有权停止施工，因此造成的停工责任应当由A房地产开发公司承担，王某花的行为不构成违约。A房地产开发公司于2009年10月前已占有并出售涉案房屋，视为王某花已经将涉案房屋交付给A房地产开发公司，故A房地产开发公司应承担自2009年11月1日起逾期支付工程款的利息。（5）王某花是否应当返还不当得利267.266235万元。双方对A房地产开发公司主张的代付款159.7188万元存在争议。其中，对于建筑临时用水、电费15.0162万元，因A房地产开发公司未提供相关缴费票据，不予支持；对于劳保统筹费用11.6692万元，因一般是由发包方代付，且A房地产开发公司系根据王某花完成13#-17#楼的剩余工程量主张该费用，故予以支持；对于票税金45.7331万元，因A房地产开发公司未提供代垫税金的相关证据，不予支持；对于房屋维修费用12.9962万元，因清单系单方制作，无其他证据印证，不予支持，可待有证据时另案主张；对于逾期交房违约金54.0101万元，因A

房地产开发公司仅提供单方制作的逾期交房承担违约金的列表，无其他证据佐证，不予支持；对于材料款20.294万元，因A房地产开发公司提供的执行款交款通知单上的被执行人是A房地产开发公司，王某花并未参与该案的诉讼，且A房地产开发公司无证据证明王某花为该案被执行人，不予支持。如A房地产开发公司有证据可另案诉讼。综上，王某花应承担A房地产开发公司代付费用总额为11.6692万元。（6）.王某花是否应当交付工程竣工资料。因涉案工程已实际交付，相关工程款争议已得到解决，王某花理应向A房地产开发公司交付工程竣工资料，办理工程竣工验收手续及相关权证。

A房地产开发公司不服一审法院判决，提起上诉称：（1）本案工程价款应当下浮12.8%。原因在于：涉案工程不是必须招投标的项目，在招投标前双方已签订《建设工程施工合同》及《补充协议》，且《补充协议》与2007年5月10日《建设工程施工合同》和中标通知书在工程价款结算上并不存在实质性差异；（2）本公司的鉴定申请有事实和法律依据。本公司在原审中确认的工程造价与客观事实存在矛盾，且自认的工程价款是基于王某花已申请鉴定，并不构成法律意义上的自认。同时，根据本公司单方委托鉴定得出的结论，可以证明涉案工程总价款仅为1900余万元。（3）本公司已为王某花代付费用159.7188万元，原审判决不支持除劳保统筹费用以外的代付费用错误。（4）原审法院认定王某花未交付涉案工程施工图及工程验收所需技术资料已构成违约，却拒绝判令其承担逾期交房违约金，没有事实和法律依据。综上，请求撤销一审判决第二、四项，涉案工程造价经司法鉴定后，按下浮12.8%标准进行结算，王某花对本公司多支付的工程款予以返还。

王某花辩称：（1）涉案工程款结算不应下浮12.8%。原因在于，涉案工程系招投标项目，备案的施工合同没有关于工程价款下浮的约定。而且，对于A房地产开发公司与B建筑公司签订的《补充协议》的内容，本人并不清楚，本人与B建筑公司补签的《协议》并没有对工程款下浮作出约定。（2）本案工程造价不应再行启动司法鉴定程序。A房地产开发公司根据本人报送的工程决算确认工程总价为2297.118742万元，并不是错误的自认。同时，A房地产开发公司二审提交的自行委托审计的工程造价不客观、不真实，不应作为启动司法鉴定的依据。（3）工程总造价为2297.118742万元，扣除A房地产开发公司已支付的工程款1375.9225万元、劳保统筹费用11.6692万元、前期工款 68.193 502 万元，还应支付 227.623 54 万元，并不存在 A 房地产开发公司多付工程款的事实。（4）本人在施工中不存在违约行为，导致逾期交房的责任与本人无关，不应承担违约责任。综上，请求驳回 A 房地产开发公司的上诉请求。

B 建筑公司辩称：《补充协议》关于工程造价下浮 12.8% 的约定，并不是 B 建筑公司的真实意思表示，同意王某花的答辩意见。

二审审理中，A 房地产开发公司提交了：（1）万源公司盱眙分公司（江苏万源工程咨询有限公司盱眙分公司）出具的证明、2007 年 6 月 21 日盱眙县建筑工程管理局形成的外地施工企业进盱注册备案申请表以及经备案的 2007 年 7 月 17 日《建设工程施工合同》，用以证明双方招投标前已经签订《建设工程施工合同》及《补充协议》，中标无效，工程价应当下浮 12.8%。（2）A 房地产开发公司委托万源公司对 13#－17# 楼工程竣工结算总价报告，证明工程造价为 1927.093 447 万元。

对前述证据，王某花质证认为，对第一组证据的真实性不予认可，备案合同没有工程造价下浮的约定，A 房地产开发公司主张工程造价下浮 12.8% 不符合法律规定。对结算报告不认可，A 房地产开发公司在原审中已对工程造价 2297.118 742 万元予以确认，其申请工程造价鉴定没有法律依据。

对前述证据，B 建筑公司质证认为，万源公司盱眙分公司证明的来源无法确认。对外地施工企业进盱注册备案申请表的真实性无异议。2007 年 7 月 17 日的《建设工程施工合同》是备案合同，已对先前的《建设工程施工合同》实质性条款进行了变更，且实际履行的是备案合同。结算报告系 A 房地产开发公司单方委托形成的，不能作为工程造价依据。

二审法院认为：本案二审的争议焦点为：（1）本案所涉合同及协议的效力如何认定。涉案工程项目虽经过了招投标程序，但 A 房地产开发公司在招投标前即确定 B 建筑公司为涉案工程的承包人，并先后与其签订了两份《建设工程施工合同》及一份《补充协议》，此后，A 房地产开发公司于 2007 年 7 月 20 日向 B 建筑公司发出中标通知书，根据《招标投标法》第 43 条的规定，本案中标无效，故备案的《建设工程施工合同》不受法律保护。同时，根据《最高人民法院关于审理建设工程施工合同纠纷案件适用法律问题的解释》第 1 条第（2）项的规定，因实际施工人贾宝喜、王某花均不具有施工资质，故

A房地产开发公司与B建筑公司签订的《建设工程施工合同》《补充协议》以及B建筑公司与王某花签订的《协议》均无效。（2）关于涉案工程价款结算的问题。本院认为，因涉案合同均无效，故涉案工程价款应参照实际履行的合同来结算。双方在《补充协议》中对工程价款的结算方法作出了更为详细的约定，且两份《建设工程施工合同》均约定"双方洽商补充协议"系合同文件组成部分，王某花亦是按《补充协议》约定的定额标准核算了工程造价，并以此作为其向A房地产开发公司主张工程款的依据。因此，可以认定当事人实际履行的系《补充协议》，应参照《补充协议》结算。（3）关于A房地产开发公司是否欠付工程款，应否在欠付工程款范围内承担清偿责任，其主张返还不当得利有无事实和法律依据的问题。A房地产开发公司主张其垫付的款项，其中：①水电费用15.0162万元。鉴于各施工单位开工时间不完全一致，各施工单位开工后各时间段用水、电的数量亦不相同，且王某花不予认可，不予支持。②开票税金45.7331万元，A房地产开发公司提交的代开发票不能证明系为王某花承建的工程开具，不予支持。③房屋维修费12.9962万元及材料款20.294万元，A房地产开发公司提供的证据不足以证明其主张，不予支持。鉴于双方一致确认A房地产开发公司已付工程款的总额为1375.9225万元，扣除A房地产开发公司代缴的劳保统筹费用11.6692万元，已司向王某花支付工程款为1387.5917万元，仍欠付工程款20.875989万元，故A房地产开发公司要求王某花返还不当得利，不予支持。

【裁判结论】

一审法院判决：一、B建筑公司给付王某花227.62354万元及利息；二、A房地产开发公司对上述第（一）项欠付款及利息承担连带责任；三、王某花将诉争工程施工技术档案及施工管理资料移交给A房地产开发公司，并协助办理诉争工程竣工验收手续；四、驳回王某花、A房地产开发公司的其他诉讼请求。

二审法院判决：维持一审法院判决第三项；撤销一审法院判决第一项、第二项、第四项；B建筑公司支付王某花工程款208759.89元及其利息；A房地产开发公司对上述第（三）项欠付款及利息承担连带责任；驳回王某花、A房地产开发公司的其他诉讼请求。

2. 莫某华、A 工程公司与 B 房地产开发公司建设工程合同纠纷案

【裁判要旨】

建设工程合同中，施工人不具有承包建筑工程的资质，挂靠有资质的建筑施工企业承包工程，违反了法律的强制性规定，由此签订的建设工程施工合同无效。建设工程施工合同虽无效，但工程本身已经融合了工人的劳动以及建筑材料的支出。据此，建设工程经竣工验收合格的，施工人可请求参照合同约定支付工程价款。

【基本案情】

2003 年 4 月 30 日，莫某华与 A 工程公司订立《长富商贸广场工程合作协议书》，协议由莫某华以 A 工程公司的名义与建设单位签订大朗商贸广场工程施工合同，A 工程公司的权利义务由莫某华实际享有和承担。5 月 19 日，A 工程公司与 B 房地产开发公司签订《东莞市建设工程施工合同》。5 月 21 日，A 工程公司与 B 房地产开发公司订立《大朗长富商贸广场工程施工合同》，工程范围为：东莞市大朗长富商贸广场的土建工程、给排水工程等。工程总量按双方及设计单位、监理单位综合会审后确定的施工图纸为准，按施工图纸施工。合同确定工程造价为 5480 万元，除合同规定可以调整的情况外，任何市场价格行情的变化都不能成为调价的理由。工程造价计算规定：如合同文件与定额站公布的解释有冲突，以合同文件为准。合同约定，如果 A 工程公司将工程转包给其他单位和个人，B 房地产开发公司一经发现，立即解除合同，并没收履约保证金，并且由 A 工程公司承担 B 房地产开发公司因此产生的所有损失。一切合同条款的履行均以《大朗长富广场工程施工合同》为准。上述协议签订后，莫某华于 2003 年 6 月 23 日开始施工，B 房地产开发公司中途设计变更及增加了部分工程。在工程施工过程中，由于材料涨价等原因，莫某华、A 工程公司与 B 房地产开发公司多次协商未果，在东莞市建设局的协调下，A 工程公司承诺退场。后双方对已完成工程的造价产生争议。

另查明：莫某华以清远市清新建筑安装工程公司东莞分公司的名义向东莞市长和物业投资有限公司汇款工程投标保证金 50 万元。莫某华以东莞市金信联实业投资有限公司的名义汇款 220 万元给 B 房地产开发公司。后莫某华以清远市清新建筑安装工程公司东莞联络处的名义通汇款预交报建费 30 万元给 B

房地产开发公司。

莫某华以B房地产开发公司尚欠其工程款为由提起诉讼称：B房地产开发公司同意莫某华承建该项目，但是同时还提出莫某华必须以具有二级建筑资质的公司名义投标、签订合同和报建。2003年4月30日，莫某华与A工程公司签订了《长富商贸广场工程合作协议》，确立了双方在东莞市长富商贸广场工程项目上的挂靠承包关系。同年5月11日，莫某华以A工程公司的名义与B房地产开发公司签订《长富广场工程初步协议》，约定由莫某华承建工程。莫某华与B房地产开发公司又分别于同年的5月19日和5月21日签订《东莞市建设工程施工合同》及《大朗长富商贸广场工程施工合同》，然而上述施工合同的工程造价以初步设计图纸粗略估算而来，是不真实的。B房地产开发公司与莫某华约定先行施工，工程造价则按照经会审后的设计施工图纸按实结算。从2003年下半年开始，建材价格不断大幅度涨价，工程造价成本大幅度提高。尽管莫某华多次与B房地产开发公司就造价调整进行协商，但双方均未达成协议。在这种情况下，莫某华仍积极采取措施，保证正常施工。莫某华实际已完成了相当于76 291 753.31元的工程量，然而B房地产开发公司仅支付了57 860 815.68元的工程款，仍欠莫某华工程款18 430 937.83元。在双方合作过程中，B房地产开发公司没有将步行街街景及设施工程发包给莫某华，又剥夺了莫某华对该项目第三部分的电力安装工程的优先承包权；未按照约定追加工程投资款，反而要求莫某华承担建筑材料大幅涨价所造成的后果；B房地产开发公司没有及时确定有关工程修改方案，导致工程工期严重延误，增加了莫某华的成本；在工程尚未交付和进行任何验收的情况下，强行将部分建筑交付使用，严重违法并影响了工程工期。综上，请求判令：B房地产开发公司向莫某华支付工程款18 431 937.83元及利息；B房地产开发公司向莫某华退还履约保证金270万元及利息。

A工程公司以为保护自身合法利益为由，提起诉讼，请求判令B房地产开发公司向A工程公司支付工程款18 430 937.83元及利息；B房地产开发公司向A工程公司退还履约保证金270万元及利息。

B房地产开发公司反诉并答辩称：其严格按照约定履行了付款义务，已经实际支付工程款57 166 406.48元，但是A工程公司无理停工，提前退出项目工程的施工，没有最后完成工程任务，A工程公司的违约行为已经给B房地产开发公司造成了巨额经济损失。B房地产开发公司认为莫某华可能与A工程公司串通，编造合同文件，以达到废除B房地产开发公司与A工程公司签订的合约、规避法律责任和逃避合同责任的目的。请求判令A工程公司、莫某华返还工程款 4 871 657.84 元；赔偿B房地产开发公司其他经济损失 2 918 177.97元。

【法院认为】

一审法院根据当事人的申请委托东莞市华城工程造价咨询有限公司对莫某华所做的工程进行结算，按当事人在合同中约定的计价办法、包干价及调幅比例进行结算：工程含税总造价为 52 989 157.84 元；按实际完成的工程量及建筑工程类别，参照定额及材差结算：含税总造价为 69 066 293.11 元。A工程公司认为双方所签合同因涉及挂靠而无效，因此按合同结算的工程造价鉴定书缺乏合法性。

一审法院认定：本案的争议焦点有：合同效力问题；工程款如何确定；B房地产开发公司的反诉请求应否支持；莫某华已交纳的履约保证金270万元应否由B房地产开发公司返还；A工程公司的诉讼请求应否支持。第一，关于合同效力问题。莫某华挂靠A工程公司承建涉案工程，但莫某华作为自然人，不具有承包建筑工程的资质，莫某华挂靠有资质的建筑施工企业A工程公司承包工程，违反《建筑法》第12条及第26条的强制性规定。另，因没有资质的实际施工人借用有资质的建筑施工企业名义而订立建设工程施工合同无效，故A工程公司与B房地产开发公司签订的《长富广场工程初步协议》《东莞市建设工程施工合同》及《大朗长富商贸广场工程施工合同》依法应认定为无效。此外，在合同的签订和履行过程中与B房地产开发公司发生法律关系的是A工程公司，同时莫某华与A工程公司未能提供充分的证据证明B房地产开发公司对于莫某华与A工程公司之间的挂靠关系知情。因此，本案导致合同无效的根本原因在于莫某华与A工程公司，A工程公司明知莫某华无建筑资质而仍让其挂靠承建工程违法却仍然实施了上述行为，故应承担全部过错责任。第二，关于工程款如何确定问题。本案虽然合同无效，但仍应按照实际完成的工程量以合同约定的结算办法来计算工程造价，增加、减少或变更的工程造价应参考合同约定及鉴定单位通常做法来计算，一审法院只能参照合同约定和参考专业机构鉴定结论来确定。一审法院委托了东莞华城工程造价咨询有限公司对工程造价进行结算,结论为:按合同结算的工程造价是 52 989 157.84 元。且莫某华针对按实结算的工程造价鉴定书提出的意见对于按合同结算的工程造价没有影响。涉案工程总价款为 52 989 157.84 元。第三,莫某华、A 工程公司关于支付工程款的请求应否支持。因莫某华不配合竣工验收,对其要求支付工程款的诉讼请求,依法予以驳回。第四,莫某华已交纳的履约保证金 270 万元应否由 B 房地产开发公司返还。由于合同无效,B 房地产开发公司依据合同取得的履约保证金应当返还莫某华。第五,A 工程公司的诉讼请求应否支持。A 工程公司并未承建涉案工程且履约保证金实为莫某华所支付,故对 A 工程公司的诉讼请求,一审法院不予支持。第六,B 房地产开发公司反诉请求应否支持。B 房地产开发公司反诉要求莫某华、A 工程公司支付逾期完工的违约金,因合同无效,不存在违约的问题,故对 B 房地产开发公司的这一反诉请求,一审法院不予支持。同时,B 房地产开发公司提供了租赁合同以证明其由于莫某华、A 工程公司未能如期完工所遭受的租金损失,但上述合同未能载明 B 房地产开发公司减少部分租赁方租金及部分租赁方未能签订租赁合同是由于莫某华、A 工程公司未能如期完工所造成,因此,对 B 房地产开发公司的该项反诉请求,一审法院不予支持。

莫某华不服,提起上诉称:双方签订的施工合同无效,应该据实结算;本案涉诉工程全部单项工程已经验收合格,只是没有进行综合验收,而且 B 房地产开发公司已经使用了建设工程,故应当支付工程款;一审判决认定合同无效的过错责任全部由莫某华和 A 工程公司承担不当;一审法院无故超期审理。综上,请求撤销一审判决,支持莫某华的起诉请求。

A 工程公司亦不服,提起上诉称:挂靠施工行为是 B 房地产开发公司积极促成的;依照无效合同办理工程造价结算,在逻辑上存在矛盾,且显失公平;长富商贸广场工程已实际交付使用,已基本销售完毕,应视为验收合格;应先以挂靠者的资产清偿债务,被挂靠人承担补充清偿责任。综上,请求:撤销一审判决第二、三、五项,改判准许 A 工程公司的诉讼请求。

B 房地产开发公司针对莫某华的上诉答辩称:挂靠承包的全部过错责任应由莫某华及 A 工程公司承担;由于莫某华非法挂靠和扰乱建筑市场行为造成涉案物业至今都无法竣工备案,形成巨大的社会隐患。请求二审法院维护 B 房地产开发公司的合法权益。

B房地产开发公司针对A工程公司的上诉答辩称：A工程公司推定B房地产开发公司应当知道非法挂靠行为没有事实依据，一审法院认定涉案工程造价及处理方式基本程序是公平、合法的。一审判决认定A工程公司对涉案返还工程款承担连带责任合理、合法。请求二审法院维护B房地产开发公司利益。

二审法院认为：第一，莫某华以A工程公司的名义与B房地产开发公司签订的《大朗长富商贸广场工程施工合同》等合同，违反了《建筑法》第26条第2款的规定，应确认为无效合同。鉴于建设工程合同的特殊性，双方无法相互返还，故只能按折价补偿的方式处理。从现有证据来看，并无证据显示B房地产开发公司在签约及履约过程中知道莫某华挂靠A工程公司进行施工，因此，造成合同无效的过错责任应由莫某华和A工程公司承担。第二，一审法院比照原合同约定确定已完成工程的造价是正确的，予以维持。莫某华和A工程公司关于应按实结算工程款的依据不足，不予支持。莫某华、A工程公司请求长富广场继续支付工程款依据不足，不予支持。第三，B房地产开发公司支付的工程款应视为是莫某华和A工程公司共同收取的，两者应共同承担还款责任。综上，一审判决认定事实清楚，适用法律正确，依法应予维持。

莫某华不服，申请再审称：第一，原审判决认定工程价款依据的是《合同造价鉴定报告》，该报告未经莫某华质证。且《合同造价鉴定报告》存在遗漏鉴定材料等错误之处。第二，莫某华是奉公守法的公民，其依法履行建筑法规定的必须交的保险费。第三，原审判决依据2003年5月21日《大朗长富商贸广场工程施工合同》结算工程款错误。第四，B房地产开发公司明知莫某华挂靠A工程公司承包本案工程，原审法院认定B房地产开发公司不知情，合同无效的全部责任由莫某华承担错误。综上，申请再审。

B房地产开发公司答辩称：原判决认定事实清楚，适用法律正确，应予维持。

再审法院认为：本案的争议焦点有：原判决对于合同无效后责任的认定是否适当；涉案工程款应如何计算。第一，关于原判决对于合同无效后责任的认定是否适当的问题。在合同的签订和履行过程中与B房地产开发公司发生法律关系的是A工程公司，而非莫某华。因此，莫某华与A工程公司对于合同无效应当承担全部责任，原判决对于合同无效后责任的认定并无不当。即便B房地产开发公司对此知情，应承担一定的过错责任，也不影响本案的实体处理，且过错责任的认定其并不影响对于涉案工程款数额的计算。第二，关于涉案工程款应如何计算的问题。其一，虽然合同无效，但依据最高人民法院《关于审理建设工程施工合同纠纷案件适用法律的解释》第 2 条的规定，建设工程无效合同参照有效合同处理，应当参照合同约定来计算涉案工程款。且莫某华与 A 工程公司的劳动和建筑材料已经物化在涉案工程中，故涉案工程款应当依据合同约定结算。其二，一审法院已将相关证据材料在法庭出示并要求各方当事人互相质证，莫某华主张《合同造价鉴定报告》未经质证与事实不符。其三，东莞市华城工程造价咨询有限公司对涉案工程款数额计算的鉴定程序合法，且鉴定主体合格。其四，莫某华与 B 房地产开发公司曾在东莞市建设局的主持下进行过调解，就 760 万元钢材、水泥价差问题，长富公司表示愿意负担 50%，在此基础上，B 房地产开发公司另行补偿 100 万元，两者相加共计约 480 万元，B 房地产开发公司作出该意思表示，同时亦有已多支付 480 万元工程款的行为，应当认定其自愿补偿给莫某华与 A 工程公司的行为。原判决认定莫某华、A 工程公司返还 B 房地产开发公司多支付的工程款 4 871 657.84 元及该款的利息，显属不当，应予纠正。

【裁判结论】

一审法院判决：一、A 工程公司与 B 房地产开发公司签订的《长富广场工程初步协议》《东莞市建设工程施工合同》《大朗长富商贸广场工程施工合同》无效；二、莫某华、A 工程公司返还 B 房地产开发公司多支付的工程款 4 871 657.84 元及利息；三、B 房地产开发公司返还莫某华支付的履约保证金 270 万元及利息；四、驳回莫某华其他的诉讼请求；五、驳回 A 工程公司的诉讼请求；六、驳回 B 房地产开发公司反诉的其他诉讼请求。

二审判决：驳回上诉，维持原判。

再审法院判决：撤销二审法院判决；维持一审法院判决第一项、第三项、第四项、第五项、第六项；撤销一审法院判决第二项。

结论与问题展望

一、本文的结论与主要创新点

本文的主旨是以关系合同理论作为基本的理论分析工具,剖析古典合同理论在运用于现代建设工程合同规制时,其在前提假设、解释逻辑和具体规则上存在的缺陷与不足,并运用关系合同的基本理论观点,对建设工程合同的几个具体领域进行深入研究,讨论建设工程合同中的合作义务、再交涉义务、情事变更原则适用以及合同效力问题等规则适用中存在的问题及完善路径。本文的主要创新之处包括:

1. 从关系合同的独特视角分析建设工程合同规制原理。与古典合同理论的个别性交易前提假设不同,建设工程合同具有浓厚的关系属性,主要体现为约定内容不确定、合意形成动态性、合同主体依赖性、合同关系交织性和公私法高度融合性等关系性特点。鉴于此,古典合同法的传统规制方式已无法完全适应建设工程市场转型和发展的需要,现代合同法需要针对建设工程合同的关系性特征,发展新的合同原理包括合作原理、继续性原理和弹性原理等。

2. 当事人负有合作义务是建设工程合同中的基本合同义务。在古典合同范式下,合同关系仅仅是双方当事人的商品交换关系,双方的义务主要体现为给付与对待给付义务。而在关系合同范式下,合同当事人是为了实现合同共同目的而形成的一个相互协作的、动态的、有机的伙伴关系,合作原理与意思自治原理均应当作为合同法的核心原理。在具有典型的关系性的建设工程合同中,这一合作义务的功能作用尤为重要,因此有必要将建设工程合同中的发包人协力义务提升为统领整个合同缔结和履行过程的合作义务。建设工程合同中当事人的合作义务属于真正义务,而不仅仅是负担性义务,违反合作义务的后果也不仅是让义务人自行承担不利益后果，而是应对相对方承担义务不履行的违约责任；合作义务是由一系列义务共同组成的义务群，主要包括发包人的指示义务、发包人的狭义协力义务、承包人的警示义务、发包人和承包人在检查、监督和验收过程中互负的义务等；此外，合作义务既是实体性义务也是程序性义务，当事人不仅在实体上可能要以必要的谨慎和注意义务履行合作义务，而且负有程序上义务共同促进合作目的的实现。

3. 对建设工程合同发生纠纷后的处理机制，不能仅仅依赖于古典合同法中的国家强制力，而是要通过搭建一个双方自主协商的治理框架来解决。因此，需要在建设工程合同中引入当事人的再交涉义务，并且再交涉义务不仅适用于情事变更场合，而且在因业主变更等重大原因导致合同面临调整或解除的场合均有适用的余地，对于当事人是否负有再交涉义务，应当从"必要性"和"容忍可能性"两个要素，根据合同履行的具体情形综合判断。建设工程合同中的再交涉义务虽然只是手段性债务，而非结果性债务，但对于违背诚信原则拒绝交涉或恶意交涉的行为仍应给对方当事人以相应的法律救济，包括使恶意交涉方当事人自行承担不利益的后果、赋予诚信交涉方以中止履行抗辩权、损害赔偿请求权以及法院强制变更或解除合同等。此外，未来在建设工程合同的再交涉义务研究中，最值得关注的点是监理人的角色冲突问题，由于我国监理人信誉度不高，导致监理人在再交涉机制的功能未充分发挥。如果充分发挥监理人的作用，为建设工程合同履行中的争议提供一个有效率和有效的治理系统，是未来值得研究和改进的方向。

4. 从关系合同理论的视角看建设工程合同中的情事变更原则适用，本质是合同风险的初次分配与二次分配的问题。对于合同中关于风险初次分配的条款，不能绝对排除情事变更原则的适用，而是要结合动态系统论和合同规制理论，根据个案进行具体化分析。现代建设工程合同为了适应合同不完全性的品格，大多设有发生情事变更后的合同调整条款，对这些开放性条款的执行，在强调现时化规划方案的同时，应当适用弹性化的规范原理以及程序化的治理框架。

5. 建设工程合同效力认定中的困境主要来自于国家管制与私法自治之间的冲突，而这种冲突背后的原因在于合同原子化与社会外部性之间的冲突。要克服与消解这种冲突，就要将合同关系放置到更广阔的社会背景和语境中去考量，妥当认定建设工程合同的效力。在关系合同范式下，公法与私法之间的关系已从分立的二元论走向二者相互支援、相互融合的关系，但是，公法的管制性规定仍然不能不设防地长驱直入私法领域，而只能通过强制性规定的一般条款引入合同法。对建设工程合同的效力认定应当从管制与自治的关系出发，运用法律论证理论和动态系统论，根据比例原则，对不同情形下建设工程合同的效力问题进行更加精细化、具体化和类型化的研究。

二、进一步研究工作

关系合同理论虽然对于建设工程合同关系提供了深具说服力的观察视角，但也有其局限性，主要在于其没有对如何建立关系合同法规范提出明确而具体指引。其提出的弹性化、实质主义、程序化自治等一系列新的理念，也给司法实务带来自由裁量空间过大、甚至趋向立法怀疑主义的隐患。或者正是出于这种担心，Arthur Leff 认为，法律经济学是一个沙漠，而法律与社会研究是一块沼泽。① 关系合同理论就很容易给人以陷入沼泽之感，其提出的很多原理当适用于具体的合同文本和法律争议时，难免存在适用和解释上的模糊性和困难；而且，当麦克尼尔将合同背后错综复杂的社会关系拉回到"前台"后，如何从中发现并整理出更具有实务价值的建设工程合同法规则，也是笔者感到困难的地方。

总之在撰写本书过程中，关于关系合同理论文献中海量的研究思想、方法与成果，令笔者感到自己能力的差距。在如何将关系合同理论博大而深邃的理论建构具体化到建设工程合同法领域，将理论与实务更好地结合，本文只是一个开端。在研究过程中，笔者越来越深切地感受到，除了本文重点研究的关于合作义务、再交涉义务、建设工程合同效力等问题外，建设工程实务领域中面临的很多新老难题，比如实际施工人合同相对性困境、PPP 合同性质界定和规制困难等，都与古典合同理论的局限性密切相关，沿着关系合同理论进一步探索，将会为这些难题的解决和突破提供更多的可能性，这也是本文有待改进和加强之处。

---

① ［美］罗伯特·C·埃里克森：《无需法律的秩序——邻人如何解决纠纷》，中国政法大学出版社 2003 年版，第 179 页。

参考文献

一、著作类

1. 谢怀栻：《外国民商法精要》，法律出版社 2002 年版。
2. 梁慧星：《民法总论》，法律出版社 1996 年版。
3. 梁慧星：《民法解释学》，中国政法大学出版社 1995 年版。
4. 王利明：《合同法新问题研究》，中国社会科学出版社 2003 年版。
5. 王利明：《合同法研究》（第 1 卷），中国人民大学出版社 2002 年版。
6. 朱广新：《合同法总则》，中国人民大学出版社 2012 年版。
7. 韩世远：《合同法总论》，法律出版社 2008 年版。
8. 韩世远：《履行障碍法的体系》，法律出版社，2006 年版。
9. 谢怀栻等合著：《合同法原理》，法律出版社 2001 年版。
10. 谢鸿飞：《合同法学的新发展》，中国社会科学出版社 2014 年版。
11. 朱庆育：《民法总论》，北京大学出版社 2016 年版。
12. 尹田：《法国现代合同法》，法律出版社 2009 年版。
13. 梁治平编：《法律的文化解释》，生活·读书·新知三联书店 1994 年版.
14. 王泽鉴：《民法总则》，北京大学出版社 2009 年版。
15. 王泽鉴：《债法原理（一）》，中国政法大学出版社 2001 年版。
16. 史尚宽：《债法各论》，中国政法大学出版社 2000 年版。
17. 何孝元：《诚实信用原则与衡平法》，台湾地区三民书局 1977 年版。
18. 苏永钦：《寻找新民法》，北京大学出版社 2012 年版。
19. 苏永钦：《走入新世纪的私法自治》，中国政法大学出版社 2002 年版。
20. 苏永钦：《私法自治中的经济理性》，中国人民大学出版社 2004 年版。

21. 林诚二：《民法理论与问题研究》，中国政法大学出版社 2000 年版。

22. 姚志明：《诚信原则与附随义务之研究》，台湾地区元照出版公司 2003 年版。

23. 傅静坤：《二十世纪契约法》，法律出版社 1997 年版。

24. 刘承韪：《英美契约法的变迁与发展》，北京大学出版社 2014 年版。

25. 孙良国：《关系契约理论导论》，科学出版社 2008 年版。

26. 于立深：《契约方法论——以公法哲学为背景的思考》，北京大学出版社 2007 年版。

27. 王文军：《继续性合同研究》，法律出版社 2015 年版。

28. 齐晓琨：《德国新、旧债法比较研究》，法律出版社 2007 年版。

29. 孙美兰：《情事变动与契约理论》，法律出版社 2004 年版。

30. 叶金强：《信赖原理的私法结构》，北京大学出版社 2014 年版。

31. 林立：《工程合同法律、规则与实践》，北京大学出版社 2016 年版。

32. 王秉乾、谭敬慧：《英国建设工程法》，法律出版社 2010 年版。

33. 顾祝轩：《合同本体解释论》，法律出版社 2008 年版。

34. 顾祝轩：《民法系统论思维》，法律出版社 2012 年版。

35. 林一主编：《建设工程施工合同纠纷案件审判实务》，法律出版社 2015 年版。

36. 王伯俭：《工程纠纷与索赔实务》，台湾地区元照出版公司 2003 年版。

37. 徐雷：《基于业主方的施工合同风险识别研究》，知识产权出版社 2013 年版。

38. 周雪光：《组织社会学十讲》，社会科学文献出版社 2003 年版。

39. 聂辉华：《声誉、契约与组织》，中国人民大学出版社 2009 年版。

40. 耿林：《强制规范与合同效力》，中国民主法制出版社 2009 年版。

41. 罗培新：《公司法的合同解释》，北京大学出版社 2004 年版。

42. 王秉乾、谭敬慧：《英国建设工程法》，法律出版社 2010 年版。

43. 李家庆主编：《工程与法律的对话》，三民书局 2010 年版。

44. 陈自强：《整合中之契约法》，北京大学出版社 2012 年版。

45. 陈自强：《债权法之现代化》，北京大学出版社 2013 年版。

46. 最高人民法院民事审判第一庭编著：《最高人民法院建设工程施工合

同司法解释的理解与适用》，人民法院出版社 2004 年版。

47.［美］麦克尼尔：《新社会契约论》，雷喜宁、潘勤译，中国政法大学出版社 2004 年版。

48.［美］艾尔·巴比：《社会研究方法》，邱泽奇译，华夏出版社 2009 年版。

49.［美］塞缪尔·亨廷顿：《文明的冲突与世界秩序的重建》，周琪等译，新华出版社 1999 年版。

50.［德］卢曼：《法社会学》，宾凯、赵春燕译，世纪出版集团、上海人民出版社 2013 年版。

51.［德］托马斯·莱塞尔：《法社会学基本问题》，王亚飞译，法律出版社 2014 年版。

52.［德］托马斯·莱塞尔：《法社会学导论》，高旭军等译，上海人民出版社 2014 年版。

53.［德］贡塔·依托布纳：《法律：一个自创生系统》，张骐译，北京大学出版社 2004 年版。

54.［德］贡塔·依托布纳：《魔阵·剥削·异化——依托布纳法律社会学文集》，泮伟江、高鸿钧等译，清华大学出版社 2012 年版。

55.［德］费郎茨·维亚克尔：《近代私法史》，陈爱娥、黄建辉译，上海三联书店 2006 年版。

56.［德］海因·克茨：《欧洲合同法（上卷）》，周忠海、李居迁、宫立云译，法律出版社 2001 年版。

57.［德］汉斯·布洛克斯：《德国民法总论》，张艳译，中国人民大学出版社 2014 年版。

58.［德］迪特尔·施瓦布：《民法导论》，郑冲译，法律出版社 2006 年版。

59.［德］莱因哈德·齐默曼：《德国新债法：历史与比较的视角》，韩光明译，法律出版社 2012 年版。

60.［美］P. S. 阿蒂亚：《合同法导论》，赵旭东等译，法律出版社 2002 年版。

61.［美］A·L·科宾《科宾论合同》，王卫国等译，中国大百科全书出版社 1997 年版。

62. ［美］罗伯特·A·希尔曼：《合同法的丰富性：当代合同法理论的分析与批判》，郑云瑞译，北京大学出版社 2005 年版。

63. ［日］星野英一：《现代民法基本问题》，段匡、杨永庄译，上海三联书店 2015 年版。

64. ［日］美浓部达吉：《公法和私法》，黄冯明译，中国政法大学出版社 2003 年版。

65. ［日］川岛武宜：《日本人的法意识》，毓胡文、黄凤英译，吉林人民出版社 1991 年版。

66. ［日］川岛武宜：《现代化与法》，王志安等译，中国政法大学出版社 1994 年版。

67. ［美］托马斯·唐纳森：《有约束力的关系——对企业伦理的一种社会契约论的研究》，上海社会科学院出版社 2001 年版。

68. ［美］奥利弗·E·威廉姆森：《资本主义经济制度》，段毅才、王伟译，商务印书馆 2003 年版。

69. ［美］帕特里克·博尔顿等：《合同理论》，费方域等译，格致出版社、上海三联书店、上海人民出版社 2008 年版。

70. ［英］休·柯林斯：《规制合同》，郭小莉译，中国人民大学出版社 2014 年版。

71. ［美］斯科特·E·马斯腾主编：《契约和组织案例研究》，陈海威、李强译，中国人民大学出版社 2005 年版。

72. ［比］马克·范·胡克主编：《比较法的认识论与方法论》，魏磊杰、朱志昊译，法律出版社 2012 年版。

73. ［英］罗格·诺尔斯：《合同争端及解决 100 例》，中国建筑工业出版社 2004 年版。

74. ［美］约瑟夫·博克拉夫编著：《工程合同与法律环境》，汪宵等译，中国水利水电出版社、知识产权出版社 2006 年版。

75. ［英］彼得·希伯德等：《工程争端替代解决方法与裁决》，路晓村等译，中国建筑工业出版社 2004 年版。

76. ［英］尼尔·G·巴尼：《FIDIC 系列工程合同范本——编制原理与应

用指南》，张水波等译，中国建筑工业出版社 2008 年版。

77. ［中］韩世远、［日］下森定主编：《履行障碍法研究》，法律出版社 2006 年版。

78. 欧洲民法典研究组、欧盟现行私法研究组编著：《欧洲私法的原则、定义与示范规则：欧洲示范民法典草案》，于庆生等译，法律出版社 2014 年版。

二、期刊论文类

1. 季卫东：《关系契约论的启示（代译序）》，［美］麦克尼尔：载《新社会契约论》，雷喜宁、潘勤译，中国政法大学出版社 2004 年版。

2. 梁慧星：《从近代民法到现代民法——20 世纪民法回顾》，载《中外法学》1997 年第 2 期。

3. 陈甦：《体系前研究到体系后研究的范式转型》，载《法学研究》2011 年第 5 期。

4. 王利明：《论合同法组织经济的功能》，载《中外法学》2017 年第 1 期。

5. 屈茂辉、张红：《继续性合同：基于合同法理与立法技术的多重考量》，载《中国法学》2010 年第 4 期。

6. 杨瑞龙、聂辉华：《不完全契约理论：一个综述》，载《经济研究》2006 年第 2 期。

7. 聂辉华：《契约理论的起源、发展和分歧》，载《经济社会体制比较》2017 年第 1 期。

8. 周琛、张晓甡：《从库恩的范式转换看经济学理论发展》，载《中国集体经济》2008 年第 1 期。

9. 张格明：《现代型契约与传统契约之差异初探——以商业结盟为中心》，载《财产法暨经济法》2011 年第 26 期。

10. 王文宇：《契约定性、漏洞填补与任意规定：以一则工程契约终止的判决为例》，载《台大法学论丛》第 38 卷第 2 期。

11. 熊丙万：《私法的基础：从个人主义到走向合作主义》，载《中国法学》2014 年第 3 期。

12. 卜元石：《法教义学：建立司法、学术与法学教育良性互动的途径》，载《中德私法研究》2010 年第 6 卷。

13. 易继明：《知识经济时代民法的变迁》，载《中日民商法研究》（第四卷），法律出版社 2006 年版。

14. 朱永永：《基于 DCFR 和 PECL 框架下长期合同调整研究》，载《东方法学》2016 年第 2 期。

15. 姚志明：《营建工程契约协力义务之研究》，载《东亚法学评论》第 1 卷第 1 期。

16. 刘善华：《日本和德国法上的再交涉义务及对我国合同法的启示》，载《山东大学学报（哲学社会科学版）》2013 年第 6 期。

17. 文祖湘：《从工程法务论析都市工程契约之基本法制与课题》，载台湾地区《宜兰大学工程学刊》第 1 期。

18. 黄立：《台湾工程承揽契约中情事变更之适用问题》，载《工程上的民法问题研究——第一届海峡两岸工程法学研讨会实录与论文集》，东南大学出版社 2010 年版。

19. 黄喆：《论建设工程合同发包人的协力义务——以德国民法解释论为借鉴》，载《比较法研究》2014 年第 5 期。

20. 黄喆：《情事变更原则在建设工程合同中的适用》，载《法律科学》2013 年第 5 期。

21. 韩世远：《不可抗力、情事变更与合同解除》，载《法律适用》2014 年第 11 期。

22. 颜玉明：《合作义务之实践——工程契约定作人用地提供行为之探讨》，载《政大法学评论》2012 年第 127 期。

23. 吴从周：《情事变更在台湾工程契约之适用情况——以嘉义市市政中心新建大楼工程款高速案（物价涨跌型）相关判决为例》，载 2016 年苏州大学第四届《比较民商法与判例研究两岸学术研讨会论文集》。

24. 郑冠宇：《情事变更原则》，载龙卫球、王文杰主编《两岸民商法前沿——民商法理论与方法论》，中国法制出版社 2015 年版。

25. 杨宏晖：《论情事变更原则下重新协商义务之建构》，载台湾地区《台北大学法学论丛》第 97 期。

26. 田宪刚、李相华《建设工程施工合同不适用情事变更制度》，《山东省青年管理干部学院学报》2009 年第 3 期。

27. 何伯森：《99 版 FIDIC 合同条件中的争端解决方式》，载《国际经济合作》2000 年第 7 期。

28. 解亘：《格式条款内容规制的规范体系》，载《法学研究》2013 年第 2 期。

29. 解亘：《论违反强制性规定契约之效力——来自日本法的启示》，载《中外法学》2003 年第 1 期。

30. 叶名怡：《我国违法合同无效制度的实证研究》，载《法律科学》2015 年第 6 期。

31. 许中缘：《论违反公法规定对法律行为效力的影响》，载《法商研究》2011 年第 1 期。

32. 周莳文：《无效合同制度的立法与司法审判探析》，载《深圳大学学报》（人文社会科学版）2006 年第 23 卷第 4 期。

33. 郑晓剑：《比例原则在民法上的适用及展开》，载《中国法学》2016 年第 2 期。

34. 黄忠：《比例原则下的无效合同判定之展开》，载《法制与社会发展》2012 年第 4 期。

35. 金可可：《强行规定与禁止规定》，载《中德私法研究》第 13 辑。

36. 谢鸿飞：《论法律行为生效的"适法规范"——公法对法律行为效力的影响及其限度》，载《中国社会科学》2007 年第 6 期。

37. 许德风：《论合同违法无效后的获益返还——兼议背信行为的法律规制》，载《清华法学》2016 年第 2 期。

38. 江苏省高级人民法院民一庭：《经济新常态背景下建筑市场的司法应对——当前建筑市场面临的突出问题和对策建议》，载《江苏省法院 2016 年调研论文集》。

39. 潘军锋：《建设工程施工合同案件审判疑难问题研究》，载《法律适用》2014 年第 7 期。

40. 李后龙、潘军锋：《建设工程价款优先受偿权审判疑难问题研究》，载《法律适用》2016 年第 10 期。

41. ［日］五十岚清：《情事变更·合同调整·再交涉义务——情事变更原则效果再考》，载《民商法论丛》（第 15 卷），法律出版社 2000 年版。

42. ［日］内田贵：《契约的再生》，胡宝海译，载《民商法论丛》（第 4 卷），法律出版社 1996 年版。

43. ［日］内田贵：《现代契约法的新发展与一般条款》，载《民商法论丛》（第 2 卷），法律出版社 1994 年版。

44. ［日］内田贵：《契约法的现代化——展望 21 世纪的契约与契约法》，载《民商法论坛》（第 6 卷），法律出版社 1997 年版。

45. ［日］山本敬山，《民法中的动态系统论》，解亘译，载《民商法论丛》（第 23 卷），法律出版社 2003 年版。

46. ［美］吉尔莫：《契约的死亡》，曹士兵等译，载《民商法论丛》（第 3 卷），法律出版社 1995 年版。

47. ［德］卡尔·拉伦茨：《私法的重构》，载《中德私法研究》（第 10 卷），北京大学出版社 2014 年版。

48. ［美］欧中坦：《遗落的隐喻——西方法律学术视野中的中国近代早期契约与产权问题研究》，杨力译，载《交大法学》2013 年第 2 期。

49. ［日］能见善久：《履行障碍：日本法改正的课题与方向》，载《履行障碍法研究》，法律出版社 2006 年版。

50. ［德］依托布纳、［中］顾祝轩：《对谈依托布纳：私法的社会学启蒙》，载《交大法学》2013 年第 1 期。

51. ［德］卡斯腾·海尔斯特尔、［中］许德风：《情事变更原则研究》，载《中外法学》2004 年第 4 期。

三、学位论文类

1. 余文恭：《两岸工程施工契约之比较研究——以竣工义务及协力行为为中心》，台湾地区东吴大学 2006 年法律硕士在职专班硕士论文。

2. 黄湘榆：《计划赶不上变化？论长期商业契约中之风险控制与漏洞填补——以契约的解释为中心》，台湾地区台湾大学 2008 年法律学研究所硕士论文。

3. 张建明：《建设经施工合同无效制度研究》，西南政法大学 2007 年博士学位论文。

4. 潘晨苏:《关系契约与产权结构》,浙江大学 2005 年博士学位论文。

5. 陈探:《论长期合同调整》,清华大学 2007 年硕士学位论文。

四、法典、国际示范合同法与建设工程示范合同文本

1. 《法国民法典》,罗结珍译,北京大学出版社 2010 年版。

2. 《德国民法典》,陈卫佐译,法律出版社 2015 年版。

3. 《奥地利普通民法典》,周友军、杨垠红译,清华大学出版社 2013 年版。

4. 《意大利民法典》,费安玲、丁玫译,中国政法大学出版社 1997 年版。

5. 《瑞士民法典》,于海涌、赵希璇译,法律出版社 2016 年版。

6. 国际统一私法协会:《国际商事合同通则(2004 年修订版)》,商务部条约法律司翻译,法律出版社 2004 年版。

7. 国际咨询工程师联合会、中国工程咨询协会编译:FIDIC 文献译从《施工合同条件》(1999 年第 1 版),机械工业出版社 2016 年版。

8. 《建设工程施工合同(示范文本)》(GF-2013-0201),中国建筑工业出版社 2013 年版。

后 记

经过八年"抗战",终于将博士论文收官。掩卷沉思,我当初选择攻读博士学位的初心是什么呢?如果知道过程如此艰难,我是不是还会选择重新来过?

初心或许很功利,或许很复杂,但其中一定有个单纯的想法:希望自己成为一个更专业的民事法官。近些年来虽然我国的民法理论和司法实践水平都得到了迅速提升,但奇怪的是二者似乎在向两个方向奔跑,距离并没有缩短反而有拉大之感。为什么有些学者总在研究德国的"菜单"案,而对中国法官的难题视而不见?为什么有些法官只局限于最高人民法院的司法解释和省高院的规范性意见,而对民法教义学的发展毫不在意?我想要的"专业",是希望自己能向理论相向而行,将自己的审判实践与理论嫁接地更好一些。我相信,当相向而行的法官与学者越来越多时,在理论与实践共同浇灌下的花园终会绚烂。眼前这本博士论文,还有太多的缺憾,但聊以自慰的是,它总算是自己始终不放弃初心的一点见证,也带给我继续做一名"不退场的奔跑者"的能力和勇气。

感谢我的导师叶金强教授。早在考博之前,我就被叶老师文章中强烈的问题意识和敏锐的学术洞察力所折服。有幸成为叶门一员之后,每次参加两周一次的学术讨论会,不同的观点碰撞总是让我无比愉悦,而叶老师的点评又总是让我沉醉于民法教义学的精奥博大之中。在漫长的论文写作过程中,叶老师对我严重的拖延症表现出了最大限度的理解与宽容,从论文的选题、文章的结构到资料的运用,都给予了悉心的指导。叶老师深厚的理论功底、严谨的治学态度和谦和的学者风范,更是使我充分领略到了学术的魅力。

感谢我的硕士导师张淳教授。虽然没有在张老师门下继续攻读博士学位,但张老师对我在本科直至攻读博士学位期间一直给予无微不至的关心和帮助。正是张老师规范而严谨的教导，使我在民法教义学的概念还没有被引进神州大地之时，就有幸得到了教义学的最初启蒙，形成了相对坚固的民法知识框架，并使我在实务工作和学术研究中能够一直坚持民法教义学这一主线，而这一切都源自于张老师的言传身教。

感谢我的本科辅导员李友根教授。李老师教给我的不仅是广博的理论视野、发散性的思维方式、理论与案例相结合的研究方法，更重要的是，李老师为人为学的品格和坚守，是我一生学习的榜样和前进的动力！

要感谢的人还有很多。感谢南京大学法学院解亘教授，从论文开题直至答辩过程中，给予我很多宝贵的意见和指点，使我对关系契约理论的理解从混沌渐至清晰。感谢南京大学法学院各位老师对我的谆谆教诲，能够在南京大学法学院接受从本科到博士的教育，是我一生的幸运！感谢答辩委员会的南京师范大学眭鸿明教授、南京理工大学董新凯教授和南京大学严仁群教授，他们对论文的肯定、质疑和修改建议，既是对我的鼓励，也启发我对这一问题做更深入的研究。感谢我的学友陈红梅、郑晓剑、贾权鑫、秦康美、娄正前、李炎……让我在辛苦的读博生涯中感受到深厚的同窗情谊。感谢我的工作单位江苏省高级人民法院的领导和同事们，他们的理解、支持与帮助，是我甘愿在民事审判领域努力耕耘的不竭动力。

最后，感谢我的家人！因为漫长的学习生涯，牺牲了很多本该陪伴年迈的父母颐养天年的时光，每念及此总是倍感愧疚。感谢先生对我情绪上的包容和默默的支持，让我"累并快乐着"，终于迎来了毕业的曙光。感谢我的女儿，因为我的博士学习，让我"逃脱"了很多为人母的责任，好在也让她学会了自觉地安排自己的学习与生活。作为一名母亲，我能够送给她的礼物只有这本微不足道的博士论文，希望这能告诉她："努力有时会骗人，但努力永远不会白费！"

明天，太阳照常升起，惟愿自己还会继续努力，一如既往耕耘我的花园，也耕耘我的蓝天。

杨晓蓉

2018 年 3 月 12 日